哲学公开课

——西方篇——

贾未舟　王明华　等著

PHILOSOPHY

新世界出版社
NEW WORLD PRESS

图书在版编目（CIP）数据

哲学公开课 . 西方篇 / 贾未舟等著 . -- 北京 : 新世界出版社 , 2018.6

ISBN 978-7-5104-6529-1

Ⅰ . ①哲… Ⅱ . ①贾… Ⅲ . ①西方哲学 Ⅳ . ① B

中国版本图书馆 CIP 数据核字 (2018) 第 099437 号

哲学公开课（西方篇）

作　　者：贾未舟　王明华　等著
责任编辑：余守斌
责任校对：宣　慧
责任印制：王宝根
出版发行：新世界出版社
社　　址：北京西城区百万庄大街 24 号(100037)
发 行 部：(010) 6899 5968　(010) 6899 8705（传真）
总 编 室：(010) 6899 5424　(010) 6832 6679（传真）
http://www.nwp.cn
http://www.nwp.com.cn
版 权 部：+8610 6899 6306
版权部电子信箱：nwpcd@sina.com
印　　刷：三河市骏杰印刷有限公司
经　　销：新华书店
开　　本：710mm × 1000mm　1/16
字　　数：238 千字　印张：16.75
版　　次：2018 年 6 月第 1 版　2018 年 6 月第 1 次印刷
书　　号：ISBN 978-7-5104-6529-1
定　　价：46.00 元

目录

前言

西方与西方哲学

什么是西方

一种政治意义上的西方是可以理解的，比如说西方七国的概念，但是这种政治意义上的西方的概念的基础是文化意义上的西方概念，正是文化意义上的西方概念使得地理意义上的西方概念能够被超越。

西方，文化意义上的西方究竟是什么？

当然，西方首先是一个地理意义上的概念，没有地理大发现所导致的东西方的相遇，就不会有诸如“东方、西方”的自我坐标，比如说，在这之前的古罗马人、古希腊人，甚至古日耳曼人，都不会有西方的观念。但是我们如果要对“西方”的概念正本清源，就必须回到古希腊，正如黑格尔所言：每个有教养的欧洲人每当想起古希腊，就会有家园的感觉。一个18世纪的日耳曼德国人，却把古希腊人当作文化祖先，这本身就是令人惊异的，要知道，作为一个民族国家的现代希腊，却并不属于典型意义上的西方国家。从黑格尔这句名言就可以知道，西方并不像诸如“中国”概念一样有一种种族与文化模式的相关性，睽诸“中国”概念的形成与演化，会发现一个同质同构的同心圆的排列体系，这种情形却完全不适合于“西方”，“西方”倒好像是田径场上的接力赛，不同种族、不同地域、不同文化模式棒棒接力，最终融治于一炉。这是对于“西方”概念的直观分析，下面就从历史进化与文化模式的角度详解“西方”。

西方文化的历史形成如果从古典时代的希腊雅典算起一直到12世纪大多数民族国家形成，历经两千余年。古希腊大约可以被认为是西方文化最早的组成部分，按照雅斯贝尔斯轴心时代理论，从所谓的“哲学的突破”开始，古希腊人为西方文化贡献了理性主义文化，古希腊人静观与思辨的存在方式，使得古希腊人可以达到亚里士多德所谓的“人在本性上的求知”，对世界充满惊异感，为知识而知识，为智慧而智慧，这是古希腊人的独特之所在，所以尽管古埃及人、古巴比伦人甚至古中国人在技术上一点儿也不比古希腊人差，但只有古希腊人有创建理论的传统，无论是科学理论还是哲学理论，这使得古希腊的哲学和科学的发展建立在扎实的系统的逻辑化的理论之上，因而绵绵不绝。由于古希腊人的“哲学的突破”要比其他文明古国对原始宗教的决绝要彻底得多，静观与思辨使得古希腊人有一种纯粹的形而上学的兴趣，所以说古希腊人对西方文化的独特贡献正在于一种形而上学的体系，理性主义的客观态度，形而上学的超验追问，即使在五大文明古国中也是独一无二的。

古希腊人从城邦制后来走向亚历山大的希腊化帝国，尽管昙花一现，但是却使希腊文化得以流播，公元前1世纪，上演了一出野蛮征服文明的喜剧，古希腊被罗马所征服，但是开明的罗马人没有毁灭希腊文化，而是接受了更为先进的希腊文化，并且和罗马的政治、军事、工程文明有效地结合在一起，通过罗马帝国的政治统治，广为传布。按照亚里士多德的说法，古希腊人长于理论智慧，但是罗马人天然长于实践智慧，这种征服与反向的征服也在中国历史上一再上演，从历史的角度看，这是有利于文化的传播、融合与再生的。

西方文化的另一个源泉是古希伯来人贡献的，古希伯来人同古希腊人、古罗马人的生命旨趣正好互补，古希伯来人更关心来世，因而更具有信仰主义的特色。公元1世纪，耶稣诞生，并且宣称自己就是希伯来人所渴望的"弥赛亚"，这引起了犹太教的分裂，基督教由此产生。有趣的是最早的基督教新约圣经在公元二三世纪形成时，却是用希腊文写成的，如果我们考察新约圣经，会发现基督教其实就是两希文化融合的结果，基督教传播过程中最重要的使徒保罗就宣称希腊人所谓的哲学上的真理观念就是"我们的神"。基督教诞生时，罗马帝国已经征服巴勒斯坦地区，最开始，罗马统治者也迫害基督徒，耶稣就是犹太人勾结罗马人给钉死的。但是这个以"爱"为武器的宗教在二三百年的时间里呈现出巨大的生命力，最终313年的米兰敕令导致基督教成为罗马帝国的国教。这样，西方文化的三种来源就在罗马帝国的母体里相遇并融合了。罗马帝国似乎是古代欧洲与现代西方的驿站，如果没有罗马帝国的征服，或许不会有作为文化融合体的西方的产生。

但是这个时候仍然没有"西方"的观念，"西方"还有待于罗马帝国以及西罗马帝国的崩溃。公元4世纪的100年间，罗马帝国由于君士坦丁大帝力主的靠向东方的新的都城的建起，分裂为东西两个帝国，即东罗马帝国和西罗马帝国。基督教也随之分裂为为天主教和东正教，他们都竭力宣称自身的"公""正"性。476年，来自北方的日耳曼蛮族第三次洗劫了罗马城以后，西罗马帝国崩溃，历史再次上演野蛮与文明征服与反向征服的好戏，在罗马帝国的废墟上所建立的一些游牧与海盗民族国家和部落最终都接受了基督教的洗礼。800年，查理曼帝国分解，按照日耳曼人的风俗，查理曼的三个孙子分封了帝国，这就是现在欧洲大陆三个主要国家德国、法国、意大利北部的雏形，大约在12世纪，欧洲产生了诸多的民族国家，这些民族国家也经历了从封建到君主专制的转变。有意思的是，这些民族国家存在着教权与王权的二元张力（有意思的是，17世纪的英国宗教改革的直接动因是风流皇帝亨利八世同罗马教宗的离婚争执），这是因为西罗马帝国崩溃后，基督教宣称自己是精神罗马帝国的天然继承者（后来德国人就顶起了神圣罗马帝国的大帽子，严重影响了德国民族国家的建立），在社会生活中形成一种制衡，就像封建社会国王与封建主与贵族议会之间的制衡一样，这使得尽管真的有所谓“黑暗时代”（实际上，恩格斯的这个提法粗鄙，并不是从476—1453年，欧洲神学统治大约也只是宗教裁判所存在的13、14世纪的二三百年），民族国家时代的欧洲尚保有古希腊罗马民主制的遗风，这一传承在18世纪成为所谓西方文化的核心机制，就像罗马法、日耳曼人的秩序意识成为西方文化的法律至上的精神一样。

西方在这个阶段完成一种分—合—分的三段论，从不相干的三种文化源头到九九归一，再到这种“一统”同具体民族特性相结合，比如说同日耳曼的进取、秩序、严谨意识相结合，产生作为西方典型国家的德意志，这样，理一分殊，月映万川，在每一个民族国家的文化中都包含了上述文化因子。但是，伴随着罗马帝国的分裂，东罗马以及东正教传统被排除在西方之外，包括西方文化最古老的源头希腊，西罗马帝国的废墟上所建立的信奉天主教的民族国家成为西方最早的组成部分。或者我们可以说，这个时候，作为一种地理意义上的西方大致成形，这是以排除掉东罗马疆域内东正教传统的国家和民族为代价的。这是因为罗马帝国的政治分裂与基督教的宗教分裂所产生的东罗马帝国，以及更加晚些的东罗马帝国疆域内的民族国家，在东正教神秘主义和禁欲主义的笼罩下，并且深受政治权力的束缚，不能透露出一丝现代精神的曙光。不过这时候西方文化尚未经过时代精神的淬砺，还显得粗糙与晦暗，西方精神的真正形成尚需要两个重大事件的洗礼，以及由这两个事件所激发的一种新的社会形态的出现，伴随着地理大发现，西方作为一种独特的文化模式加强并达到了自身的文化认同。这就是文艺复兴与宗教改革，以及理性启蒙下的资本主义的兴起。

从14世纪开始的文艺复兴可以看作一种“文化重演律”的经典案例，也是西方自身一种文化寻根与文化再生的努力。回到“轴心”时代的经典并且通过重新的解释和理解以获得时代的思想动力，是西方文艺复兴的文化自觉。但其实文艺复兴却是发生于一个很偶然的事件：到了14、15世纪的西欧，真正是“黑暗的时代”，教士垄断了知识和教育，人们无法读书，无书可读。也就在这个时候，始终在欧亚地带不断进攻东罗马帝国的阿拉伯人终于攻克拜占庭，并顺着地中海一路凯歌进入伊比利亚半岛，由于阿拉伯人距离东罗马帝国近，他们可以非常容易地接触到希腊古典时代的著作。伊比利亚半岛的欧洲人猛然读到亚里士多德，几乎大吃一惊：原来他们的文化之根在这里，还有如此灿烂的古代文明。文艺复兴的人文主义与希腊古典主义的穿越时空的照面，掀起了近代文明的序幕，也开始了西方文化自我淬砺和自我更新的第一步。无独有偶，1517 年路德在维腾堡开始的宗教改革，也不仅仅是当下的净化信仰的需要，从历史的眼光看，也是西方文化通过回归到另一个源头来重造自身文化性格和文化动力的努力。我们发现，宗教改革，而不是文艺复兴，才是西方现代文明的秘密。

这样，在 14 世纪已经初具外形的西方文化，经过近三个世纪的文艺复兴和宗教改革的文化回归式的自我淬砺，重新确认了自身的文化灵魂与文化本性。16 世纪，西方人已经从 13 世纪开始的伟大的航海大发现，理解到了自身同东方或者其他文化模式的巨大差异。这种差异无异加强了自身的文化认同，并且在不断同外部世界的交往中加强了自身的文化自信，西方中心主义逐渐成为一种文化习惯，西方在形成，在确认。

西方在形成和确认过程中需要一场社会革命来推动完成，这就是从 17 世纪开始的资本主义的兴起，这种社会革新运动的哲学基础是宗教改革过后席卷欧洲的理性启蒙运动。理性启蒙与资本主义内外兼施、齐头并进，终于完成了从 14 世纪开始的现代转折。西方资本主义的民主、自由、平等、法制的理念，得以从哲学层面落实到现实层面，从而从诸多已经显露衰态的各种古代文明中脱胎而出，以西方文化中心主义的姿态君临这个星球。西方文化得以形成，现代资本主义的社会理念与古老基督教信仰构成西方文化的两大表征。它甚至走出地域限制，在北美、大洋洲的英属殖民地再次完成了西方文化的又一次移植，这种移植已经走出种族限制，就像在两千多年前它走出地域与种族限制一样。

我还想说的是，西方文化真正的精神特质其实包含在基督教里，基督教而不是东正教才是西方式的，改革过后的基督教是复活的希腊理性精神和希伯来古老信仰的结合体，因而在理性和信仰——人类精神发展的两大动力源——这两个方面为西方得以君临天下提供了主要力量。可以说，基督教才是西方文化的基础，基督教本身就是两希文化融合的产物，基督教中包含了西方现代文化的所有因子，无论是西方文化中显性的科学文化，还是隐性的精神文化，无论历史上基督教处于怎样的政治、文化境遇中。

希腊、罗马、西罗马、民族国家，基督教传统、理性主义、自由主义、资本主义的法治等，这些历史和思想的因素的因缘际会，促使以欧洲为基础的西方这个概念，从地理、政治概念走向具有深厚的社会、历史、心理基础的文化概念，并逐步建立了文化认同。

哲学是什么

哲学是什么？这个问题已经问了两千年，关于哲学的答案仍然莫衷一是。这种情况预示着哲学这种现象或者这种学科的独特性。比如说，常和哲学放在一起的科学、艺术和神学等学科的定义就没有这么麻烦，尽管它们在不同的时代也有非常不同的特征。哲学给人的感觉似乎是没有学科底线的，哲学的不可定义性的一个很明显的例子就是：两种相互攻讦、完全南辕北辙的思想可能都会宣称自己是真正的哲学，从科学这种学科的眼光看来，这是非常令人惊奇的。也就是说，当你严格断定哲学是什么的时候，是非常危险的。不过，和“哲学是什么”这样的提问句式不同的是，“什么是哲学”这样的提问方式似乎就温和得多，至少不会因为严格的定义而以偏概全。进一步，我们在说明“什么是哲学”之前，先梳理一下什么不是哲学，用排除法把哲学的外围清理干净了，哲学的真容或许就比较容易凸显出来。

一

罗素在《西方哲学史》中说，在完全确证的科学和完全不确证的神学之间，还有一片更广阔的领域，这是哲学的世界。当然，这里所谓的哲学，是广义的，有点儿等同于人类生活的全部。人们习惯以科学、神学和哲学来概括人类的学科和知识的范围，并不完全准确，我们要说明的“哲学”，也只是科学和神学之间的广阔领域的一小部分，在古希腊以及更早期的时候，哲学是连科学都包括在里面的。如果以人类今天的学科或者知识体系来看，哲学也只是人文科学的一部分，这样的学科或者知识体系还包括自然科学、社会科学、思维科学。哲学当然不是自然科学，因为自然科学所研究的自然现象是哲学无能为力的，自然科学通过观察、实验分析、理论严格推论所获得的知识，是一种可以证实的知识。社会科学研究的是社会现象，它的结果是弱化的知识，自然科学知识和社会科学知识都是经验知识，这样，我们可以说，思维科学是先验知识。而神学，则可以称之为超验的知识，如果它还能够被称作知识的话。

学科意义上的广义科学，只是一种知识产生和存在的方法和形式，特征是理论性和系统性。在这个意义上讲，神学也是一种科学，作为一门社会科学的宗教学当然也是。从学科意义上讲，哲学也是一套极度弱化的知识体系，当然也可以被称为“科学”。所以，不能说哲学“不”科学，但是哲学是“非”自然意义上的科学。只有迷信、个人经验、巫术等不具有知识形式的存在体系才是“不”科学的，或者说“反”科学的。从学科意义上的广义科学，就是要撇清自然科学、社会科学、人文科学和思维科学之间的区隔，承认这种区隔的存在，同时也是承认“唯科学主义”的不当，每一种科学体系都有自身不可僭越的“意义世界”，在更高的层次上可以通约，但是必须以承认它们之间的不同并且平等为前提。

从理性 / 非理性 / 不理性的角度也可以用来表明哲学作为一门学科的知

识体系的独特性。“理性”一词，歧义颇多，英文对应“reason”，有“按事物的本来面目而对待之”之意，由“reason”（事物或行为的“原因”和“根据”）引申而来。在英国哲学家罗素看来，理性就是“为了达到某种信念而思考一切证据的思维习惯”。对一个理性者而言，不能把握确定性时，或然性最大的意见将受到重视，而那些或然性较小的意见则留作需要进一步说明的假设，等到新的证据来帮助它，也就是说，“理性”最一般的表现是：我们在大多数场合能靠“客观的方法”来确定事实与可能性。这里所说的“客观的方法”是说，我们将要从事的研究或行为在开始前就承认我们所要做的事情本身包含了一定的内在的、不以人的主观意志为转移的规律，并且这种规律也要求人以自身所固有的“客观”态度面对它。说当代社会是理性的时代，人们都遵循理性而行动，大概没人反对；学科的知识论基础是“理性”建构，是“理性”的方法论的结果，这也是常识。

没有一个现代学科不是建立在“理性法庭”的基础上，尽管只有科学理性才是真正的纯粹的严格的理性。在理性高扬的18世纪，理性简直是判断一切合法性的准隼，所以才有德国浪漫主义的反动，以至于出现声势浩大的19世纪非理性主义哲学思潮。但是非理性是“反”理性的吗？实际上从叔本华到福柯，所有标榜非理性的思想家都不是“反”理性，理性是人之为人的基本禀赋，意志和情感再重要，也不至于要去掉理性主义，所以说20世纪是“非”理性主义勃兴而不是“反”理性。这里理性与非理性并不构成存在的两极，理性与反理性才是两极，用英语来表达就是non-与a-的差异。在理性与反理性之间还有一片广阔的领域，那是非理性的世界，理性与非理性都构成人类把握自身、把握世界的方式。所以我们可以讲艺术是非理性的，但并不反理性，哲学中有些是理性主义哲学，有些是非理性主义哲学，是可以并立不悖的。真正构成反理性的只有一种存在，那就是迷信，迷信才是理性的对立面，迷信才是反理性。从这个意义上讲，人类的所有的学科在广泛的意义上讲和迷信构成两极，进一步讲，科学和宗教并不是对立的，它们只是理性内部程度不同的差异，科学和哲学也是这样。所以说科学中心主义就像宗教中心主义一样荒谬，人性的需要就像一个圆圈，每一个学科都占据着一个扇面，它们之间的重要性的程度只是对个体选择时才有意义，在人性的层面上，任何一个学科都是并列的。而且它们都具有自身特定的研究对象、研究方式、研究结果以及思维方式，严格的意义上讲，他们之间是不能比较的，一种科学理论只能和另一种科学理论相争论，相比较。科学和宗教不能比较，就像面包和矿泉水不能比较，科学和宗教不会冲突，就像关公和秦琼不会打架。历史上所谓的“科学的每一次进步都意味着宗教的每一次进步”的说法只是表明，科学在和一种貌似或者假装是科学的宗教理论在冲突。科学、宗教、哲学和艺术等人类的文化模式就像柴米油盐酱醋茶，不能乱用，但是谁也离不开谁。

凡是人类的学科，都必然是理性的，但是理性的程度有所不同，自然科学和思维科学当然是纯粹理性，而社会科学是社会理性，人文科学是价值理性。可以通过谈西医和中医的差异来进一步表明非理性与反理性的不同。我们说西医是科学，当然是理性的，当然可以治病。中医几千年里也可以治病，但是中医并不是科学，并不是理性的产物。所以，并不是只有科学理性才可以治病，中医并不是反理性，而是一种非理性，非理性的存在和理性的存在都是人类的存在方式。

二

以学科角度说哲学，是一种现代叙述，因为哲学成为一个学科，是18世纪康德以来的事情。以学科的角度谈哲学，也只是说明了哲学的独特性，也就是回答了“哲学不是什么”的问题，但是哲学是什么依然是个谜。即便我们已经很明确了“什么是哲学”的问题，也不能说清楚哲学是什么。比如说本体论、知识论、认识论、美学等都是哲学，但是不能反过来说，哲学就是本体论、知识论、认识论、美学等部分之和。从逻辑学的角度讲，“哲学是什么”的问题，关乎的是哲学的同一性问题的本质规定，而不是其关系属性的规定。

但是正如本文第一段所言，定义性地回答“哲学是什么”，不但是困难的，而且是危险的。每个历史时期哲学的含义分歧之大，以至于要把那些号称是哲学的思想都笼络在一起并且以一种一致的角度来叙述，是极端困难的。当然有种方法，那就是不断放宽哲学的边界，以至于两种相反的哲学观点都能奇特地存在于哲学的名号下，但是这样关于哲学是什么的问题可能仍然无法澄清。哲学史上，很少有哲学家去做这件事情，大概他们都感觉到这个问题的麻烦，所以如果我们一定要谈哲学是什么的问题，就不应该追求哲学的严格的实体质性定义，而是应该对哲学做一下功能性的描绘。即便是这样，关于“哲学是什么”的问题，也只是具有相对的意义，就像任何哲学家的哲学思想无论其宣称如何是真理的体现，历史地看都只不过是人类思维靠近真理的一小步。所以，在这里，我尝试给哲学下一个定义，实际上是对哲学做一个比较宽泛的功能性描绘，我觉得哲学就是哲学史，哲学史上的哲学都是在讲道理，哲学就是一门讲道理的科学。

受以前那种把哲学当作一切学科的基础的学科帝国主义思想的影响，哲学总是被赋予一种“基础、本质、终极”的影响，实际上，在哲学史上，哲学也确实不恰当地曾经多多少少被承担过这种工作。休谟以来，这种帝国主义大厦如果不是彻底倒塌了，也是受到普遍的质疑。哲学的这种现代命运有点儿像宗教。在古代社会，宗教曾经被赋予一个绝对中心的地位，而近代以来，康德思想的影响下，宗教越来越回归自己独特的价值，也越来越远离自己本不该觊觎和插足的领域。人类的不同性质的追求所整合成的一个各司其职的社会，给人们带来的不仅仅是效率的提高，更重要的是各安生理、各司其职、各尽所能的和谐。宗教的战略退却和回归本色不会减轻信仰的力量，反而是带给人更真实的震撼性影响。相对于曾经的哲学帝国主义和宗教帝国主义，如今的科学帝国主义带给人们的负面感受或许还不那么强烈，但是只要任何一个学科仍然以一种帝国主义的眼光，也就是那种基础主义、本质主义、终极主义的傲慢与偏见，来看待学科之间关系，就不能洞察自身和他者独特的价值和贡献。从这个意义上讲，把哲学说成是一种讲道理的科学，貌似咖啡馆里的轻慢和闲适，并无损哲学的崇高和伟大。

哲学所研究的对象，既不是自然现象也不是社会现象，凡是对于现象的研究的学问，一定是科学，不管是自然科学还是社会科学，也一定是具体的研究，其目的是为了获得知识。人类不以现象为研究对象的学科只有三种，一是数学，一是逻辑学，再者就是哲学。这三个学科也都是科学，都和思维相关，前两者研究思维的规律，而哲学研究思维方式，对于人类思维的研究没有尽头，但是哲学的野心似乎更大一些，因为哲学想通过思维方式穷尽宇宙、人类的所有问题，尽管这一点事实上从来没能做到。但是没能做到不应该是对哲学的谴责或者揶揄，而恰恰是哲学本性的体现，如果哲学也能意识到自己对于那些永恒的问题的答案不应该太有独断论的色彩的话。

不以现象为研究对象的学问都是最基础性的，而哲学研究的问题，都是一些宏观的抽象的大问题，比如说世界、人性、人生等，这些问题之大，以至于衬托出人类思维的局限：我们永远无法获得这些问题的确切答案。不研究现象，不以知识追求为鹄的，冠以爱智慧的美名，但是一个学科却不能提供知识性答案，即便是知识性的预期。所以我们对于哲学的定义，最好是描述性的，最好足够宽泛，我试着给哲学下个不是定义的定义：哲学是一门讲道理的学问。

三

有两种“理”，一是物之“理”，也就是物理，大凡以自然为研究对象的学科都是表现为对物理的探究，其结果的形式是知识。还有一种理是“人”之理，既可能是直接谈“人”之理，也可能是综合谈“物”之理和“人”之理，因为物理和“人”之理可能相关，其结果的形式要么是关乎“人”的弱化的知识，要么是关乎人的“生命”智慧。我们说哲学是一门讲道理的学问，这个“道理”就是人的“生命”智慧，大概这是东西方哲学共同的本初的追求，哲学史上任何对于这一本初追求的根本背离都可能是迷途，最终是失败的（关于这一论断，可能是很危险的，并且有独断论的嫌疑，不过，熟悉哲学史的人都知道，哲学曾经奋不顾身承担的使命，比如说近代知识的探究，很显然是对古希腊哲学本性的偏离，这种努力也最终被证明是不恰当的。当科学最终成长起来时，哲学只能也必须退出这一领域，哲学在哲学史上的战略性的撤退和宗教在近代以来的明心见性的收缩是一样的，都通过否定自己而获得了本质的自我）。

关乎人的生命智慧的学问，可以称作道理。哲学可以称作一门学问，而不大适合是一门学术（哲学史称为一门学术倒是没问题，前面说到作为一种学科、一种科学，也主要是侧重于哲学史而言，从当代的视野看，哲学史已经是哲学活动的主要领域，这是人类创造性弱化的一个标志）。学问和学术不同，前者是开放性的探究，正所谓的“追问”，后者则侧重于规范性的追求的味道。古希腊人把哲学称作“爱智慧”倒是很贴切的，也就是说，哲学不是智慧的学术，倒是智慧的学问，其中的玄机就是这个“爱”字，这个“爱”和“追问”的意蕴是一致的。

“道”理是中国哲学的说法，“道”的存在应该从天道和人道内在一致性的角度来理解，“道不远人”就是这个意思。但是“道”理无论是天道还是人道，都必然具有形而上的味道，在这个意义上，哲学是一种形而上学。

说哲学是形而上学，必定会联想到哲学史上对于形而上学的猛烈的批判，但是我觉得，这种批判有一个科学崛起的背景，这种批判只不过帮助形而上学厘清了自己的来龙去脉和真核而已。休谟要把形而上学扔到火里去，是英国经验论的极端想法，他看到的形而上学的局限，只不过是形而上学不该踏足的领域。人类是需要形而上学的思辨的，是因为人类的存在不能只是局限在现象的世界，在某种意义上讲，形而上学与其说是一种生命智慧的探寻，毋宁说是一种生命的超越性追求。这一点在萨特的《存在与虚无》里表达得最为明显：人的存在是从自在的现象界无限地向自为的未知世界的超越立场。当我们经历了近代以来的科学的喧嚣、偏见和戕害后，人类开始完整理解人性的多方面需求，尤其是形而上学这种“无用之大用”的学问。正如《人论》中所表达的，在这里，科学、宗教和形而上学应该是一种温情的、彼此尊重的结盟关系，而不应该是非此即彼你死我活的冲突性关系，应该共同服务于人类的幸福和人性的完善。形而上学所讨论的一些问题，并不在于立刻获得答案，事实上，这些问题不可能获得终极性答案，或许休谟是对的，形而上学的命题不是分析问题，也不是综合问题，但是这些问题诸如人性、人生、永恒、存在等，对于人类的超越意识的保持以及生命价值的关切，确实是不可或缺的，人类的存在，怎么可能简单为当下化、数字化、程序化、技术化呢？

哲学应该承认自己的形而上学的本质，这种诚实不会减弱哲学的价值，却能增强自己的信心：我们都承认，只有你的价值是独特的，你才是有价值的。另外一个方面是，如果不承认哲学的形而上学的本质，哪个领域才可能是哲学的世界呢？除了形而上学，其他领域已经不再是哲学的殄域。哲学并不像曾经宣称得那么重要，但是也绝不是像技术思维所攻击的那么一无是处。

形而上学这个词最早指的是亚里士多德所谓的“metaphysics”，这个词的指谓本来是“物理学之后”的意思，在亚里士多德那里，对“存在者之为存在者”的探究具有后世所谓的抽象义的“形而上学”意味。把“metaphysics”翻译为形而上学是受《易传》中“形而上谓之道、形而下谓之器”的启发，这个翻译或许是东西方文化交流史上最为经典的实践之一。汉语世界的“形而上学”就是“道”，哲学就是讲道理的学问而不是认识物理的活动。

“讲道理”，即使只是在日常生活界，也是一种理性意识，也就是说，我们“讲道理”而不能不讲道理，因为不讲道理可能解决不了任何问题。所以说哲学是一种理性的活动，是没有问题的。“讲”字具有发而皆中节之味道，也就是说，我们要“讲”，不能不讲，是那种温和的商谈意义上的“讲”，不是那种盛气凌人的宣讲，哲学根本就是发现问题、探讨问题的一个过程。讲“道理”，“道理”能讲清楚吗？“道可道，非常道”，人去讲“道理”，可以，但是要终结之，一劳永逸解决之，是不可能的，因为，这是人的有限性所决定的。但是，是否因为人的有限性所决定的对于“道理”的不可穷尽，就不去讲“道理”了呢？西方文化中有一个很有意思的比喻——“西西弗斯的神话”，讲道理是人类的宿命，就像推石头是西西弗斯的宿命一样，只有在“讲道理”中，人类才是存在的，才是进步的，才是可能有希望的。

但是，如何“讲道理”呢？如果只是随便说说，又如何能使人信服，并且能够构成一门学问呢？这是一个很严肃的问题，也就是说，哲学上的“讲道理”，还是要借助于一些能力或者技巧，使得你自己的道理讲清楚，尽管不是终结问题。每个人都可能有点儿“道理”，但是如果只是个体的一些感悟或者经验，只是自娱自乐或者茶余饭后的谈资，有点儿类似于所谓的“世界观”，这些都不构成哲学性的活动。哲学上的“讲道理”一定是要讲清楚的“道理”，讲“清楚”只是把你所说的以符合人类一般思维规律的形式呈现出来，这就是说一定要“论证”你的道理。大家在一个共同的思维规律的平台上，是可以互相理解和沟通的，尽管可能不是相互同意的。所以说，带点儿宽泛带点儿轻松，把哲学说成是“讲道理”的学问，实质上说明了，有哲学意识不难，但是要从事哲学活动，当个哲学家，在理论层面系统地论证清楚你的思想，是一个很艰难的事情。

哲学上的林林总总，无非是讲道理的活动，把这些讲出来的道理有机集合在一起，哲学就是一种学问。从历史的角度看，每一位哲学家无非是讲出来了一种道理，而不是“道理”本身，以这个角度看，哲学史就真的不是黑格尔所说的“死人的王国”，现代的哲学不一定就比古代的要更有说服力。哲学是一个平面性的、无时间性的活动。

讲道理的哲学，其目的不仅仅在于解释这个世界，而在于超越。以解释为目的不能体现哲学的崇高，以改造现实为目的只会降低哲学的深度，像艺术和文学一样，哲学是一种思想超越性的活动，哲学促使人通过思考人的存在来获得一种具有超越性的价值观。如果宗教是一种对死亡的超越的话，哲学以思想的形式对生命的超越，体现了对生命状态的提升，中国哲学所谓的“死而不亡”，所谓的“三不朽”，倒是很能体现哲学的超越性的本质。所以说，哲学是一种地地道道的人本主义。

把哲学说成是一种讲道理的学问，就会觉得形形色色的所谓“哲学的死亡”“哲学的终结”的论调，如果不是可笑的，至少是幼稚的。阿伦特在谈到宗教和上帝在当代的命运的时候说，不是上帝死了，是我们言说上帝的方式不适用了，或者说我们言说上帝的方式死亡了，由于人类的有限性，在我们找到最好的言说上帝的方式之前，上帝对于我们是蔽而不明的。用阿伦特的话来回击“哲学死亡论”，一样有效。哲学的讲道理，哲学的超越性，哲学所要求的论证性，使得哲学实际上就是一种思维方式，不同的哲学，就是一种不同的思维方式。

四

不管我们怎么宣称哲学之于人生的意义，哲学从来就不是人生的基本事实。

当代哲学教育，已经越来越失去哲学所谓的爱智慧的本义。即使是那些号称哲学重镇的著名大学的哲学系及其相关建制，哲学已经越来越失去其思想功能，而逐渐呈现文化、知识性特征。或者说相对于思想的非现实性以及和现代实证型社会无法契合的不确定性，哲学教育走向了文化传承功能和知识性应用，这似乎是不可避免的事情。不管你的文化情怀有多深，你一遍遍所阐释的哲学史的意义有多重，当代大学的哲学教育，尤其是号称独霸思想世界的哲学系，已经堕落为和一般人文和社会科学相同的境地，文化传承以及知识性应用的哲学教育，恰恰走向哲学的反面，恰恰是哲学最最忌讳的。哲学的这种境遇和三百年前康德的批判对象，实际上没有多大的不同。我深刻怀疑哲学还有没有可能去迎接另一个意义上的21世纪的康德，这种可能性由于当代社会日益技术化、碎片化、虚拟化而变得完全没有必要，要知道三百年前康德在解决哲学的合理性危机时，所面对的社会实际和当代有着巨大的甚至完全的不同。面对一个凝固态以及为自身合法性而辩护的哲学教育现状，面对甚至于连基本的学术独立都不能保证的哲学教育，重新呼唤哲学的启蒙功能，或许是哲学还能有的一点点独特的价值。因为，在文化传承和知识性应用方面，其他人文或者社会科学，出于学科特性的不同，一定会比哲学做得更好。

对于现实问题的反思和批判，哲学也似乎浪得虚名。关于现实问题的任何领域，各门具体学科都能做到，而且除了一大堆抽象不已的辞藻，哲学不能提供任何实证性的方案。我觉得哲学思考的问题，甚至是生死的问题，都只是提供一种很文学色彩的描绘，其根本原因在于，哲学根本就不是人生的基本事实。在我看来，如果把问题逻辑进行到底，人生是虚无的，哲学不能提供任何解决方案，所谓的哲学只是专于分析而不解决问题，这就好像一个孕妇只会怀孕不能生下孩子。我的意思是，其他学科完全可以做到哲学能做和不能做的一切。哲学学科的唯一学术价值就在于哲学史，它的唯一社会价值就在于思想启蒙。如果做不到，那么任何哲学建制都只是摆设和赘疣。

关于思想启蒙，对于人生而言，也不能说是绝对必要的。实际上，任何思想启蒙都是对现存生活状态的挑战，要通过反思、批判、怀疑、颠覆来完成，把人推向另一个完全不同生活状态，其结果是未知的，而长久以来生活的思想和生存习惯的打破是艰难的。哲学不是人生的基本事实，而是要挑战这种基本事实。哲学一定是需要慎之又慎的事业，因为哲学最容易成为误人子弟的事情。哲学像文学一样，都只是对过去的一种反思和未来图景的一种想象，而哲学史上对于形而上学的批判，已经不是其功能性批判，而是有无必要的批判。哲学根本就不是人生的基本事实，它的必要性和合法性是存疑的，哲学史上这样的质疑一次次出现，又一次次无疾而终，正说明了一代代人的除不尽的对于哲学存在价值的困惑。哲学就像是人的灵魂，说不清究竟在哪里，究竟有啥用，究竟是啥，但是一直在谈论，这就是哲学叫人哭笑不得的地方。哲学也像远方从未谋面的情人，她从来不是你的生活，她只是好像存在，却叫人向往。哲学从来就不是人生的基本事实，哲学必须保持足够的谦卑和谨慎，哲学能够做的，就是通过思想启蒙，期望把生命提升到一个相对超越的状态，期望达到一种难以实现的理想人格。哲学这么做，带有极大的风险，因为其结果，要么是天堂，要么是地狱。

现代西方哲学

如果我们谈到西方文化这个概念时，可以说其代表了一种独特的人类精神。说到原创文化，希腊甚至都算不上四大文明古国，因为据说希腊是古巴比伦文明和埃及文明在海上遇合的结果，西方文化更别说了，一直要到罗马帝国，才有希腊、希伯来和罗马文化的融合。所以说到西方文化的特质，用一句中国话来讲，“和而不同”最贴切。说到哲学领域，可以说西方哲学这个概念是地域性的，也是文化性的。一种地域概念的西方哲学，预示着还有类似诸如东方哲学这样的东西相对应，正如我在《什么是西方》中所宣称的，如果我们承认西方文化或者西方精神的独特性，就应该接受这样的事实：西方哲学是人类最为完整最为深刻的哲学系统。举个例子，如果说哲学真的源于惊异的话，那么中国人和印度人，还有阿拉伯人，在这一点上是远逊于希腊人的。哲学，应该是希腊人进而是西方人的一种独有的精神追求，事实上，哲学的形式和内容是不可分割的，冯友兰辩解道，中国虽然没有“形式底哲学”，但是有“实质底哲学”，这当然是一种辩解。

哲学作为一种理性的思维方式，以逻辑思维为准则来说理的形而上学系统，在古希腊发轫，也在西方世界源远流长、发扬光大。但是在苏格拉底之前，哲学还没有获得自己的本质，充其量是一种粗浅的自然哲学，如果要称之为前科学，也是没问题的。苏格拉底第一次将哲学的眼光从外部世界拉回人，注意，不是人自身，而是哲学的研究应该从人出发。这种转折是革命性的，尽管一直要等到笛卡尔才把这种出发点更往人的内在的“思”里推。柏拉图遵照他的老师的思路，努力开始以定义的方式理解一切，他所揭示的所谓“二元论”，几乎成了西方哲学理解世界的标准图式，有人说自柏拉图以降，西方哲学不过是柏拉图的注脚，或许主要是在二元论意义上讲的。其后的亚里士多德的形而上学，则是西方哲学的基本特征。非常有意思的是，如果说苏格拉底的做派和行状有点儿像几乎是同时期的孔丘，那么柏拉图和亚里士多德则在思维方式上分别对应着孟轲和荀卿，这是非常令人惊奇的。需要说明的是，哲学在希腊时代，不管是苏格拉底前还是其后，本体论追求是主要的。在希腊化时代，哲学开始有点儿神秘主义的味道，新柏拉图主义就是典型。在中世纪，经院哲学大行其道，理性主义光芒有点儿暗淡，但还不至于被斥为“黑暗”。希腊时代的亚里士多德哲学以另一种形式被传承下来：在天主教神学尤其是阿奎那那里，希腊哲学和基督宗教实现了大合流，如果说，罗马帝国只是提供了一个西方文化大融合的平台，那么，两希文化深层次的融贯是在一千年的中世纪积淀而成的。从此以后，以理性主义标榜的西方哲学，再也挥之不去一个上帝的影子，不管这个影子以何种形式存在，宗教和哲学，在西方文化发展过程中，就是一对想离婚却离不成、离了还藕断丝连的夫妻。

西方哲学在近代的变革，可以说和整个西方社会的转折是同步的。培根“知识就是力量”的憧憬，是那个时代精神的典型体现。不再满足于古典哲学大而化之的本体论思辨，近代哲学带有很明显的科学性、认识论特征。笛卡尔把哲学的秘密进一步引向内在性思维，把哲学建立在严格的对思维的逻辑分析上，进而建立像数学一般的分析体系，是他的哲学目标，而思维则是他的逻辑分析的起点。但是在回答知识的来源问题上，这位虔诚的耶稣会学校的毕业生则留给了他的上帝。认为近代早期欧洲知识界像喜欢科学一样反对宗教，是对西方文化史的误解。笛卡尔的知识论体系开创了欧洲大陆唯理论的先河，而后来同为唯理论的德国的莱布尼兹的单子论则是这一论派的极致。几乎和唯理论同时，英国的洛克则发展了经验论，这种论派认为知识的来源是从经验而来，爱丁堡大学图书馆馆长休谟既是经验论的顶峰，也是包括唯理论在内的近代理性主义哲学的终结，他信誓满满地宣称：知识是不可能的事情。休谟的冷酷惊醒了德国边陲哥尼斯堡大学讲师康德的形而上学迷梦。他用“先天综合判断”来解决形而上学命题在分析、综合二者中的知识性无能。我们来谈这个有着严格宗教信仰的宗教徒在哲学史上的贡献，怎么都不为过。有一种说法是：哲学要总是顺着康德讲，不可能，但是要避开康德讲，更不可能。康德的历史贡献真正在于：他为人类的思维能力划定了界限，能够认识的，可以做的，可以希望的，不是一回事。这是一个石破天惊的论断，人类的内在的精神秩序从此燮然。后来经过费希特和谢林到黑格尔，尤其是后者，只不过是人类思想的又一次试错而已，如果说康德已经奠定了秩序的话。

黑格尔的哲学体系既宣示了哲学的狂妄，也从另外一个方面说明了哲学的虚弱。后来的西方的哲学把黑格尔当死狗打，只是因为再无可能诞生另一个体系化的、绝对唯心主义的黑格尔式哲学。黑格尔哲学对西方哲学的二元论为代表的哲学问题的解决，或者说终结，只是哲学大幕短暂的闭合，问题依然存在，现代西方哲学展开了又一场全新的哲学盛宴。但是也要承认，黑格尔既是近代哲学的集大成者，也在某种意义上是现代哲学的开启者，因为他把哲学理解为“思想中把握的时代”，具有存在论的性质，而存在论，是整个现代西方哲学的基础，即便如罗素、维特格斯坦者，他们的逻辑哲学也跟纯粹的逻辑学不同。

想要理顺现代西方哲学的线索是比较困难的，这种困难在现代以前并不存在，因为现代以前，哲学的时代主题似乎是单一的，我们能说的是，现代西方哲学和现代社会一样复杂。现代哲学似乎是从黑格尔哲学这个闭合大幕中弹射出的很多条激流，它们从批判黑格尔开始，却遥契康德。

现代西方哲学就像一个万花筒，折射着这个时代西方精神的迷乱：理性与非理性、光荣与梦想、焦虑与荒谬的共生与交织。现代西方哲学的几条基本路向：人本主义、语言哲学、分析哲学和现象学运动——如果可以允许这样粗略、笼统地概括的话，似乎都真的开始远离形而上学，至少，反形而上学，是整个现代西方哲学的出发点。事实上，现代西方哲学重新建构了一种新的形而上学，有意无意的，或者被文化模式所支配而不自觉的。比如，在反形而上学最欢的尼采那里，也构建了一种新的形而上学。形而上学是人类的宿命。

这里所谓的“现代”，是一个的典型的西方词语。在时间跨度上，是指19世纪中后期以来的西方哲学发展。西方精神在19世纪中后期有一个很大的转变，其基本路向和语境就是对理性主义的重新反思。近代以来，西方以人自身的理性主义来抗拒对于上帝的信仰，但是几个世纪以来，没有了上帝，西方并没有能够很好地照顾自己，反而暴露出人自身的反理性悖论。20世纪所爆发的西方社会灾难，都应该把源头上溯到近代以来这种理性的悖论。但是这种反思，不是要否弃理性主义，而是要给理性主义一个合理的定位，或许可以把19世纪中后期以后的西方称为“后理性主义时代”，之所以以“后”来接续理性主义，是因为理性主义可以说是包括哲学在内的近代西方精神的基本特征。

“后理性主义时代”绝不是要反理性，就像后现代主义绝不是要完全否定现代性一样，是寻求一种和理性相对应的人性的文化生成模式。在这里，哲学并不孤单，我们会在西方19世纪中后期的艺术、文学、宗教等文化模式里看到这种对于绝对理性的一种反动。叔本华被认为是这种思维模式的开创者，克尔凯郭尔和陀思妥耶夫斯基都算是先驱，意志本体、个体生存等被理性所遮盖的世界成为现代西方哲学的中心，语言分析和现象学运动也开始崛起，宗教哲学则得到了现代规范性学科的奥援而重获新生。还有一些无法归类的思想家，因为他们的思想充满探索性，比如福柯，当然，西方马克思主义也成为一场广阔的思想运动。那种在古代、中世纪、近代哲学里的问题性和思维模式的单一性不复存在了，形形色色的哲学思潮喷涌而出。跟一节节不太相同的竹子一样的前现代哲学相比，现代西方哲学倒像一节节被劈成很多分叉的竹片，它的丰富性叫人惊叹，它的深刻性根植于人类已经苏醒的人性深处，而它的生活性，重建了哲学和生活的内在联系，倒是有几分希腊哲学的味道。后现代也好，非理性也罢，都不应看作是对于西方文化的背叛，而是一种文化反思和再造，更恰当的理解应该是：富于反省的西方精神的触角和维度在新时代的不懈探索。如果在上帝面前，人类只是一个摸象的瞎子，也或许只是徒劳无功的西西弗斯，但是这已经足够了，足够荣耀了，西方哲学表征了人类思维的深度，或许距离终极存在只是一步之遥。

现代西方哲学流派纷呈，从存在论的角度看，恰恰迎合了黑格尔关于哲学就是“思想中把握的时代”的论断。狄更斯在《双城记》的开头说：“这是最好的时代，这是最坏的时代；这是智慧的时代，这是愚蠢的时代；这是信仰的时期，这是怀疑的时期；这是光明的季节，这是黑暗的季节；这是希望之春，这是失望之冬；人们面前有着各样事物，人们面前一无所有；人们正在直登天堂，人们正在直下地狱。”现代西方哲学的乱象，似乎正是这个时代的思想表征。海德格尔在《林中路》扉页中说：“林乃树林的古名。林中有路，这些路多半突然断绝在杳无人迹处。这些路叫作林中路。每条路各自延展，但却在同一林中，常常看来仿佛彼此相类，然而只是看来仿佛如此而已。林业工和护林人识得这些路。他们懂得什么叫作在林中路上。”现代西方哲学的喧嚣与骚动，展现出西方文化精神在现代社会的每一个触角，但是这不仅仅是一片“厮杀的战场”，留下的不是退潮后的岸上的精神瓦砾，或者说黑格尔所谓的“堆满了死人的骨骼”，从哲学史角度看，它们最终都将是一条条林中路。

哲学，到底有什么用

哲学，到底有什么用？这个“到底”似乎有一种不耐烦的味道，其基本原因来自我们对“哲学有什么用”这个问题的困惑。与之相对的，科学就不会有这个麻烦，因为科学的用处是显而易见的。“哲学，到底有什么用”这个问题的困惑说到底和“哲学是什么”这个很难回答的问题相关。习惯于“有什么用”来诘问事物的存在价值，在一个技术的时代，是很正常的事情。

“有什么用”，这是一个典型的功利性的提问方式，它体现了技术思维无所不在的控制性要求：你如果标榜你有价值，就必须有“用”。问题是什么意义上的“用”。我们也应该放宽“用”的范围和标准。

在考察哲学的“用”之前，先来看看在哲学功能上的两种流俗的观念。其一是哲学万能论。现在还抱有此种想法的人可谓是一点儿也不懂哲学。在古代，特别是前苏格拉底时期，这种想法是大行其道的，原因很简单：那个时候学科不分家，哲学是所有学科的总称，哲学是一切知识的总汇，当然是万能的。但是在学科细分的今天，每门学科都承担着特定的功能，哲学也早已经从“科学的科学”的圣坛上跌落下来，再谈什么“哲学万能论”无异是现代笑话。其二是哲学无用论。这是科学以及其所表征的价值标准建立起话语霸权后，唯科学主义思维作怪的产物。大约在宗教的时代或者以后有一个艺术的时代的话，哲学是不会被扣上无用的帽子的，因为所有的以精神性为特征的人文性的学科和以实用和功利性为目标的“科学”，尤其是自然科学有着很大的区别。但是如果把这种区别抬高到水火不容似的绝对高度，也是人为地对人类人性圆周——文化创造的整体性的割裂，也是对人类历史和学术史的无知和浅薄。事实上，历史上但凡伟大的科学家同时也是哲学家或者神学家，而人类的学科大分家也仅仅是在19世纪后期才完成，这是适应现代社会功能性差异的要求而发生的。即使这样，倘若从科学的必要性——就像其他学科的必要性，走向唯科学主义的话，如同历史上从宗教的必要性而错误地走向唯宗教主义，其后果一样是灾难性的。人是一个不可分割的整体，一顿饭是需要多样的调料的，更何况一个发展中的人？现代心理学，比如说美国的人本主义心理学或者精神分析学都揭示了人的心理结构的复杂性和人的需要的多样性，而康德哲学——在很大的意义上我们都是康德的信徒——所论证的由于人性“智、情、意”的结构分化所带来的功能差异，“科学家的康德是哲学家康德的前提与基础”都说明了这样一个道理：把人的某一方面的要求无限地放大，是现代社会异化的根源。以科学来反对哲学，就如同用宗教去反对科学一样，如果不是出于科学的无知，便是出于对哲学的浅薄。哲学的价值，或许黑格尔的一句话很能说明问题：一个有文化的民族，如果没有哲学，就像一座庙，其他方面都装饰得富丽堂皇，却没有至圣的神。

那么哲学究竟有什么用呢？这个问题的解决依赖着一个问题的界定：哲学究竟是什么？很显然，这是个前提性的问题。前边说了，若像古代把哲学说成是“爱智慧”，那哲学的功能就合乎逻辑地简直可以说是万能的。“有什么用”是“是什么”的逻辑延伸。

又需要说明的是，“是什么”和“有什么用”的提问方式的不同所蕴含的语义是不同的。前者是演绎式的，后者是归纳式的。我们知道科学不是哲学，那种关于信仰的学问也不能被理解成哲学，艺术也是，或者形形色色的其他学科也是。但这样的否定性归纳是没有尽头的，所以我们在“什么不是哲学”的基础上去“说”“是什么”时，不至于在一些常识的问题上纠缠，或者说我们所有的不同的关于哲学是什么的争论是在一个“底线”上有所言说的。英国思想家罗素说：“哲学，就我对这个词的理解来说，乃是某种介乎神学与科学之间的东西。它和神学一样，包含着人类对于那些迄今仍为确切的知识所不能肯定的事情的思考；但是它又像科学一样是诉诸于人类的理性而不是诉诸于权威的，不管是传统的权威还是启示的权威。一切确切的知识——我是这样主张的——都属于科学；一切涉及超乎确切之外的教条都属于神学。但是介乎神学与科学之间还有一片受到双方攻击的无人之域；这片无人之域就是哲学。”罗素所说的“无人之域”就是“哲学是什么”这个问题的底线，也就是说，最好在这个基础上去理解哲学，而这个底线之上的理解，事实上是不同的，正如其他学科一样，都是可能达到哲学本质的理解，而这之外的理解，无论如何如何地辩解，都肯定是误解。在对于哲学的所有理解活动中，只有这时才是用“肯定”这个词。

但是哲学作为一个学科所招致的理解上的差异之大，尽管是在底线上的，也是其他学科所没有的。而“哲学是什么”这个哲学的元问题的回答简直就是哲学史的展开，换句话说，所谓的哲学史都是哲学家对于这个问题的不同理解的结果，哲学根本就是哲学史。每一种学科都有自己独特的认识对象、研究方法和思维方式，从而都得到不同的研究结果，它们都是人性所必要的构成，都有其他学科所不可替代的独特性和功能性。就哲学而言，科学的终点恰是哲学的起点，哲学所提供的是解释世界的新原则，是对知识的再反思和知识得以形成的前提的再批判，是一种思想的反思活动，是一种永不止歇的对于真理的追问。在这个意义上，哲学不再是“科学之科学”，它不是分析物之理的科学，不是解决信仰问题的宗教，也不是处理美的问题的艺术。哲学，是用概念通过逻辑分析去讲道理的活动。此种对于哲学的界定是合乎哲学的本性的，是中肯的。

美国哲学史家威廉·杜兰特说过：“仅有科学而无哲学，仅有事实而无前景和价值，是不能使我们免于劫难和绝望的。科学给我们知识，只有哲学才给予我们智慧。”哲学的功用不在于直接利益的提供，甚至不在于对实际活动的具体指导或历史变革提供直接的力量和机会，哲学是一种思维素质、道德修养，一种对于终极存在的关怀态度，是人性的追问和维护。在不多的几种可能的独立创造活动的人类必要事业中，哲学是其中的重要一环。哲学确实没有现实的功用性，但是“一时得不到回响的却可以正与一个民族的本真历史在至深处谐响，甚至作为这历史的先声鸣响”。哲学与科学之间的功能的分化，就好比是中医和西医功能的差异，也好比是快餐和广东人煲汤的方法和效果的不一样。所以说认为哲学无用是大错特错，哲学对于思维力的培养、道德教化、人格成长、创新意识的开启、人类终极关怀的引导、人性尊严的维护是必不可少的。哲学也是民族文化中的核心部分，直接体现一种特定的文化思维方式，诚如黑格尔所言：一个有文化的民族如果没有哲学，就好比是一座装修得华丽的庙里，却没有神。斯言至善。按照这种理解，具体说来，哲学的功能，如果还有的话，我们就要尽量说得明白点儿，不能再语焉不详地一口带过。我觉得，哲学的功能主要表现在以下几个方面。

一、哲学有助于思维力的培养

哲学是一门思维科学。它不是一种以知识追求为目标的具体科学，也不可能提供知识。因为哲学所面对的是整体，诸如世界、人、社会、历史之类的问题，并不是对于世界的分门别类的研究，而是对于整体的思辨，思辨也就是在逻辑演绎中辨证说理。最终意义上讲，这种活动很显然不着眼于问题的解决，而是着眼于问题的提出和论证的过程，把问题所包含的所有可能性展示给人看，在这个过程中，人的思维力得到锻炼，从而更有利于问题的理解和展开。我们总说哲学在于启发人思考，着眼于理解问题的能力，其意义正在于此。哲学的思维力，即对人的思维活动而言重要的必不可少的思维能力包括以下几个方面。

1．归纳和演绎。归纳和演绎是人们认识过程中的两种推理形式。归纳是从个别事实走向一般概念、结论的思维方法，它包括完全归纳法和不完全归纳法。演绎是人的一般概念、原理走向个别结论的思维方法。因此，归纳和演绎过程分别体现了思维由个别到一般和一般又到个别的运动过程。在欧洲哲学史上有经验论和唯理论。前者主张“归纳万能论”的归纳主义，后者主张“演绎万能论”的演绎主义，现在看来都有不足，但是却充分发展了这两种推理方法。

2．分析和综合。分析和综合是比演绎和归纳更深刻揭示事物内在本质的方法。分析是在思维中把认识的对象分解为不同的组成部分、方面、特性等，分别加以研究的思维方法。综合是在思维中把对象的各个部分、方面联系起来，组成一个有内在联系的整体的思维方法。 分析和综合是认识过程两种方向相反的思维方法。二者相互区别，同时又相互联系、相互转化。中国哲学长于整体性的综合，而西方哲学长于部分性的分析，各有千秋。

3．抽象和具体。抽象是对客观事物某一方面本质的概括或规定。人们对具体事物的某一方面本质的认识，就是一个思维的抽象。具体是许多规定的综合，是多样性的统一整体。马克思说：“具体之所以具体，因它是许多规定的综合，因而是多样性的统一。”从抽象上升到具体的方法，是辩证思维的基本方法。由抽象上升到具体的方法，就是由抽象的逻辑起点经过逻辑中介的作用而达到思维具体的过程。哲学是抽象的，因为哲学是概念性的把握，但是哲学的抽象也是从生活的现实而来，是一个从思维具体到抽象的概括的过程。

4. 逻辑和历史。逻辑和历史有一致，是辩证思维的主要原则和方法。历史的东西，是指客观实在（自然界和人类社会）的历史发展过程和人类对客观实在认识的历史发展过程。根据事物发展的自然进程来揭示历史规律的方法是历史的方法。所谓逻辑的东西，是指对客观过程的理论概括、总结，是历史的东西在理论思维中的再现。撇开历史发展的自然过程，以理论形态揭示对象发展规律的方法是逻辑的方法。逻辑的东西与历史的东西是统一的、一致的。但是，逻辑和历史的统一是有差别的统一，不是僵死的统一。逻辑的东西反映历史的东西，不是简单的复制，而是经过“修正”的反映。而哲学本身就是逻辑和历史的辨证性统一。

二、哲学的超越性与人的理想性

哲学具有一种超越性的本质，超越什么？超越现实性。这一点和宗教的超越不同，宗教的超越是外在性的，哲学的超越是内在性的。这种超越性，使得哲学在人类历史的大部分时间里起着指示理想性目标的作用。形而上学作为研究存在之为存在的学问，作为实体来看待的事物所必须具有的最一般、最必要的特点的学问，是哲学的核心部分。但是，随着近代自然科学和社会科学从哲学母体中分离，特别是语言哲学和分析哲学对于形而上学的消解，哲学越来越被局限于只是对知识进行逻辑分析的方法论论证。哲学曾经承担的对于人类历史和理想化未来的引导功能似乎不复存在了。

在这个问题上理解的误区是：人类历史的发展被单纯地认为是一个知识进化的过程。这是现代社会的实用和躁动的反映。而哲学恰恰是作为智慧型活动而不是知识性认知存在的。在经验性知识和逻辑数学性知识中间还有一个广阔的地带，那是一个事物包括人的本质性世界，诸如——幸福是什么，人活着的价值何在，世界的本质是什么，等等。此类的问题是对于人而言必不可少的，而这些问题的解绝也绝不是能靠事实性的知识就可以解答的。而哲学正是致力于建构一个完整的世界图景，弥和具体学科对于世界的分割，在对知识进行统一性的追求中，努力去回答人和人类社会的本质性的问题，以及终极关怀的问题。哲学的这种努力是使人类维持自身的整体性的思想保证，是人和人类理性的后盾，是不致于庸俗化的防备，也是人类向更理想化目标前进的思想动力。早在两千多年前，古希腊的哲学家亚里士多德就说，人在本性上是求知的，人不仅是出于更好地改造所处的环境而求知，也是出于纯粹的求知本性而求知，而第二种性质的求知不是出于功利性的目的，正是哲学对于人和人本身的纯粹的关照和关怀的要求。如果哲学放弃了它从自己形成之初即已被视为自身本质的这一规定，又有什么样的选择能够填补和替代由此而形成的人类思想和人的精神生活的真空呢？哲学对人类理想性向度的引导是不可或缺的。

三、哲学与人的独立人格塑造

哲学是千差万别的，任何一种哲学都有其道理，任何一种哲学都会有自己的独特性，因此，我们可以说，我们学哲学，实际上也会受到这种独特性的影响，进而对自己的独立人格塑造有所裨益。哲学是具有深厚的历史感、强烈的现实感、明晰的逻辑感和博大的境界感的品格的一门学问。研习哲学，可以培养高举远慕的心态，慎思明辨的理性，可以培养一种对于问题和真理执着的兴趣。哲学在对绝对之真、至上之美、崇高之善的追求过程中，会对人的修身养性产生潜移默化的深层次的影响。在人的素质成长过程中，哲学智慧是极其重要的，一个人不一定要当哲学家，但是一定要有哲学头脑。除了上面谈到的思维能力训练这种“干货”，哲学对于人的影响还有一些比较“务虚”的方面。哲学性素质的培养还包括以下几个方面。

1．主体意识和有“我”意识。哲学即是以理论形态所表达的人类关于外部自身存在的和自我的意识。哲学理论从来不是冷漠呆板的，它贯穿着每一个哲学家的理论旨趣、生活信念以及终极思想，虽然有一定的主观性，但历史地看来同样丰富了文化世界的内涵与外延。主体意识包括自我感觉、自我体验、自我创新、自我批判、自我超越等表现形式，在传统社会向现代社会转变过程中，它要求社会的“人”由指定性行为模式转变为选择性行为模式，树立能力本位观念、自主自立观念、平等竞争观念和开拓进取观念。

2．反思能力与批判能力。哲学是人类思想反思的维度，它本身是革命性的和批判性的，是对于“思想的再思想”“前提的再建构”。正是由于人类的反思和批判意识，使人类的存在和人类文明奠基在更为坚实可靠的根基上。哲学的本性是辩证的、批判的，正如马克思所说：“辩证法在对现存事物的理解中同时包含着对现存事物的否定的理解，即对现存事物的必然灭亡的理解；……辩证法不崇拜任何东西，按其本质而言，它是批判和革命的。”哲学的反思取向实际上就是不断发现问题，提出问题的要求，它体现了一种永恒的求真意识。一个没有反思意识和批判意识的人，是不可能有创新的，对于一个民族而言也是没有前途的。因为一个人如果一味地从肯定出发，就最终会走向怀疑，而如果他从怀疑出发，就最终会走向肯定。

3．求真意识和创新意识。人类所有的理论和实践都最终指向一个目的：更靠近真理。生命是求真的历程。真理的完美与无限生发出人对自身的的不完美的不满足。而真理是一个时间性的存在，从来就没有绝对的绝对，只有相对的绝对。哲学正是一种面向真理的求真态度，蕴含着为真理而不懈探索的进取意识，这是哲学发展的历程可以证明的。求真意识需要主体意识和反思意识并通过创新意识得以体现。求真不但是理论要求，更是一个人之所以为人的最基本品格。人类对于真理的敞开性态度，对于真善美的渴求和对于假恶丑的拒斥，通过变革和创新走向更靠向真理之途。

三、哲学的“学科帝国主义”与前提批判

现代西方哲学一直在批判哲学的“学科帝国主义”，我觉得这是一种对哲学本质的不理解。哲学根本上讲就是一种思维方式，又不是分门别类的知识形态，所以我是承认哲学相对于其他学科的基础性的。首先，体现在对于常识和传统的反思和批判。人是活在常识世界中，因为只有经验对于我们而言才是真切的。我们又是活在传统之中，因为传统是我们力量持续生发的源泉。但是常识和传统并不绝对必然就是合理的。常识和习惯的世界是很舒服的，但对思想却是致命的。它们所包含的意义不一定是清楚明了的，也不一定像我们想象的是绝对可靠的，有的时候倒是在欺骗我们。如果听任常识支配我们的思想和行为，就会产生巨大的惰性，就很容易走向教条主义和权威主义，走向德国哲学家黑格尔所谓的“熟知但非真知”中。而哲学恰恰就是提问、怀疑、反思的事业，任何意识或存在都不能免于哲学的质问，就像德国哲学家康德所说的，一切都要在理性的法庭上受到拷问。而这种哲学式努力会激发想象，鼓励创新，热爱智慧，挑战思想的极限，永远使人类走在理性之途、真理之途。可以说，哲学是人类真理的守护神。

如果说对日常意识的反思是哲学对思想文化的作用的话，那么，哲学对一定学科前提的批判就是哲学对思想文化的深层作用的表现。人的日常意识是以一些更为根本的概念或观念为基础的，离开这些概念或观念就难以解释人的日常行为和活动的动机。任何基本概念或观念又都是在一定学科基础上得以确立的。对这些学科的前提进行批判，就是为了发现影响思想文化的基础性问题究竟是什么，探讨和揭示隐藏在这些基础性问题背后的各种假定和条件，在具体的批判和分析活动中把握对象性理论的性质和特点，从而得以运用哲学思维解决影响一定思想文化的那些严肃的、根本的理论问题。哲学的前提批判使人类不断地深化对终极实在的探究，从而不断地变更人的思维方式、价值观念和审美意识，实现了美国哲学家库恩

所说的“范式”革命和拉卡托斯所说的“研究纲领”的更新，从而不断地把学科所理解的深度和广度推向前进。这样，哲学的前提批判“是一种无穷无尽的追问，现实地说，它是一种历史性的追问。前提批判具有历史的展开性，历史的发展表现为前提批判的深化，以及由此而实现的人类文明的进步”。特别是哲学中的辩证法思想，构成了“理论思维不自觉和无条件的前提”，是思想发展的动力。

把哲学的还给哲学，把非哲学的从哲学中驱逐，不包打天下，也不是一无用处，只有找到自己恰当的位置，才能发挥真正不可替代的作用。哲学的“用”，确实是一种“大用”，无现实性功能的“用”，但是有精神性之“大用”。哲学之“大用”，是“润物细无声”的，是潜移默化的，不可能是当下的，是需要耐心的。这种“小用”与“大用”之别，有点儿像哲学和科学之别。哲学的功能是慢功夫，不能用技术性的角度看对待。

哲学是每个人的事业而不是少数人的职业

——兼论如何“学”哲学

哲学应该是“学”与“思”相结合，甚至于“思”大于“学”。

一般的学科首先是“学”，“学”对应的是知识，知识都已经是固化的，只要不是严重弱智，假以时日，都可以“学”会。在古汉语中，学的繁体字是“學”，这个字本来含义就是一个人来到神庙对神龛顶礼膜拜，用现在简单一点儿的话来讲就是，把已经形成的或者别人教导的知识、命令复制下来或者去执行，这里面不需要自己的“思”。所以《论语》中开头就说，学而时习之，光学不习不行，光学只不过是占有知识而已。

说到哲学的价值，按照中国哲学的说法，哲学是“大人之学”，不是

“小人之学”。哲学的世界里，知识性的“学”不是目的，而是学会思考。哲学首先不是“学”，而是“思”，或者说让“思”来带动“学”。《论语》里的“学而不思则罔”，就是这个意思。“罔”是什么，“罔”就是糊涂，光学不思就会糊涂，因为你不懂得这个知识的前提逻辑、内在根据、来龙去脉、包含的问题、发展的趋势，所以那种知识对你的生命世界是外在的，你在生命世界遇见新问题，就只能按图索骥，发现不好使，你就会对知识产生怀疑，这样就越来越糊涂。本来学的目的是为了弄个明白，但是光是“学”，一味的苦学，蒙着脑袋死学，结局必然是“罔”。哲学的这种“思”，特别需要悟性，没悟性，就会陷在知识的世界里，到不了一个新高度。有个笑话说有的人搞了几天哲学就可能比那些弄了很多年的人更接近哲学的本质，这是完全可能的。光学不思就去“习”，叫比葫芦画瓢，实践一定是搞明白了学到的知识，再去实践，然后推陈出新，才能反哺“学”，并且也推动“学”的进一步扩展。

问题是，“思”什么？“学”了需要“思”，“思”就是哲学的本质，因为哲学本身不是分门别类的具体知识集成，哲学对现实世界是无能为力的。哲学是“爱智慧”，“爱智慧”是什么意思？“爱智慧”就是去“思”，通过去“思”更智慧地回答新问题，去把真理的层次拉高，这才叫智慧，哲学就是“爱”这样的智慧。知识和智慧不是必然成正比的，有的时候，知识反而是藩篱，成了压制智慧的惰性力量。思什么呢？去思问题，这样，哲学就不是直接去面对现实世界，而是去面对现实世界的问题，哲学专注于这种“问题意识”，但是这些问题基本上是没有标准答案的，这样哲学就在问题构成的思想中不停地追问，哲学才是“思想中把握的永不停止的时代”。休谟要把形而上学扔到火里去，这是对的，因为从知识的角度看，哲学命题既不是分析命题，也不是综合命题，所以从知识的角度看哲学是不着调的，因为哲学压根儿就既不增加知识，也不减少知识。问题是，休谟这么说是从知识的角度看形而上学的，带有强烈的时代痕迹，因此，康德才会站出来给哲学辩护。康德说，错了，形而上学提供的不是科学意义上的知识，哲学形而上学只能是道德形而上学，哲学根本就是一种理性批判。

我们前面所说的“思”，就是哲学的理性批判，也可以说是反思，这种理性批判的后果，使得哲学根本就是一种思维方式，不同的哲学，实际上就是思维方式的不同，所以说哲学也就是哲学史。那为什么会不同呢？关键就是人们对哲学问题的理解不同。怎么反思？怎么批判？要怀疑，要分析，要论证，反思和批判都是为了重新解决问题的合法性，都是为了更接近于问题的真理性，在这种反思和批判中，问题的可能性得到源源不断的展示，我们也就越来越能智慧地看待一切。所以说，反思和批判一方面是解构，一方面是建构。

说到这里，是否就可以说，学而不思则罔，那么就不用学了？不是的，还有一句，思而不学则殆。有人说，六祖慧能不是说了吗？诸佛妙理，无关文字，直指人心，见性成佛。但是，这是极端例子，而且那是禅宗，不是哲学，哲学要在理性法庭上明明白白说清楚的。这就好比世界观也不是哲学，因为世界观没有经过反思和批判，只是保持自己的世界观层次的话，也不需要这么做。殆，就是行之不远的意思，没有充足的知识，你的哲学反思和批判就很空洞，就无法深入，没有充足的各个领域各个学科的知识，即便你提出了新问题，也很难深入，所谓的智慧也就是小聪明，不能长久。所以知识对于哲学还是很重要的，但是要超乎其上，应该把知识作为进一步更深刻哲学思考的基础。

既然哲学是一种反思和批判的活动，那么哲学就不是少数人的职业而是每个人的事业。反思什么？反思生存的价值。批判什么？批判一切标榜合理、合法、真理的思想。哲学既然不存在知识的功能，那么那些以哲学为职业的少数人，如果不能体现哲学的本质：在反思和批判中创造新思想，又不能通过哲学的讲授实现对别人的思想启蒙，那么就是对哲学的窃据，这些人就是真正的“四体不勤五谷不分”的人，是所谓的知识界最尴尬的群体，这些人，只不过是把哲学当饭碗而已。很简单，他所拥有的“满腹学问”不是知识，因而没有任何实际用处，他又没有思维能力去推动思想的发展，或者发挥哲学的启发性去启发别人做一个哲学教育工作者，因而那些窃据哲学高位的哲学“大家”，实际上是这个世界最不需要的人。因而，真正的哲学只是属于三种人，一是纯粹的哲学家，一是在具体知识领域的思想家，一是以思想启蒙为目的的哲学工作者。前者比较好理解，哲学体现了思维方式的变革，有点儿像亚里士多德所谓的“第一哲学”。后者则是哲学可以体现自身的独特功能：反思和批判知识，发现新问题，把这个知识领域推向新的层次，有点儿像亚里士多德所谓的类似于伦理哲学、经济哲学等“实践哲学”。第三种人实际上不是在从事哲学，而是在从事教育，他们是在做哲学启蒙，他们是活雷锋，是梯子。除此之外，再无任何所谓的哲学“大家”或者形形色色的哲学名头存在的必要。王国维那句“为哲学家而不能，为哲学史家而不愿”的兴叹，其来有自。

要我说，哲学是最具有人文主义关怀的学科，哲学应该是每个人的事业，事业是立命，职业是安身。你不一定要当哲学家，能当上哲学家当然是一种神圣的事业，因为哲学面向真理，毫无功利性，是人类之光，这时候，事业和职业是一回事。要么就是在自己的专业领域，借助于哲学的思维方式，怀疑、反思、批判发现新问题，做一个推动这个领域发展的人，这也是一种能创造价值的事业，这些人一般被称作诸如“法哲学家”“社会哲学家”“心理哲学家”等专业性思想家。因为哲学是要促使每个人拥有一种哲学的品性，那就是善于怀疑，去反思和批判，去发现新问题，去把问题推向更高的层次。试问，哪个人不需要这样的哲学品性呢？哪个人的发展能够脱离哲学这种品性呢？甚至可以说，这样的人才真正体现人的本质属性：生命不止，创新不息。

在这个意义上讲，不一定要去当哲学家，但是一定都要学哲学，要有哲学头脑。有哲学头脑，既是一种能力的体现，也会充满人生的趣味，因为哲学视域下的人生，不再平面化，不再单调，不再短视。事实上，那些各个领域的大家，同时也是哲学家，都可以在自己的专业领域里善于怀疑，善于反思和批判，发现新问题，进而尝试着解决，进而推动这个专业的发展。这样就可以理解了，为什么历史上的那些大家，都不是单才，而是通才，通识教育和哲学在内在追求上是一致的。

那么对于非哲学专业的学生，如何学哲学呢？哲学是一种主体性的活动，学习哲学也应该是主体性地学，而不是被动性“被教育”。也就是说，要以自己的主动思考参与哲学问题的理解，生理学不是教人消化的，哲学也不是思维技巧大全，没有主动性思考，哲学思维是建立不起来的。进一步，既然哲学是一种反思和判断的能力，是通过论证来讲道理的活动，是最大限度的思想宽容下的求真活动，那么哲学的学习就要以达到这种能力为目的，而不是强调非常全面地记住哲学家都讲了什么，因为他们讲的都不是知识，关键是了解他们的哲学体系背后的思维方式，进而感受到人类思维的广度和深度，并对自身有所启发。光学不思，黑格尔做了个的比喻，就好比动物听音乐，只听到音节，听不懂旋律和和谐性。这里不是说哲学史不重要，哲学就是哲学史，但是哲学既然不是进化的知识体系，那么把握哲学史的思维逻辑进程就很重要。如何达到对思维方式的掌握？还是要“思”，思为主，学为辅，可以对一些自己感兴趣的哲学流派的经典著作进行研读，诸如所罗门的《大问题——简明哲学导论》、孙正聿的《哲学通论》这样问题导向很强烈的经典哲学通论性书籍。也要多读些宗教神学、天文学、诗歌、历史这样“无用之大用”的书，这些经典著作里，不是字，是生命，这些书能帮人形成一个足以抗拒外部世界不良影响的精神世界，最好的进步捷径是读最好的书。同时，善于怀疑，也要耐得住寂寞，耐得住嘲讽，要有思想的勇气，培养思想的能力，多和人讨论，多独立思考。当然选择哲学著作很重要，因为也不可能研读太多，要选择自己喜欢的，感兴趣的。哲学，是爱智慧的事业，是让人高贵的事业，尤其是，是你自己的精神事业。唯光阴与哲学不可辜负。

第一章

存在主义

存在主义又称生存主义，是当代西方哲学主要流派之一。这一名词最早由法国有神论的存在主义者马塞尔提出。存在主义是一个很广泛的哲学流派，主要包括有神论的存在主义、无神论的存在主义和存在主义的马克思主义三大类，它可以指任何以孤立个人的非理性意识活动当作最真实存在的人本主义学说。存在主义以人为中心、尊重人的个性和自由，认为人是在无意义的宇宙中生活，人的存在本身也没有意义，但人可以在存在的基础上自我造就，活得精彩。存在主义在第二次世界大战后约1945—1955年成为西方思想界的主流学说，其后则逐渐没落，但它对后现代主义等思潮的影响还在持续。

第一节　匿名写作：教堂园地里的祁克果

祁克果（Soren Aabye Kierkegaard，1813—1855），又译为索伦·克尔凯

郭尔和基尔凯郭尔，按丹麦语当译为祁克果，丹麦人，是19世纪存在主义哲学和自由主义神学的先驱，他的思想对20世纪的哲学与神学都产生了十分重要的影响。

一、人生与哲学

祁克果是一位丹麦的先知。跟犹太诸先知和其他民族的先知们相类似，他呼喊永恒的神国临在每一个人的内心深处，人应当从尘世一切罪恶脱离而归至永恒的怀抱。祁克果英译家史温生博士称祁克果为丹麦的“苏格拉底”。诚然，祁克果曾力赞苏格拉底，不过他并不以苏格拉底自足，他要追踪基督耶稣，从极度受苦难中赢得永恒的生命。苏格拉底不治生计，没有温暖的家庭，祁克果也与其未婚妻决裂，毕生无家庭的乐趣。苏格拉底被诬为惑乱青年，亵渎神祇（希腊多神教的），而被判处死刑。祁克果虽未身登十字架，但因其思想迥异时辈，其言论文章皆不见容于当世，以致悒抑劳苦而英年以终。他虽生于19世纪初叶，但对西方工业社会、普选及议会政治的流弊，早已预察无遗。他强烈反对庸俗的教会思想及社会主义，认为人类须凭个人（individual）单独向上帝自作交代，而非可以趸卖整批得救。因此他的著作直至20世纪上半叶（即第二次世界大战前后）才由德译而慢慢延及于英语世界，并被推为当代“实存主义”（existentialism）的先河。

祁克果出生于丹麦西北部寒乡一个贫贱的家族。丹语kirke意即“教会”，gaard意即“园庭”，因为其先祖曾借教会内牧师住宅的一角而居，于是采用为姓氏。他的父亲（Michael P. Kierkegaard）移居首都哥本哈根（Copenhagen），继承了一商人叔父的资产；当祁克果出生之时，战后的丹麦币钞已因通货膨胀而大为贬值。不过他还是接受了高等教育，且在大学时代，尤其喜爱文学及音乐，以天生的敏感，驰骋于文坛。他常引用窝尔咨窝特（Wordsworth）“情感促生行动而造环境，非行动环境激发情感”的话，表现出他一生的言行，无不受支配于其强烈的情绪。毕业后，出至社会活动，自由写作投稿，评论文艺，讥讽时政，祁克果自称此一阶段是最不道德的生活。那时莫扎特（Mozart）名作“唐璜”（Don Giovanni）歌剧在丹麦首都盛行，祁克果受其刺激很大，并称“唐璜”为“谋杀我幸福的人”。24岁时曾与丽琪娜（Regina Olson）热恋，选订婚约，但不知为何在27岁时卒致破裂，孤寂一生。逝世前数年，他屡次发誓再不当著作家，而要献身教会。然而祁克果对当时太庸俗化的教会极无好感，公开抨击教会，教界对他也深表厌恶；所以他在日记中常自问：“我究竟将做什么呢？”或者“我应当做什么呢？”

无疑，祁克果是一个天才，但正如他在《恐惧与战栗》（*Fear and Trembling*）中所引亚里士多德的话：“大天才总不免带些癫狂的气质。”据知祁克果的家世具有精神病的倾向，兄弟七人之中，五人早死，长兄虽然长寿并晋任主教，但晚年因神经失调而不得不离职，他的儿子（即祁克果之侄）在少壮时期进入精神病院治疗，曾试图自杀。祁克果英年早世，都是由于其身体与精神两者不相均衡。他的体质在先天后天两方面都遭受顾挫，而智性却自幼早熟，思虑过度，精神生活特别发展，使得他深深感觉到自己和一般常人不同。以“例外者”（Ausnahme）自称，祁克果和德人尼采（Nietzsche）不谋而合。祁克果从小就意识到自身是从普遍群众里被抛出来的，孑然孤立。他在学校时代被所有同学歧视，进入社会后，更感觉与世界格格不入。他常深刻反省自身“存在”的问题，最后，势必归结于“与神独对”。“群众”乃属无有，“个独”才是实存。这样祁克果身心的长期冲突，便演成了他分歧争斗的人生。他在著作中用辩证的手法来表现他的慧见。他自大学时已深受黑格尔主义（Hegelianism）的影响，但他的哲学结论却跟黑格尔大不相同。黑格尔有“大理性”（logos）的形而上学，以绝对精神为客观存在的真理，而祁克果的真理则是纯粹主观性的。这完全是由于祁克果出发于自我主体的问题，所以与希腊哲学中的理智主义极为不合。祁克果当时亦热衷于黑格尔哲学，对其大著逻辑学百读不厌。由此，祁克果由黑格尔、由苏格拉底而一跃至基督教。但祁克果并不傲然自命已是一基督徒，他所努力奋斗的，是如何实成为一名基督徒，他绝不满意于通常基督教国家或社会里普遍称谓的基督徒，一群有名无实的基督徒。他认为要实成一名真正的基督徒，必须摒弃一切向外的幻觉和妄见，而深刻反省内心，严厉自绳，其结果如是“罪”的自我意识，而发生懊丧、悔恨、绝望和痛心。所以这种内省作用不是思辨的、理智的，却是情意的、主我的。古今有成就的大思想家，大都是建立知识论和形而上学的伟大体系，却每次忽略了内心生命。然而祁克果要在幽渺的心曲中，在精神的渊海中，探索永恒生命的实在。他认为基督教不是一连串的教义，当然更不是组织、体制、仪式，基督教是争取属灵的生命。祁克果从他本身的实际经验，一一揭发了世俗的人生态度，指出它们无不走向自我毁灭之途，他认为那都是死症。死症是绝望的病症，但只有罪才致人于灭亡，绝望是要死而不死的病，面临死神而不能死去的病，所以绝望反能招致希望。这便是祁克果反逆的人生观（paradoxcial view of life），而基督教正是这种反逆人生的宗教。祁克果后来的宗教著作，无一不在发挥反逆的人生真理。“受苦只一次，得胜就无穷”“不幸正是大幸”“你越显得软弱，神在你里面便越刚强”。祁克果的绝笔是《瞬间》。基督教假定着生命的瞬间是有决定性的，永福的丧失或取得，即在此一瞬间，所以瞬间里就寓有永恒。祁克果 1885 年 5 月写出第一小册（预计写十小册），同年 10 月便因为神经太紧张而晕仆于街头，被运至医院，四旬而终长逝。

可以说，祁克果用生命践行了他的哲学思想，而他的孤独一生也成就了他的哲学与思想。

二、个体之人

孤独的“个体之人”是祁克果整个哲学的核心词，他之所以被认为是存在主义哲学的先驱，是因为他首先开始意识到个体性的极端重要性，而个体性原则是存在主义哲学的首要特征。他反对黑格尔的泛理论，认为哲学研究的不是客观存在而是个人的“存在”，哲学的起点是个人，终点是上帝，人生的道路也就是天路历程。

祁克果“个体之人”的伸张与呐喊，是从批判黑格尔作为一个逻辑范畴的“存在”开始，“存在”在黑格尔那里是一个逻辑范畴，但祁克果却将其定义为一个只能适用于个人的概念。“存在”即一个人自己的生活过程，包括自我参与、自由选择和实现自我三个环节，“存在”就意味着个体的存在，是一个忠于自己的内心、听从自我良知的呼唤、依赖自我的选择成就自我独特生命的过程。祁克果说道，人类的特征就在于：这一种族类的每一个个体（不但是卓越的个体，而且是每一个人体）的存在性都远远比类本质来得更丰富。他认为黑格尔哲学的根本错误在于把逻辑必然性当作实在的统一性的最高原则以及理性和实在的统一性的保证，并由此而陷入了“客观主义”。在那里，世界无非是客观精神的必然显露，一切具体的、特殊的存在是这个普遍存在的实例，是这个整体中的某一阶段中的某一成分。这样，人实际上失去了自己的自主性和独立性，失去了做出决定和进行选择的可能性，失去了自己的个性和自由，从而也将使自己忘却了对发生的事件的责任，取消了个人从伦理上对待自己和世界的可能性。黑格尔哲学是一种用思想整体来牺牲个人、使人非人化的哲学，是对人的地位和尊严的一种蔑视。由此，祁克果以其非理性，人本地定义了“存在”这个哲学中的重要主题。在洛克（Locke）那里，神存在，自己存在，数学存在，这是由“经验”（包括“感觉经验”和“内感”）得出的不证自明的确定项；在笛卡儿（Descartes）看来，实体有神、精神和物质三个；到了斯宾诺沙（Spinoza），实体又只有神一个了。祁克果的思想没有任何的本体论，他的焦点始终是人，人的存在，人的自由选择。他的“自我参与”意即积极地、主动地参与人生的全过程；“自己选择”即感性地，在结果不确定的情况下做出完全自主的选择，而这种选择在祁克果看来，总是朝向一个目标的飞跃而非偏离目标的堕落；祁克果的“自我实现”是个体的实现，是个体越来越脱离社会而存在的过程，他对群体、集体、整体深恶痛绝。在这点上，他反对黑格尔的国家主义理论。黑格尔认为“绝对精神”的时代体现就是国家，通过把基督教信仰理性化，神学思辨化来顺应国家教会。

祁克果所提倡的存在主义，强调哲学家应探讨现实中的人生问题。他反对德国观念专门讲理想的东西，认为人生最主要的是要很具体地把握住个人的存在，正是因为他个人对自己“孤独”与“例外”的感受，才创造出对自己关心的哲学——存在主义。可以说，祁克果的哲学是利用最简单的、感性的、我们日常生活里的方法，希望利用普通的、实际的、具体的方法来实现自己的存在，解消自己内心中的苦闷与荒谬。个人存在中有喜怒哀乐，经由喜怒哀乐才能体验到真正人生。语言、理性和逻辑无法揭示每一个人独特的个性，无法揭示人的真正存在。对于后者，只能依靠每一个人本身内在的独特的主观体验。他的个人是一种为恐惧、战栗、悲观、绝望等消极情绪所支配的个人。这种悲观消极的情绪是个人对自己的生存的最本真的体验。正是这种情绪驱使人采取行动，进行非此即彼的选择。祁克果又有单有理智思考不足以引发行动的观点，这种选择被形容为一种跨跃（leap）。必须有结束这一思考历程的决心，而且这决心必须由激情来产生。形成一个人的自我的这种激情，被他指为个体的内求性（inwardness）或主体性（subjectivity）。最重要的激情如爱情和信仰，并不只是偶然发生的，它们是必须被培育和养成的。祁克果明确地把自己的哲学与传统哲学对立起来，特别是把对以黑格尔为代表的理性主义的批判当作自己哲学的根本方向。

祁克果的哲学思想不同于传统的欧洲哲学，尤其是不同于在当时的欧洲已达至巅峰的客观哲学，而是关于人的“生活世界”以及人生意义的考量，因而这种哲学不可能是体系的，而只能是“片断的”，它与充满了喧哗与骚动、谜团与悖谬的生活的原貌相一致。他以“片断的”哲学来对抗“体系的”哲学，这个意义不仅在于对哲学思想的表达形式上的突破，同时它还是一种哲学的叙述角度的改变，并且最终由此实现了对传统哲学的思考维度的突破。从“一个生活的片断”出发，他把“现实性”从思辨哲学所关心的逻辑和思想的层面拉回到了一般意义上所理解的“现实性”层面上，拉回到了一个“生动活泼”的，交织着矛盾困惑的错综复杂的人的世界之上。从此，人与世界的关系不再构成简单的“主体”与“客体”的关系，哲学不再承载着追求全体性的客观真理体系的任务，而是回归到人的“生活世界”，向着人在这个世界生存下去的意义敞开。正是为了实现这个回归和转换，祁克果才有意识地改变了哲学的叙述方式。传统意义上的哲学著作所呈现给我们的是一个“无人”的自在自足的世界，哲学家能够以一双冷峻的双眼从一定距离之外“不动声色地、客观地”对一个不以人的意志为转移的宇宙世界进行概念化的关照和思考。在祁克果这里，传统意义上的“作者”不见了，他的作品不再具有“鸟瞰”式的全知视角，有的只是不同生活样态的“代言人”。这些“代言人”全都是生活的“槛内人”，他们个性鲜明、血肉丰满，他们没有哲学家的客观冷峻、高瞻远瞩，也不再对生活的材料进行提炼和升华，他们就像人生大舞台上的演员一样，将自己的“生活世界”、生活样态展现给了观众。我们看到的不再是“概念”“推理”，而是挣扎在生活之中的个体的人的喜怒哀乐、矛盾困惑以及悲观绝望，甚至是莫名其妙、无所适从的情怀。他假名写作策略的意义便在于此，一方面，这样可以把选择和评判的权利交给作为个体的读者；另一方面，能够轻松实现哲学思考的重心和视角的转换。从此，哲学不再追求客观的真理体系，而是面对一个鲜活的“生活世界”，并且探究生活在其中的“槛内人”的生活意义和关系到每个人的紧迫问题。这是在哲学存在层面上的理解，而在更深层意义上，上帝是全知、全善、全能的，人只是有限的认知者，所有杂乱无章的生存在“上帝”眼中仍然是一个体系，而我们凡人却无法逃出柏拉图的“洞喻”所描述的处境，我们眼中的“生活世界”只能是些“片断”，可见，对生存问题的关注以及在思想深处人与“上帝”之间的绝对差别是祁克果追求“片断”哲学的根本原因。

三、“个体之人”的生存境界

祁克果的“存在”有两大要义：其一是存在先于本质的理念，其意义是指人的生存是被动的、命定的（人之出生是男是女都不能由自己决定），可是人可以利用自己命定的这种存在，去创造自己的本质。所以人之所贵，并非由于他有一个命定的存在，并非由于他的历史背景、家世，亦非由于他出身的地位，而是在于人有选择改造自己的本质的自由，他如何选择做自己想要做的人，选择自己想要做的事，这就是人的本质。其二是存在分为三个阶段，即审美存在（又叫感性存在）、伦理存在（又叫理性存在）和宗教性存在，而宗教阶段又可分为宗教A与宗教B两种截然不同的形态。阶段这个词除了具有前后相继的阶段之含义外，还具有另一重要的含义就是一种生存的境界、类型或途径。这三个境界穷尽了个体之人所有可能的生存境遇，构成了个体之人生活原则的可行性选项。

在审美阶段，可以表现为两种表面上似乎完全不同的方式，即可以表现为“直接性”的方式，亦可以以“反思性”的方式表现出来。因此审美阶段的特点并不像我们有时误解的那样，似乎只用“直接性”就能够完全刻画。黑格尔主义式的那种“反思性”思辨同样也是审美阶段的一种重要表现。因此，严格地说，审美阶段的基本特点是由这两种方式所拥有的共同特点所决定，这就是缺乏决断。缺乏决断意味着，个人面向自己的内向性维度尚未开启，即个人尚未有自身的觉醒。而在祁克果看来，这种维度的开启不是一个认识论或知识层面的问题，乃是一个生存论层面上的问题。作为“个体之人”生存境界的第一个指导原则是“为自己而活”，追求自己的快乐，追求轻薄的人生，追求自己自私的一面，是从维持生命到享乐方面的存在。这意味着生活被个体的感觉支配，道德规则与宗教信仰不起作用，从而导致一种败坏堕落的生活。这种生活是偶然的和暂时的，久而久之，会让人变得空虚和厌倦，陷入极度痛苦的状态，促使人去追求一种较高的生活方式，于是从“审美”的境界进入“伦理”境界。而个人的有所觉醒始自伦理阶段。

伦理阶段是一种比较严肃的、尽责的人生，以理性的方法、哲学的方法，解决自己的问题，使自己对别人尽到伦理责任，合于社会道德的存在。其基本特征就是个人决断的出现。这里决断（ decision ）可以和抉择（choice）互换使用。决断的基本含义就是个人要在所显露出自身的多种生存可能性中做出某种抉择，并为此承担责任。祁克果对伦理阶段的论述主要集中在其成名作《或此或彼》中。严格地说，该书中所论述的伦理学上的观点，应该被归为所托名的作者威廉法官。按照美国当代哲学家马克·泰勒（Mark C.Taylor）的分析，对于这种伦理生存阶段所具有的这种抉择特征，可以划分出两个层次。首先，在祁克果（或威廉法官，本节中均做此理解）看来，这种抉择意味着选择自己；其次，它意味着努力要达到某种目标的决心。后者以前者为其前提。就前一个层面来说，个人在伦理阶段对自己的选择可以和苏格拉底的"认识你自己"相对照来理解。祁克果之所以用"选择自己"来替代传统的"认识自己"，是因为他的思想的背景是生存论的，而非近代以来人们所习惯的认识论框架。和苏格拉底相似，对祁克果来说，认识自己同时是一种生存性的行动，而不仅仅是一种思想上的思索：伦理的个人对自己的认识，不仅仅是一种沉思，而是对自己的某种反思，这种反思本身就是一种行动。而个人对自己的选择，实际上就是把一个有限的自己完全地接受下来，并对其承担责任。正是这种责任的因素使得这种个人的决断具有了伦理的色彩。个人所要面对的自己的有限性可以以两种方式呈现出来。然而，不管以哪种方式呈现，这种对有限自己的接受对于生存中的个人来说，都是一个痛苦的过程。首先，个人的有限性会以自身有限的"能力"和有缺陷的"性情"呈现出来，当他这样去意识到自己时，就设定了为所有这些而负责；个人面对有限自己的另一种方式乃是面对着一些有限的可能性，即有限性的自己通过一些具体有限的可能性呈现出来。个人只能对其做或舍此或舍彼的选择，而这种取舍的价值或伦理评判则往往要个人自己去掌握，而非别人所能替代，只要人还没有选择自己，那些或者是这种方式，或者是那种方式的不同可能性就依然存在，也因此，选择是痛苦的。这就过渡到决断作为伦理阶段之主要特征的第二层面：向着某种目标努力的决心。它涉及个人意志的因素。具体体现在个人在涉及具体可能性间的选择和评判时，力求使自己依循着某种普遍性的标准或准则。而具有最大普遍性的指导原则实际上成为伦理生存所必须的：以伦理方式看待生活的人看到的是普遍性，以伦理方式生存着的人在其生活中也表现出普遍性，他使自己成为一个普遍的人，并不是说他让自己脱离了他的具体性，那样的话他就成为了无。而是通过它来包裹自己，并且使其充满普遍性。

而具有上述特点的伦理途径如果有可能的话，一定是建立在这样两个前提的基础上。首先，个人能够选择自己，就是说，个人能够认识并承担起他的道德责任；其次，个人有能力和意志去实现他所认识或确定的伦理目标。这两个前提在祁克果（或站在其他立场的托名作者）看来，都是有疑问的，而非自明的。从伦理学或生存论的角度看，伦理的目标作为一种理想也总不会全然转化为现实，它永远只能是人们逐渐接近的目标，因为，在祁克果看来，伦理学指向理想，将其作为一种任务，并假定人具有实现它的必要条件。因此伦理学发展了一种矛盾（冲突），确切地说是这样一个事实：它使得困难和不可能性显明出来。由于实现理想的伦理目标与实现自我之间的紧密关联，实现伦理目标的失败即被接受是实现自我的失败。由此，从自我实现的角度来说，伦理阶段的生存实际上表现为一种抉择和持续的努力，通过投身于绝对普遍的伦理原则所指示出的约束性责任，力求成为真实的自己。而具有这种特征的伦理生活成为宗教生活的起点，并且始终是宗教生活中的一个必要因素。可以说，在伦理阶段的生存存在矛盾，主要表现为道德义务与个人对道德的履行之间经常脱节，个人会因为不能满足道德的要求而产生有罪感。这种道德犯罪感促使人在此面临选择：或者沉溺于犯罪感不能自拔，或者飞跃到宗教阶段，寻求拯救。

在宗教性阶段，生存是一种祈祷和爱的生活，是对神的自觉和崇敬，从而使精神有所寄托的存在，即“人为上帝而活”。伦理的人也承认上帝的存在，但他同时认为其自我是自立自足的（至少潜在地如此）。这主要体现在他认为自己有能力靠着实现伦理原则赋予他的责任而实现他真实的自我，并因此能够使之与上帝发生某种形式的关联。可以说，在这个过程中，个人是积极主动的，而上帝是被动的，甚至只是一种理论上的前提或设定。反之，在宗教生存中，个人与上帝的关系不是自立自足性的，而是依赖性的。这种非自立自足性使得真正的悔悟成为可能，个人在其中所认识到的自己的有限性同时也包括了不能靠自己来达到那绝对的准则和目标。这种对“不能”的悔悟与罪（sin）的观念紧密联系在一起。因此，正如祁克果通过几个托名作者所强调的，正是罪的观念把伦理的阶段与宗教的阶段分别开来。在伦理层面，伦理是理性的，伦理的个体必须从属于普遍性，个体采取的行动要对相关的全体是好的，因而要做伦理上正确的事情，而宗教是非理性的，个人与上帝的关系不能用理性来衡量，而是通过信仰去逾越普遍性的界限，从而和上帝建立起一对一的关系。而且，上帝可能要求信徒做一些有悖伦理的事情，以实验其信仰。可见，个人与上帝的关系有时是荒诞的和充满悖论的，但也正因为荒诞所以信仰。宗教层面是个体之人所能选择的生存的最高层面，尽管信仰上帝是非理性的并且有悖伦理，但是人在自己的生活中感到了对上帝的需要，人在自己的尘世生活中并不全然快乐，个体之人最终只有在上帝那里才能获得拯救。

总之，对自己的选择也是对主观真理、对存在和信仰的选择，选择必然痛苦和伴随着恐惧，这一过程就是祁克果的“飞跃”。在他看来，存在本身就蕴含着恐惧，即我们活着就有恐惧。当恐惧的事物一朝成真，那么人就会产生另一种特殊的感觉——绝望。感性的人或是享乐主义者、或是热衷于生活体验的人，他们主观而具创造力，对世界没承担、没责任，觉得人世间充满可能，在唯美阶段，人因为无聊而享乐，因为享乐而更无聊，终至残忍、自残与死亡。理性的人则是现实的，对世界充满承担和责任，清楚明白人世间的道德、伦理规条。因此，有别于感性的人，理性的人知道这世界处处设限，充满着不可能。面对不可能，理性的人就只有放弃，并永远为失去的东西而悲伤。这个时候，人只有靠着“信心的一跃”进入宗教性阶段，相信在无限的神中凡事皆俱可能，尽管理性非常明白事情之不可能，但只有看似荒谬的信仰，才能使人重获希望。

结语

祁克果的墓碑上写着：那个个人。那个——个人，他一手肇造了自己，他是。但他不是典型的存在主义者，他没有后者的焦虑与彷徨，他坦然与淡定于惨淡人生。丹麦少了一个富翁，世界多了一个思想家。哥本哈根教堂园地里的孤独背影，并不孤单，正如他期望的，他成为了他自己，那个个人。

第二节　人类的良知：萨特思想传奇

让 - 保罗 · 萨特（Jean-Paul Sartre，1905—1980），1905 年 6 月 21 日生于巴黎，是法国 20 世纪最重要的哲学家之一，法国无神论存在主义的主要代表人物。他也是优秀的文学家、戏剧家、评论家和社会活动家。萨特是西方社会主义最积极的鼓吹者之一，一生中拒绝接受任何奖项，包括 1964 年的诺贝尔文学奖。在第二次世界大战后的历次斗争中都站在正义的一边，对各种被剥夺权利者表示同情，反对冷战。他被称为“20 世纪人类的良知”。萨特的一生，是复杂的一生，也是战斗的一生。

一、人生与哲学

萨特出生于优越的资产阶级知识分子的家庭，中学毕业后考入出哲学家的巴黎高等师范学校，结识了一生的好友雷蒙阿隆、梅洛庞蒂，当然还有波伏娃。去德国拜师胡塞尔，接受现象学熏陶；战争开始后参战被俘，却巧遇海德格尔的著作，丰富了自己的思想。回法兰西组织抵抗运动，之后在历次社会活动中一直站在正义的一边。加勒比危机的时候，他在古巴；七日战争的时候，他在加沙；五月风暴的时候，他回到巴黎。萨特的一生是激荡的一生，他用自己的人生阐述了什么是知识分子的榜样。对萨特的评判至今没有盖棺论定，事实上许多研究者都有许多保留意见。但人民会永远记住这位向强权和暴力说不的哲人。1980 年萨特去世时，巴黎城万人空巷为伟大的哲人送行。这种情况在这座城市的历史上只有两次，上一次还要追述到一个世纪以前雨果的死。萨特，是我们这个时代左拉和伏尔泰的继承人。

萨特的父亲是个海军军官，在萨特 15 个月大的时候在印度死于热病。萨特 12 岁时母亲改嫁，继父是一名海军工程师，迷信数理科学，主张萨特将来也学工程师，这使萨特十分反感，也加强了他从事人文学科的决心。他很小就开始读大量的文学作品。中学时代接触柏格森、叔本华、尼采等人的著作。1924 年考入巴黎高等师范学校攻读哲学。1929 年，获大中学校哲学教师资格，随后在中学任教。1933 年，赴德国柏林法兰西学院进修哲学，接受胡塞尔现象学和海德格尔存在主义。回国后继续在中学任教，陆续发表他的第一批哲学著作：《想象》《论自我的超越性》《情绪理论初探》《胡塞尔现象学的一个基本概念：意向性》等。1943 年秋，其哲学巨著《存在与虚无》出版，奠定了萨特无神论存在主义哲学体系。

萨特的童年非常幸福，虽有眼疾，但十分得宠。他因家庭的影响与自身对文学的天然渴求，阅书无数，七八岁时竟开始了文学创作。神童式的童年终了，就迎来了自己的哲学人生。他以文学戏剧等形式来进行哲学思考。有趣的是，开始的哲学是纯粹个人的，旨在以纯理性的自然态度，发现真理本质从而独善其身，也因此从不与社会政治挂钩。而第二次世界大战洗礼使其三观转变，用哲学思考改变社会，引导人类良知，促进社会进步，于是乎哲学被大量运用于政治活动，反对资本主义支持社会主义的理想生活逻辑。当时因生活理念受到严重震荡，人们也在重新思考什么是人性，怎样生活，所以他的哲学深受欢迎。

萨特和波伏娃的爱情被这个世俗的世界奉为一种纯粹。不说这位“海狸”女士的美貌与斜眼萨特的古灵精怪是多么有趣的相配，单讲二人精神世界的契合。共同的人生观、价值观与互相理解的哲学思考，让两人无话不谈难解难分，思想碰撞出火花而欲罢不能。二人常在一处，写作辩论讲授讨论，互为师生；而波伏娃包容到能欢迎另一个漂亮女学生加盟他们，原因是女孩张扬的青春为一度精神沮丧的萨特填入新鲜活力，甚至还有过收养一个女生的念头。但当这个女生发现自己的角色较之他们只是孩子和父母的关系时就知趣地退出了。这种超乎爱情的爱情，只能让后人叹为观止了。

萨特虽然曾经是一个早熟的才华横溢的学生，然而直到33岁时，他才发表第一部文学作品。在勒哈弗尔小城做中学教员期间，随着岁月的流逝，萨特产生了失意感，于是开始撰写对孤独的思考，连续写成了以下几篇文章：《对偶发性的论述》、《论心灵的孤独》、《忧郁症》以及《安东纳·洛根丁的奇特冒险》，最后一篇后来改编为小说《恶心》（1938年）。萨特把深刻的哲理带进了小说和戏剧创作，他的中篇《恶心》、短篇集《墙》、长篇《自由之路》，早已被承认为法国当代文学名著。他的戏剧创作成就高于小说，一生创作9个剧本，其中《苍蝇》《间隔》等在法国当代戏剧史中占有重要地位，除《脏手》流露出某种偏见外，其他剧本的思想倾向都相当积极可取：《死无葬身之地》暴露了第二次世界大战期间维希卖国政府对抵抗运动战士的残酷迫害；《特洛亚妇女》谴责了非正义战争，特别是殖民战争；《可尊敬的妓女》是一部政治剧，揭露美国种族主义者对黑人的迫害，并对反种族歧视的普通人民的觉醒寄予深切的期待。此剧体现了他主张的存在主义是一种人道主义的思想。1964年，有关机构为表彰萨特的"思想丰富、充满自由气息和探求真理精神的作品"，曾决定授予他诺贝尔文学奖。尽管萨特谢绝了这一荣誉，但其文学成就已为举世所公认。

萨特不是那种幽居"象牙之塔"的书生。他与社会政治生活保持着密切的联系，面对国内国际重大事件总是明确地"选择"自己的立场，确定自己的"义务"。第二次世界大战爆发不久，他就应召入伍，走上前线。他被俘后侥幸生还，又立即投身地下抵抗运动。祖国解放后，他热情支持人民争取民主权利的斗争，人们经常可以在集会和游行中看到他的身影。20世纪50

年代初，他曾谴责美帝发动侵朝战争。他还声援阿尔及利亚人民对法国殖民主义的斗争。历史一再表明，萨特作为社会活动家，经常都是站在正义事业一边，他是进步人类的当之无愧的朋友。

萨特的哲学思想经历了三个发展阶段。（一）第二次世界大战以前，他深受胡塞尔、海德格尔等人的影响。1936 年发表的哲学著作《想象》和 1934 年发表的《论自我的超越性》等，既是他自己思索的一些重要成果，也是他研究前辈哲学家的心得。（二）第二次世界大战期间，是萨特存在主义哲学确立时期。1943 年他发表了长达 700 多页的哲学巨著《存在与虚无》，标志着他的存在主义哲学已经成熟。这一著作，奠定了他的存在主义哲学大师的地位。在此著作中他第一次提出了“存在先于本质”这一重要的存在主义命题。其后萨特的学说虽然有所发展，但并未脱离此书的框架和理论基础。1946 年他发表了《存在主义是一种人道主义》，特别强调个人自由选择与对他人责任的统一。（三）20 世纪 50 年代中后期存在主义哲学的影响开始衰退。萨特最重要的哲学论著是《辩证理性批判》（1960 年）。他企图将存在主义和马克思主义相调和，一方面认为马克思主义哲学是这个时代唯一不可能被超越的哲学，承认马克思主义的生命力，宣称自己的存在主义就是“依附”于马克思主义的；另一方面却认为马克思主义已日益僵化，企图用存在主义去修正马克思主义，其实他对马克思主义并不完全了解。萨特的存在主义是无神论的，其主要思想可以概括表述为“存在先于本质”“自由选择”“世界是荒谬的，他人就是地狱”这样三个基本原则，总的说就是“人生是荒诞的，现实是令人恶心的。人的存在在先，本质在后。人存在着，进行自由选择，进行自由创造，而后获得自己的本质。人在选择、创造自我本质的过程中，享有充分的自由，然而，这种本质的获得和确定，却是在整个过程的终结才最后完成”。

二、存在先于本质

在萨特看来，人像一粒种子偶然地飘落到这个世界上，没有任何本质可言，只有存在着，要想确立自己的本质必须通过自己的行动来证明。人不是别的东西，而仅仅是他自己行动的结果。

萨特认为哲学的基本问题是存在问题，并将存在区分为自在的存在和自为的存在两种。所谓“自在的存在”，是指超出意识之外的东西，相当于一般所说的事物和人的未知之根源与本质，这种本质是“超现象的”，掩蔽在深处的东西。这个存在不是意识，而且在意识揭示它之前业已存在。这就是“自在的存在”。“自在的存在”可以这样来概括：“自在的存在”是其所是，“自在的存在”是存在的，“自在的存在”是自在的。它永远、绝对地存在，但却是偶然的，没有必然性，无法真正认识。因此它是一个异己的、荒诞的、令人厌恶的世界。而“自为的存在”就是指人的主观意识。它是真正的存在，同时却又是一种虚无。因为它是自由的，不确定的。它永远不是什么东西，它总要成为什么东西。因此它使“现在”永远成为对自我的否定和不满足，就此成为虚无。萨特是从三个方面来论述“自为的存在”的。自在的存在和自为的存在在性质上是相对立的，但二者又是统一的。一方面自为的存在不能离开自在独立地存在，没有自在的自为将流于抽象，就像没有音高和音色的声音一样不能存在。另一方面，自在的存在是什么，这是自为或意识所赋予的。如果没有自为的出现，自在就只是一种毫无意义、毫无价值、本身不含有任何区别的浑然一体的东西。自在只有依赖人的意识才能得以说明，才能成为有意义的真实性的存在。

由于我们的身体特性即本质上是被他人认识的，我认识的东西就是他人的身体，而我关于我的身体所知道的主要东西来自他人认识它的方式，因此，我的身体就把我推向了他人的存在和我的“为他的存在”。这是研究人与存在关系中不能不注意到的我的存在的新结构。萨特认为他的他人的思想是从存在出发的。他把他人与自为的存在的关系视作存在与存在的关系，而不是认识的关系。他人的存在造成了以我为中心的世界分裂，这样“意识的多样性”就造成了冲突和纷乱。而他人和我发生关系是通过“注视”，我在他人的“注视”下，我会感到自身的异化，我变成了为他的存在，但我却永远不能化归于他人，反之亦然。所以人与人之间的冲突是永存的。如果拘于他人的注视，过于注重别人的评论，就会成为别人的受害者，他人就是地狱。这说明改变自己的行为、打碎他人注视的威胁去争取自身的解放是多么重要。身体在萨特那里是紧密相关于“他人”的思想，是从存在论出发的。他的出发点是身体和心中的心都不是知识性的，不是理性抽象的功能。我对我的身体永远不能有一种对象的认识，它只有在“为他人”时才能成为对象，成为一个“为他的存在”。萨特以人对他人的“性”态度作为基本模式，具体地阐述了我与他人关系的类型。对待他人的第一种态度是：爱情、语言和受虐色情狂。萨特认为爱情是一种意识活动，因为爱情远远不止是纯粹肉体的占有的情欲，所以很难成功和满足，我和他人都是自由的，从这个意义上讲，其实爱情就是冲突。而受虐色情狂这种极端的态度就是要谋划使自己被他人吞并，并且在主观性中消失以便摆脱我自己的主观性。这种态度最终归于失败。对待他人的第二种态度是：冷漠、情欲、憎恨和性虐待狂。作为这种态度的极端性虐待狂要求的是一种非相互性的关系，要充当一个自由的占有的权利的存在，把他的对象完全当作一种工具，用痛苦来显现这个对象的肉体。这种态度和第一种态度一样是归于失败的。有关对待他人的具体态度的例证，中心的一点就是要说明自为与自为之间存在着不可调和的矛盾。一个自为与另一个自为发生关系时，要么是甘心成为对方的客体，要么就是反过来注视别人的注视，进行反抗。但无论哪一种态度，都不能真正把两个自为化为一体，既不能完全被对方占有，也不能完全占有对方，我与他人的关系不是和谐的“共在”，而是“冲突”，这是自为的宿命。

萨特把纯粹的主观性，即自为，当作人的基本存在，把它作为哲学的出发点，并由此推导出外部客观世界的存在。因此“人的存在”或者说“纯粹主观性”被当作了宇宙间一切事物的基础和本原。人的存在被认为是第一性的。基于此，对于人的存在及本质问题，萨特一反“本质先于存在”的传统观念，提出了“存在先于本质”的观点。所谓“存在”是指“人的实在”或“自我”。即个人的主观性。所谓“本质”是指人按照自己的意志在行动中造成他自身的规定性。存在先于本质这个命题的基本意思是：人最初只是作为一种纯粹的主观性而存在，人的本质，人的各种特征都是后来由主观性自行选择和造就的。所以说，世间并无人类本性，因为世间并无设定人类本性的上帝。人，不外是由自己造成的东西。物则不同，它们不能选择和造就自己的本质。物的本质是由人的意志所给予的，是人按照自己的需要、目的，通过意识的作用，使之具有某种意义和价值，也就是使它具有本质，然后才作为某物而出现在世界上。显然某物出现之前，它的本质已先存在于人的意识之中了。所以物是本质先于存在的。这样人和物便截然区别开来，从而肯定了人的价值和尊严，强调了人的主观能动性，强调了人的地位和作用，激发人们采取积极的行动，去创造自己的本质。因此萨特的存在主义事实上是一种行动哲学。

三、自由选择

上帝死了，人在这个世界上是自由的，人的行动选择是自由的。这是因为人的选择既没有任何先天模式，没有上帝的指导，也不能凭借别人的判断，人是自己行动的唯一指令者，但是人应该为自己的行为负责。

萨特首先对存在进行质疑。对存在的提问提供了一个否定回答的可能，问题就变成了架在两个非存在之间的桥梁：对人是知的非存在，对“自在的存在”则是非存在的可能性。因为提问者并不知道回答是肯定的还是否定的。这样的提问说明我们是被虚无包围着，实际上是非存在在制约着我们。当然，在“自在的存在”中并不包含着否定，但只要和意识发生关系，比如意识对它提出问题，那就确立了一个否定的也就是非存在的基础。而虚无就是提问的最初的条件，为了提问，就必须有否定的可能，能够说“不”的必要条件就是：非存在永远在我们之中和我们之外出现，就是虚无纠缠着存在。他的逻辑就是：为了有提问，必须有否定的可能性。为了在世界上有否定，为了能对存在提问题，就应该以某种方式规定虚无。虚无，这种存在具有一种性质，能使虚无虚无化，能用它的存在承担虚无，并以自己生存不断支撑虚无，通过这种存在，虚无本身的性质决定它并不存在，它是“被存在”，它不可能自我虚无化，必须有一种存在（不可能是自在的存在）到事物中。就是说虚无由之来到世界上的存在应该在其存在中使虚无虚无化。而这种存在也就是它自己的虚无。这种要求通过虚无化（对自身和世界）去追求存在（自在的存在）的存在的脱离，就是人的过程。人就是使虚无出现在世界上的存在。这也说明，人的实在不是要消灭“自在的存在”，而是要改变他与存在的关系。对人的实在而言，把一个对象置于存在之外，就是让自己置于这个存在物的圈子之外，这时，人的实在就逃离了这个存在物，在能及范围之外，他就不能在自身上面活动，而是通过虚无而逃离。这里，就是萨特的自由的最初起点，即，人的实在分泌出一种使自己独立出来的虚无，这种可能性，就是自由，自由其实就是虚无的虚无化所需的必要条件。

在萨特那里，对自身、他人的体验以及自为本身都是由行动决定的，所以行动的永恒可能性就应被视作自为的本质特征，萨特由此阐发他的自由的理论。行动对于人类现实来讲，就是与世界保持一种基本的关系，就是通过行动超越世界的简单稳定的决定论以在世界的物质性中改造世界。人的实在是一个能实现与世界以及自身的虚无化脱离的存在。这种脱离的永恒可能性和自由是一回事。而决定人的存在的就是他自己的虚无化，所以自由和这种虚无化也是一回事。人是自由的，就是因为他在行动中表现出来的不是他自身，而是一个对自我的在场，他总是要超越。人的存在应该归结于行动，而行动的首要条件就是自由，那么人的存在就是自由。由此，“人的存在先于人的本质，并使人的本质成为可能”。

行动就是选择的行动，自由就是选择的自由。自由是绝对自主的，所以只能在自我选择中存在。人的自由之为自由，仅仅因为人的选择永远是自由的。而这种自由不是康德的“心智特征的选择”，而是现象性的、绝对自由的选择。但是应该指出，萨特在这里论述的自由并非像有的评论所说是任意的，无法无天的，为所欲为的，萨特是要说这些理由和根据是与自由选择的行动一起爆发出来的，就像自由表现为动机、动力和目的的整体一样。他说道，虽然我的每一个活动，哪怕是最小的活动，都是完全自由的，但是这并不意味着它可以是任意的，甚至也不等于说它是不可预测的。自由通过自由选择的行动显现出来，并不隐藏在任何东西的后面，与存在一起显现。自由实质上就是选择行动的自由。但有时候人们会感到自己的自由受到不同程度的限制，有时候选择同样的行动却会得到不同的结果。这就引出了处境以及处境与自由的关系问题。因为，每个人都是从处境出发进行自由选择的，选择的自由是绝对永恒的，但选择的自由和得到的自由是不同的，有些东西人们可能永远得不到，但却永远可以自由选择。不能不自由选择实际上就是对自由的限制，而不能够不存在则是自由的偶然性。自由和处境是不能分开的。没有处境，就不会有自由，而如果没有自由，处境就不会被发现。

自由限制的根据（处境）是以五种不同的方式显示出来的：一是我的位置，即指人的住所、人所处的地点等。当自由提出目的时，自由本身使得我们所在的位置对我们的计划显示出是可克服的还是难以克服的阻力，关键在于自由选择的起点；二是我的过去，这是指每个人拥有的业已成为既定历史的东西。过去不可补救，过去是通过我的存在得到意义并且来到世界。可以说是在我的自由选择的目的指引下选择了我的过去；三是我的周围，这是指我周围的物——工具，包括它们的敌对系数连同它们的工具性。它们是我周围的与我相异之物。它们的显现依靠我的自由选择的计划，由于我的自由选择的计划，它们或赞成或反对我；四是我的邻人，我生活在一个受到邻人（他人）纠缠的世界中，这个世界已经在我选择之前拥有归结到作为参照中心的他人的意义。但他人并不限制我的自由选择。他人的自由对我的自由的限制，说到底只不过是把我的自由与他人的自由区别开来；五是我的死亡，死亡并不是人生的期待。死亡是一切可能的不可能，是对一切选择的否定。死亡是荒谬、偶然的，实际是生的一种方式，是对自为存在的否定和虚无化，但它是从外部来到我们中间的。如果没有他人，我永远不会认识“死”，自为永远不会遇到它。它是作为限制的处境，但自由永远不会碰到这个限制，它把生命改造成为别处的一种命运，“我是个自由的必死之人”。

由此，处境不能阻止人自由选择，人在处境中是绝对自由的。自由赋予处境以意义，而不是处境决定人的自由选择。所以，人是选择的绝对“作者”，必须对自己的行动的结果负完全的责任。萨特描述的自由是作为的自由，否则理念的自由就永远是一个词。处境和自由的紧密结合，揭示了“作为”的深刻的意义，赋予自由以伦理意义。可以说，萨特描述的是处境的伦理化。面对处境中的人的实在要负起责任的伦理意义。在本体论的层面上自在与自为的关系不是互相独立的，而是自为通过内在关系与自在发生关系且努力要去构成理想的整体。如果没有自在就不会有具体的自为。而人就是不断企图成为作为这个整体的“上帝”的存在，就是“自为的自在的存在”，就是说人的实在和他要成为的自为的存在之间没有共同的尺度，每个人要成为的上帝不同，每个自为的虚无化过程也就不同，统一的人类价值是没有的。人本身就是一个道德主体，就是各种价值赖以生存的那个存在。所以，人就是要追求成为自在与自为综合为一体的存在。人的过程就是对理想目标的追求和超越，就是自为向自在的整体化过程。而真正要解决有关自由的各种问题，只有在道德的基础上找到答案。萨特曾预告他将要专门写一部这样的著作，但他始终没有完成这个在此已预期的著作。

萨特的“自由选择”思想，无情地撕下了那些“小人”和“懦夫”的“假面具”（甚至是无意识地戴上的面具），那些寻找托词，将自己的责任推诿给外因，或是佯装自己无辜，却不加反思的人。他告诉我们，不做选择也是一种选择。在他那里，“自由—选择—责任”这个三位一体是每个人都无法跳出的绝对境地，从某种意义上说萨特的自由选择也激励了人们鼓起勇气去生活，不是被一个虚幻的乌托邦幻象所迷惑，而是立足于当下的每时每刻，“发明”自己，创造生活。

四、“世界是荒谬的，他人就是地狱”

萨特的这一思想主要体现在他的戏剧《禁闭》之中。

他认为人偶然地来到了这个世界上，面对着瞬息万变、没有理性、没有秩序、纯粹偶然的、混乱的、不合理的客观外界，人感到处处受到限制、阻碍。在这茫茫的世界里人无法左右自己的命运，人只有感到恶心、呕吐。具体的个人都是生活在现实社会中的，无法避免和他人接触。对个体来说，人与人的相处有好的感觉和不好的感觉两类。好的感觉包括亲朋好友对你的照顾、关心、帮助，与你心灵的沟通，让你感觉爱情、慰藉、踏实。感觉不好的人与你相处，让你思想受到约束，行为受到限制。通常，人只把不好的感觉（包括政权、法律、道德、职业的约束）理解为对个体自由的限制。但按存在主义的看法，不管是好的，还是不好的感觉，都能影响个体的选择，对个体的人来说都算不自由的。从个体“绝对自由”这个概念出发，他人的存在就是绝对自由的地狱。所以，萨特说，他人就是地狱。

第一，如果你不能正确对待他人，那么他人便是你的地狱。即倘若自己是恶化与他人关系的原因，自己就得承担地狱之苦的责任。剧中三人都是罪人，都是败坏与他人关系的罪魁祸首，生前都给他人造成过痛苦。萨特通过三个已死的“死活人”，点醒许多在世的“活死人”来认识这个道理。第二，如果你不能正确对待他人对你的判断，那么他人的判断就是你的地狱。他人的判断固然重要，但也只能参考，不能依赖，不可看作最高裁决，更不是自己行为的最终目的。凡以追求他人对自己赞美的人，必定陷入精神困苦之中。加尔散正是如此。他从不自察内省，改变自己的思想和行为，他耿耿于怀，总在计较别人会怎样给自己做结论：他的编辑同事们会谈论他是胆小鬼，后继者也永远会持这种看法。“我的一生已经捏在他们手里了，他们根本不理会我就给我做了结论。”死后仍然争取艾丝黛尔相信他不是胆小鬼。他认为求助于她一人的认可便可得救，但艾丝黛尔对此并无兴趣。他失望后又去找肯动脑筋的伊内斯，然而得到的回答正好相反，这使他更加痛苦，因而陷于精神地狱之中。第三，如果你不能正确对待自己，那么你也是自己的地狱。人生旅途，每出差错，人们很容易去找社会原因、客观原因和他人原因，往往看不到自己的原因，正确对待自己常为我们所忽略。在萨特的人学观中，这一点却极为重要。《禁闭》提出这一问题，其深层意蕴正在这里。艾丝黛尔不动脑筋不思考，只追求动物本能般的直感享乐，不能严肃对待自己，也不去改变自己，所以走上犯罪道路，落入了自己的地狱。伊内斯有思考能力，却被同性恋的情欲引入歧途，明明知道自己很坏，还要一意孤行，步入作恶的深渊。她从不能正确对待自己开始，以与别人共同毁灭告终，也落入了自己为自己制造的精神地狱之中。加尔散既不能在事前正确选择，又不敢在事后面对事实，为自己的行为负责，还要以他人的判断为准绳来确定自己的价值，也落入了自设的陷阱之中不能自拔。叔本华曾把唯我论者称作“关在攻不破的城堡里的疯子”，《禁闭》描写的正是关在攻不破的城堡里的、永受煎熬的三个疯子！正是在上述三层意义的基础上，萨特呼吁“争取自由”“砸碎地狱”，就是要唤醒人们不应作恶，以免扭曲与他人的关系；就是要唤醒人们，不要依赖别人的判断，作茧自缚，制造樊笼，成为“活死人”；就是要唤醒人们，严肃认识自己，超越自己，鼓励人们以自己拥有的自由权利为武器，去砸碎这种精神地狱，冲破人为的灵魂牢笼，为自由的心灵开拓出一片新天地来。

结语

存在主义的集大成者萨特在研究基督教存在主义哲学的基础上，抛弃了克尔凯郭尔的宗教神秘主义，继承并发展了胡塞尔的非理性主义，形成了他自成体系的哲学思想——无神论的存在主义。从此，存在主义哲学的发展跨入了一个新阶段，这就是通常所说的当代存在主义哲学。存在主义哲学提出了三个基本原则：其一是“存在先于本质”，认为人的“存在”在先，“本质”在后。“首先是人的存在、露面、出场，后来才说明自身。”所谓存在，首先是“自我”存在，是“自我感觉到的存在”，我不存在，则一切都不存在。所谓“存在先于本质”，即是“自我”先于本质，也就是说，人的“自我”决定自己的本质。其二是“世界是荒谬的，人生是痛苦的”。认为在这个“主观性林立”的社会里，人与人之间必然是冲突、抗争与残酷，充满了丑恶和罪行，一切都是荒谬的。而人只是这个荒谬、冷酷处境中的一个痛苦的人，世界给人的只能是无尽的苦闷、失望、悲观消极，人生是痛苦的。穷人是如此，富人也如此。其三是“自由选择”。这是存在主义的精义。存在主义的核心是自由，即人在选择自己的行动时是绝对自由的。它认为人在这个世界上，每个人都有各自的自由，面对各种环境，采取何种行动，如何采取行动，都可以做出“自由选择”。“如果存在确实先于本质，人就永远不能参照一个已知的或特定的人性来解释自己的行动，换言之，决定论是没有的——人是自由的。人即自由。”萨特认为，人在事物面前，如果不能按照个人意志做出“自由选择”，就等于丢掉了个性，失去“自我”，不能算是真正的存在。萨特的存在主义哲学不仅是存在主义文学的思想核心，而且成为后现代主义文学各个流派的思想基础。

第三节　存在的追问：海德格尔的运思

马丁·海德格尔（Martin Heidegger，1889—1976），德国哲学家，20世纪存在主义哲学的创始人和主要代表之一，被誉为近代最伟大的哲学家之一。他在现象学、存在主义、解构主义、诠释学、后现代主义、政治理论、心理学及神学方面均有举足轻重的影响。出生于德国西南巴登邦（Baden）弗赖堡附近的梅斯基尔希（Messkirch）的天主教家庭，逝于德国梅斯基尔希。他的思想对当代哲学产生了决定性的影响，无疑属于20世纪最有影响的思想家之一。他的著作成了无数学术研究的对象。

一、人生与哲学

海德格尔的父亲弗里德里希·海德格尔在梅斯基尔希小镇的天主教教堂任职司事。在天主教教会的资助下，1903—1906年海德格尔到梅斯基尔希以南50公里的康斯坦兹读中学，为将来的神父职业做准备，1906—1909年在弗莱堡的文科学校上学。在这六年里他学习了希腊文，此后，除战争年代外，他每日必读希腊原著。他还学习了拉丁文。

1907年，海德格尔暑期回家度假时，从康斯坦兹三一教堂的神父那里借到F.布伦塔诺的著作——《论“存在”在亚里士多德的多重意义》，海德格尔说：“我开始了在哲学上第一次笨拙的尝试。”莱布尼茨曾感叹道：“意识到自己的存在，这是多么令人震惊啊！”海德格尔显然也被哲学的发问震撼到了，并坚持着哲学就是对“存在”的追问，这成为他毕生哲学事业的起点。

1909年，海德格尔进入弗莱堡大学，前两年主攻神学，辅以哲学，1911年他决定放弃教会的前程而专攻哲学，跟随胡塞尔潜心研究现象学。他受胡塞尔的《逻辑研究》的影响很大，并称这本书有着非凡的魅力，虽然阅读时困难重重，但此书他始终不离手。1912年他在《为天主教德国的文学展望》上发表《逻辑新探》，此文把已被胡塞尔克服的心理主义问题选择为主题，可见胡塞尔对他影响之深。1913年夏他在施耐德（Arthur Schneider）的指导下完成了博士论文《心理主义的判断学说》，成功取得“最优秀”的成绩，顺利取得博士学位。在弗莱堡期间，他还参加了新康德派哲学家里科（Heinrich Rickert）指导的研究班，从而深受价值哲学的影响。获得博士学位后不久，第一次世界大战爆发。1914年8月他应征入伍，但两个月后即因健康欠佳退伍。1915—1917年，他在弗莱堡从事军邮工作，1915年夏他以题为《邓·司各脱关于范畴的学说和意义的理论》的论文获讲师资格，他在论文中对各种对象领域、构成“各种现实性的形式”的基本结构或框架进行考察这个意义上借用了司各脱的语言，对“范畴”进行了讨论。

1916 年 4 月，胡塞尔受聘到弗莱堡大学继承里科的讲座，于是海德格尔得以亲聆胡塞尔的指教。那时他白天在邮局工作，晚上则在大学里听课或讲课。1917 年海德格尔与艾弗里德（Elfride Petri）结婚。婚后再次应征入伍，在西线战场服役。1918 年从战场回来以后，海德格尔正式成为胡塞尔的助教，1922 年在胡塞尔的帮助下，受聘于马尔堡大学任哲学教授。在马尔堡时期，海德格尔开始撰写他的主要著作《存在与时间》。1927 年 2 月，《存在与时间》正式印行，一是在《现象学年鉴》第八卷上，二是作为单行本。这本书奠定了他一生哲学活动的基础，被视为现代存在主义哲学的重要著作，他因此而声誉鹊起。半年后，柏林给他颁发了正教授职称。

1928 年胡塞尔退休，他被胡塞尔推荐为弗莱堡大学哲学教席的继承人。1929 年海德格尔辞去马尔堡大学的席位，回到弗莱堡大学继承胡塞尔的哲学讲座。20 世纪 30 年代以后，他与胡塞尔之间的关系日趋冷淡并最终破裂。1933 年年初，在德国出现了纳粹的法西斯专政。此后 5 年间，德国大学教师被解雇受迫害的有 2800 人，但海德格尔却在该年秋天带领 960 个教授公开宣誓支持希特勒的国家社会主义政权，并一度担任弗赖堡大学校长。虽然他于 1934 年辞退校长一职，但未曾退党，1945—1947 年，法国因为他的纳粹党背景而禁止他任教，到了 1951 年，更撤销了他荣誉退休教授所享有的特权。海德格尔 1959 年退休，以后极少参加社会活动，避居在家乡黑森林的山间小屋，只和很少一些最亲近的朋友一起讨论哲学问题。1976 年，海德格尔于出生地梅斯基尔希与世长辞并以罗马天主教仪式安葬。

二、追问存在

海德格尔的思想以对存在的独特运思而展开，在这种对存在的追问中，海德格尔认为传统的哲学——形而上学终结了。形而上学的终结并不意味着哲学的终结，哲学不会结束。传统的哲学一直把追求真理作为自己的任务，传统哲学的真理观也就是海德格尔所说的“符合论”。追问存在与真理是海德格尔的双重任务，但海德格尔追问的方式与传统哲学根本不同，对真理的追问是海德格尔哲学的主要任务，也是哲学的主题。

海德格尔承认哲学是存在论，但问题不在于哲学是否研究存在，而在于怎样研究存在。在传统哲学中，存在在哲学世界中一直作为自明性的东西存而不论，存在作为问题而被提出还是晚近时期的事情，大多数时间存在处于被遗忘状态。遗忘并非消失，而是自我遮蔽，隐而不显。自巴门尼德以来，“存在”已经被确认为最高的和最基本的哲学范畴，但“存在”从来不是作为“显现”“出场”，而是被当作“存在者”“对象”。如亚里士多德就把“存在之存在”作为“对象”进行把握 。可见，传统哲学即使经常谈论存在，也只是把存在当作存在者来想象，始终停留在形而下的水平上，始终不是超物理学而恰是广义的物理学。这样的研究，不仅不曾触及存在问题本身，相反却使对存在问题的遗忘不断加深。海德格尔曾经说道，根据希腊人对存在的最初解释，逐渐形成了一个教条，这个教条不仅宣称追问存在的意义是多余的，而且还认可了对这个问题的耽搁。在海德格尔看来，传统哲学无论是把存在领会为历史还是绝对理念，都是把存在客观化、实在化，必然导致存在的遗忘或存在问题的耽搁，并使哲学走向实体主义。而实体主义从存在者出发并始终依存在者制定方向、理解存在，实际上是以一种奇特的方式 完全把存在与存在者混同了。由此，对存在与存在者之间区别的遗忘，导致了实体主义对存在的遗忘。于是，现代西方哲学超越实体主义的工作极大地被海德格尔所作的存在和存在者的著名区分所彰显。

存在与存在者之间有根本的差异，这一差异被海德格尔称为“存在论差别”。他认为，必须区分“存在的事实”和“存在论的存在”，必须超越存在者而达到存在的深度。一切存在者都存在，但存在并不是从一切存在者那里抽象出来的普遍本质，不是什么实体性的“东西”“事实”，而是存在者的存在方式，是存在者得以可能的条件。“是什么”是追问存在的属性，是科学要回答的；“何以是”就是追究存在如何“显示”“展示”，领悟存在的真理和意义，才是哲学要回答的。实体主义混淆“何以是”与“是什么”，必然使内在领悟变成外在规定，使人们的思想远离原初的轨道而走上一条难以回归的歧路，从而忘却人的存在，成了“无根的本体论”。由此，我们需要一种超越，否则就会重新陷入哲学“普遍”的理解之中，触摸不到存在的本质。思本身无疑具有这种能力，思持续涌现着自由的力量，把我们从种种存在的“幻象”抛入那个存在者之存在的寂静之所。在存在问题上，海德格尔曾说道，“存在”是普遍的概念，那可并不等于说，它是最清楚的概念，再也用不着进一步讨论了。相反，“存在”这个概念是最晦暗的概念，因为我们无法用哲学的语言规定它，在哲学世界的地平线上，只有存在者而没有存在，即便是存在者也仅只是作为存在者的存在者，而不是作为存在的存在者。存在作为存在者的让与者，在语言的独断语境下仍然隐而不显。他认为，虽然传统逻辑的定义方法可以在一定限度内规定存在者，但这种方法不适用于存在，可以说，存在无法定义。其实，传统逻辑本身就植根在古老的存在论之中，存在的不可定义性并不能取消存在的意义问题，反而是要我们正视这个问题，对存在问题的追问并不能从存在者定义中获得清晰的理解。但存在者与存在并非没有关联。存在问题隐藏在对“什么是存在者”的发问之中。在存在问题的讨论中，应该让发问者清楚明白既存在者必须存在，否则此一发问将失去意义，如果存在者不是基于存在而存在着，那么，存在者则将处于无根状态。这使得存在问题在存在论的讨论中将处于优先地位。

基于此，海德格尔把人的存在问题提升到哲学本体论的高度，建立起“有根的本体论”，这个根就是作为此在的人。所谓实体世界乃是由于人的此在而被揭示、照亮。此在是世界万物展露自己的场所。海德格尔指出：在没有此在之前，就没有真理；在此在不在存在之后，也将没有什么真理。这样，海德格尔便通过对“此在”这一特殊的“存在者”的现象学分析，把人们从实体主义的迷梦中召唤醒来，从而点亮了那蔽而不明的存在之光，使存在的意义第一次在哲学史上被特别作为问题提了出来，使存在之思占据了自己全部哲学的重心。

海德格尔追问存在的意义时发现，“存在问题”从来未被这样提出，去追问存在的意义，即去研究属于存在的种种关系。把存有当成各种存在者，这种存有者在“现在”的时态中（即现在时）能被刻画为“现存者”。当在场者被看成只是“现在（存在）的”在场者时，它就失去了和世界的种种时间性的、有意义的关联：从“某些东西存在”这个论断出发，“某些东西是什么”却不能被理解。由此，在把存在当成例如是“实体”或“物质”的这样的规定中，存在只是在与“现在”的关联中被思考：现有者是现在（存在）的，即使他没有与过去和未来的关联。这里，其实就指出了对于存在的理解来说，时间是本质性的条件，因为（简单地说）它构成了一个理解的视域，在这个框架下，世界上的事物才可以相互之间形成有意义的关联。“某些东西是什么”如何被确定，哲学传统选择的解决问题的路径是存在论的还原主义，在海德格尔看来是有缺陷的，这种理论试图把所有的存在还原到一个最初的原理或者是一个存在者。这种被海德格尔批判的做法使得存在论神学得以可能，即在一个线性的存在秩序中设定一个最高的存在者，并把它等同为上帝。当某些事物与我们照面时，我们只有在一个“世界”中并且通过这些事物的意义才能理解它，这个关联构成了它的存在。因此每个单独的存在者总是被超验的，也就是说被超越，并且作为单独的存在者与整体相关联，从与整体的关联中它才获得它的“意义性”。海德格尔在追问存在时候，默认了这一点，即世界并不是一团杂多，而是在其中有各种意义上的关联性。存在是有结构的，在它的多样性中依旧有一种统一性。例如，锤子的作用就是把钉子敲进木板中，为了建造一栋房子，在即将来临的暴风雨面前提供保护。锤子除了是现有的木料和铁块以外还是什么，只有在与时间有关联的世界的整体联系中，才能够被理解。这样，在锤子和钉子之间就有一种有意义的关联——但这种关联该如何去理解呢？“我们从哪方面，即从哪个被给定的视域，去理解诸如此类存在之事呢？”海德格尔的回答是：“时间就是这种视域，从它我们可以理解诸如存有之类的事。”根据海德格尔的回答，时间对于存在的重要性，在所有至今的哲学中都未被注意。

从存在论差异出发，每个单独的存在者也就不能再仅仅被认为是现在（存在）的现有者。它将被超越而与整体发生关联：在对未来的展望中，在来自过去的来源中，它的存在被本质性地、时间性地规定。

三、此在与世界

海德格尔认为，存在既不能被确定为现有的事物，也不能被确定为毫无结构、毫无联系的一团杂多。而我们的生活世界是由有意义的关联所构成的一张关系网络。海德格尔因此不能在研究中使用一个范畴所指示，假如这个研究真的是现象学的话，因为现象学试图去呈现事实自身，而不是还原性地去解释它。因为人始终生活在世界之中，所以不可能退回到被给定的理解的视域后面去，而只能够从已被理解的这个视域里把它的各种元素呈现出来。因此海德格尔采取了诠释学的路径。为了能够理解世界中的各种有意义事实的关联，海德格尔认为必须通过一个诠释学的循环，这个循环要求在每个脉络中都追求更好的被理解。他理解的循环运动是：个别的事物在与整体的关联中才可能被理解，而整体只有在个别的事物中才得以展现。理解的进程只有通过这个循环，才得以成为可能，然而必须追问的是，这个循环应该在哪里被应用呢？海德格尔对此的回答是：应用点就是人本身，这对于提出存在的意义问题的提问者来说是显而易见的。

人的存在被海德格尔称为“此在”，对于此在的研究就是“基础存在论”。存在的意义问题只有此在能够回答，因为只有他才拥有一种先在的理解，而这对于诠释学研究来说是必要的前提。对于存在的这种先在的理解，海德格尔称为“对于存在的理解”。这种理解附着于所有人，当他们理解了事物的各种不同的存在方式的时候，例如，我们不会试图与山川去说话，我们对待动物的方式与对待无生命自然的方式是不同的，我们不会试图去抓住太阳，等等。所有这些不费解的行事方式都是基于这样的释义，即这些事物是什么、用怎样的方式来理解。这些基本的性质附着于此在，也就是说人已经进入了一种反思之前的理解的视域中，海德格尔把它的探究对准了此在。通过这些原理性的诠释学方法，海德格尔不再从认知的主体出发，这种主体（如康德所述）在时间与空间中知觉到的基本上都是物体，而这种物体已经嵌入在世界之中。海德格尔在诠释学循环的入口处，并没有挑选一种特别的此在，而是挑选了在日常性中的此在。他的目标是，把哲学从超验的推断，拉回到普通的生活世界之中。这样，需要两个步骤：一是应该去研究，世界中意义的关系是如何呈现给此在的，因此世界应该被现象学地描述；二是对存在的此在分析，也就是对于此在结构的研究，这种结构构成了此在，如语言、在场性、理解和此在的有限性。假如存在要被确定的话，此在与世界的关系被恰如其分地理解的同时，这种关系必须也在存在论上被把握。

在海德格尔看来，此在的基本问题是："此在总是我的存在。"此在指人的存在，海德格尔为了避免传统形而上学的主体占优和人的对象化（笛卡尔式思考）而选用此词。首先必须"在"，才有"在者"；绝不可能根本不"在"，就有了"在者"。要解决"在"的问题，必须追溯到一种"在者"，这种"在者"在究竟成什么样子还不明确时它的"在"已经明确了。海德格尔认为只有"我"是这种"在者"，只有"我"是在成什么样都还不清楚的时候它的"在"已经恬然澄明了。因此，他认为"我"就是"在"，"在"就是"我"，"我"的"在"就是世界。为了继续克服建构在"主客二分"基础上的传统存在论，海德格尔采用了"在世界之中存在"这个概念，它应该说明"此在"和"世界"的基本联系。"世界"刻画的不是诸如存在者总和之类的东西，而是有意义的总体，也就是意义的整体，在此整体之中事物有意义地相互关联着。在这里，一方面"世界"已经被给予给"此在"了，另一方面"世界"只对于"此在"来说才"存在"，"在世界之中存在"这个概念包含这两个方面。由此，世界对于海德格尔来说不是个别的存在事物，而是时间性的关系性网络。他把世界的显现称为世界的世界性，它只有在与此在的联系之中，才能被理解。锤子作为锤子是什么，只有在与此在的关联之中才能被把握，此在使用着它。存在被嵌入一种意义，存在的意义和此在的意义是不可分的。当此在的存在成为关照，世界也就能这样被理解：锤子和其他工具都是为建房子的。各种各样的工具通过“为了（什么）”而被联结在一起，而最后一个“为了”就是此在的“目的”，此在关照着事物，因为此在为了自身和他的同类（他人）关照着。对海德格尔来说，对于世界的科学性把握和对大自然的理解，都来自于此在的关照。此在与自身、与世界相关联的基本方式是理解、在场性、言说。

此在被抛之于世界，并总是非本真地沉沦于世界，在沉沦中与他人共在，依此海德格尔提出了众人的概念，我们总与其他人一起存在，并且在这种一起中参与大众的一切，然后丢失自己，被迫地筹划自身，接着就是沉沦的样式：闲言、好奇、两可。尽管此在总是非本真的存在，但海德格尔提出了“畏”这一情绪，使得本真成为可能，畏没有具体对象，而是人类有限性的表现，此在的基本存在即为——操心。“畏”袭来，此在出离自身体，并意识到自己的有限性。畏在畏之中，它是无而且在无何有之乡，此在害怕沉沦，并有了本真状态。畏使此在看到了自身的终极——死，死使得此在谋划自身——向死而生，此时出现了“良知”呼唤此在，此在在这种良知中见到了本真能在的生存结构。

个体就是世界的存在。在所有的哺乳动物中，只有人类具有意识到其存在的能力。他们不作为与外部世界有关的自我而存在，也不作为与世界上其他事物相互作用的本体而存在。人类通过世界的存在而存在，世界是由于人类的存在而存在。海德格尔还认为人类处于矛盾之中，他们预示到不可避免的死亡，死亡导致痛苦和恐怖的经验。他们不得不承认死亡是不可避免的，接着便是一切不复存在。我们的存在既不是我们自己造成的，也不是我们的选择。存在是强加给我们的，并将一直延续到我们去世。

四、此在与时间

在海德格尔那里，时间首先并不是客观的、物理性的流逝者，而是被嵌入此在的时间性之中，它与关照是密不可分的。时间与关照的紧密关系在日常语言对时间的说明中呈现着，例如，“从此刻开始到那一刻都是散步时间”。可见，与关照捆绑着的时间是存在论上的首要者，在与时间的日常关系中此在才第一次发展出了一种客观的（科学的）时间，通过它此在才可以计算和制定计划，它也可以通过各种钟表来确定，而计算和制定计划都是与世界（关系于此在的事实中）关照所捆绑着的。因为此在作为关照一直都被它的“过去”所规定着，而它又是必须且必然面向未来事物的，在《存有与时间》的第二部分出现了从时间的角度对于“存在结构”的崭新解释。

时间在海德格尔思想中是与存在具有同等分量的语词。海德格尔认为，人们对时间的基础存在论的功能并不熟悉甚至全无了解，也没见到这种功能的可能性的深处，并且将时间本身当作与其他存在者并列的一个存在者，又试图在这种存在之领会的视野里就时间的存在结构来把握时间自身。因此，海德格尔在其思想的历程中，首先要做的是基于时间自身的时间性解构哲学史中对时间问题的种种“误读”。他认为，哲学对时间的“误读”较早的体现是亚里士多德对时间问题的规定。这种“误读”，除了亚里士多德在对“神语文本”向“哲学文本”转译的过程中，时间自身的“耗损”外，哲学作为哲学无法基于时间自身的时间性忠实再现时间的真实面貌。海德格尔说，亚里士多德的时间论著是流行至今的对时间这一现象的第一部详细解释，它基本上规定了后世所有人对时间的看法——包括柏格森的看法。对亚里士多德的时间概念进行分析，同时就可以回过头来看清楚康德对时间的看法。他的看法就是在亚里士多德制定出来的结构中打转。这就是说，不管康德对问题的新提法与前人有多少不同，其存在论的根本方向仍然是希腊式的。在漫长的哲学史中，人们对时间的看法并没有超出亚里士多德对时间的规定，这一规定把时间作为存在者来看待，至于作为存在者的时间为何如此这般的存在，仍然避而不显。当传统哲学家在讨论“我思”“主体”等概念时，深陷流俗时间概念的干扰并没有深刻触及使它们是其所是的那个存在，为此，海德格尔提出解构的任务就是“看到时间状态的成问题之处并据此来解释古代存在论的基础”。

海德格尔在《存在与时间》的导论中提出，从存在问题出发解构哲学史首先要做的是对时间进行阐释，断定任何一种存在之理解都必须以时间为视野。唯有首先厘清时间问题的本质，才能为其视野内的存在问题以及存在者层面的问题提供衡量自己的标准。在传统哲学中，时间被当作一个对象，在某种公共话语中沦为计时的根据。对此，海德格尔指出，时间根本不是存在者，时间性不存在，时间性只是到时，到时的时间性就是时间。到时意味着到某个时候，是某个时候。它表现在各种事物在场中相遇的时机，事物以时间为尺度安排自身出场的时机。所以时间性是在场事物整体存在的可能性条件。此在之为 da-sein 意味着“此”的到时、过去、现在、将来。时间性作为过去、现在、将来的统一现象，经受时间意味着作为承载着将来事物的到场，即此在。此在被规定为时间性，就其自身存在的根据，自行显露出来，这种显露在世界中生存带有命运性。作为此在的能在，虽然能听到那个原本的自己，但却不能本己得把自身给予自己。作为生存着此在在时间性中止步于被抛的实际性之前，只能领会不能进入，不能把在世界中存在的“它存在，且不得不存在”的命运从其本己处割舍掉而进入“在”。此在在世界中是不自由的，不能基于自身而是其所是，所以，此在的生存着。生存作为此在的在世之所，此在在时间性的到时中构造。

海德格尔把此在的存在状态界定为本真状态和非本真状态。超越自身的限度以它者身份的到时到场，处处受制于外在力量的支配，隐没自己的声音。这就使得此在脱离自身的“自由”之所。此在在其能在的可能性中是自由的，而不同于传统哲学中对自由的现实性理解。此在最极端的可能性体现在“死亡”中，作为存在者的此在，此在无法突破此一限度而达到与存在永久共在。因此，此在在死亡面前产生“畏”。畏是此在在死亡面前绽出的一种“怕”的情绪，此在本能逃避的死亡本身。此在在它自身面前逃避，而这就是在它本真的能够自己存在这回事面前逃避。在世之中的常人畏惧死亡这一可怕之事，常人对惧怕的死亡并不知晓，由于此在在其死亡面前的退缩，使得逃避成为可能。海德格尔说：“畏之所畏者就是在世本身。”畏作为此在在世的存在状态，并非此在与生俱来，而在于此在的生存之所——在世。在世作为此在在时间性到时的场所，本身就对此在被抛入世界的命运有所遮掩，并且在世界之中此在并非存在意义上的存在者，而是担负起筹划世界职责却又对自己的存在根基讳莫如深的存在者。此在唯有在时间性中领悟到自己的“终有一死”，此在作为存在论意义上的存在者这才是完满的，直面死亡是此在的最极端的可能性。在领悟死亡的过程中，此在触摸到世界的边界，因而，为向世界的超越提供了自由的可能。

当此在经受被抛之时，死亡作为此在在世的命运被此在所领悟。先行到死亡中去并向死而生，这是此在在其本己之处对自己领悟，这种领悟脱离来世界的羁绊，直面自身，走向自身。这样的此在才是此在的本来形态，即作为存在的此在。这就意味着此在在存在上自由，即海德格尔未曾明言的“独立自主”。

结语

海德格尔哲学对于现代存在主义心理学具有强烈的影响，特别是对L. 宾斯万格心理学的影响尤深，他把海德格尔的世界之存在概念作为存在主义心理学的基本原则。海德格尔的存在主义思想对以后心理治疗的发展，亦产生了很大的启发作用。海德格尔说道，存在问题就是哲学最艰难的思想，因为它既是哲学最内在的思想，又是哲学最外部的思想，是决定哲学命运的思想。哲学命运开启于存在的遗忘，终结于存在的地基的显现。我们说哲学终结了，不是对哲学的批判，而是站在哲学之外，对哲学命运的冷静判断，哲学再也无法按照以往的方式保持下去，它穷尽了其命运范围内的一切可能性，哲学走到了它的完成阶段。

第二章
实用主义

实用主义认为，当代哲学划分为两种主要分歧，一种是经验主义者，是唯心的、柔性重感情的、凭感觉的、乐观的、有宗教信仰和相信意志自由的；另一种是理性主义者，是唯物的、刚性不动感情的、理智的、悲观的、无宗教信仰和相信因果关系的。实用主义则是要在上述两者之间找出一条中间道路来，是“经验主义思想方法与人类的比较具有宗教性需要的适当的调和者”。

实用主义者忠于事实，但没有反对神学的观点，如果神学的某些观念证明对具体的生活确有价值，就承认它是真实的。将哲学从抽象的辩论上，降格到更个性主义的地方，但仍然可以保留宗教信仰。承认达尔文，又承认宗教，不承认是二元论的，既唯物，又唯心，而是认为自己是多元论的。

实用主义并不代表什么特别的结果。它除了方法之外，没有什么武断的主张和理论。意大利青年实用主义者巴比尼说得好，实用主义在我们的各种理论中就像旅馆里的一条走廊，许多房间的门都和它通着。在一间房里，你会看见一个人在写无神论著作；在隔壁的一间房里，另外一个人在跪着祈求信仰与力量；在第三间房里，一个化学家在考查物体的特性；在第四间房里，有人在思索唯心主义形而上学的体系；在第五间房里，有人在证明形而上学的不可能性。但是那条走廊却是属于他们大家的，如果他们要找一个进出各人房间的可行的通道的话，那就非经过那条走廊不可。

第一节　可错论与信念——实用主义的鼻祖皮尔士

查尔斯·桑德斯·皮尔士（Charles Sanders Peirce，1839—1914），美国哲学家，逻辑学家，自然科学家，实用主义的创始人。在哲学上，提出作为实用主义核心的意义理论，把观念的意义和实际的效果联系起来，断言一个观念的定义是该观念的可感觉的效果。后来，将实用主义易名为“实效主义”。在逻辑学方面有两大贡献，一是改进了希尔代数，一是发展了关系逻辑，即引入新的概念和符号，把关系逻辑组成为一个关系演算。在自然科学方面，先于 A.A. 迈克尔逊以光波波长作为测量单位。

一、人生与哲学

查尔斯·皮尔士 1839 年 9 月 10 日生于马萨诸塞州坎布里奇，在美国海洋和大地测量观察所任职。一生不得志，1887 年以前一直未能在大学谋到一正式教席。他的父亲本杰明·皮尔士是一位有着虔诚宗教信仰的著名数学家，是哈佛大学的数学与天文学教授，曾做过哈佛大学数学系主任，哈佛大学数学系正是在他手中成为国际一流，是那时美国版“学而优则仕”的典范，除了在哈佛大学做教授外，各种社会活动极多，他是史密森学会（Smithsonian Institution）的创始人，还是美国海岸和人地测量局（现名为美国大地测量局）的第三任局长。在这样的家庭环境中，皮尔士从小接受了良好的哲学和科学的训练，他能背诵康德的《纯粹理性批判》，6 岁起学化学，12 岁开始做实验，后来转学动物学。他还是一个杰出的数理逻辑学家。他有一个雄心勃勃的计划，要“建立一个像亚里士多德那样的哲学……即使在遥远的未来，它也能包含人类的全部学科”。但他并不真的对哲学体系有兴趣，他有志建立的是一个能适应于各门学科的科学的逻辑。

皮尔士毕业于哈佛大学，主修是化学。在哈佛大学得到过的最高学位是硕士。他在世时被认为是科学家和科普作家，但后来则以哲学传世。他创立了美国实用主义的传统，威廉·詹姆斯受他的影响巨大。他本人活着时并没有被主流学术界认可，晚年贫困，死时一文不名，还留下一堆债务和经济纠纷。直到 20 世纪 20 年代，哈佛大学很吝啬地出版了一本满是印刷错误的皮尔士文集后，他才渐被人知，那本文集有个奇怪的书名《机会，爱，逻辑》（*Chance, Love, and Logic*）。chance 和 logic 是说他曾经研究过概率和逻辑；love 嘛，真是一言难尽。现在人们认为他对逻辑和哲学做出了杰出贡献，是比威廉·詹姆斯更原创、更深刻的哲学家。罗素说：“毫无疑问，他具有 19 世纪最原创的头脑，肯定也是美国有史以来最伟大的思想家。”这其实是罗素晚年说的，他早期压根不知道皮尔士的存在。怀特海从英国剑桥搬家到美国剑桥（哈佛）后，受到哈佛大学一票人的影响，读了皮尔士的著作，吃惊地表示皮尔士已经预见了他自己的“过程哲学”的实质性内容。

皮尔士的职业生涯中，花在学术机构的时间很短，只是在约翰·霍普金斯大学当过几年讲师，教逻辑，学生里出了两个哲学家，一个是后来的哈佛大学教授罗伊斯，还一个就是杜威——另一位美国实用主义的奠基式人物，也是胡适的老师。但皮尔士是栽在约翰·霍普金斯大学的。该校校长吉尔曼（Gilman），尽管不喜欢皮尔士，但还是想给皮尔士一个终身教职，结果皮尔士后因生活作风问题被约翰·霍普金斯辞退。从而，皮尔士不仅与主流学术界隔离，连谋生也成问题。

皮尔士一生最长时间的雇主是他父亲主持的美国海岸和大地测量局，父亲死后，他被迫离开，成了无业游民，一下子进入赤贫状态。终身好友与同道詹姆斯为他奔走活动，并给哈佛大学校长写信，企图让该校哲学系给他一个临时的职位，但此时哈佛大学被一堆保守派把持，又受到约翰·霍普金斯大学的影响，质疑皮尔士的道德，所以他只能在哈佛大学打些零工。也是在詹姆斯的帮助下，皮尔士开始为美国几家哲学和科普杂志撰稿，虽然有些文章后来成为实用主义的经典，但当时的稿费收入微薄，难以糊口。皮尔士的父亲本杰明吸食鸦片和乙醚，认为这能提升脑力，有证据表明他也给自己的儿子下药。皮尔士从他父亲那儿染上这恶习，他的业余爱好之一就是自制各种毒品，这加重了他的病情、恶化了财务状况。詹姆斯死后四年，皮尔士死于贫病交加。

皮尔士在世时没名的另一个原因是时间，他的主要思想太超前，把逻辑数学化、把哲学科学化，与那时的主流格格不入。在各个分支科学从哲学中逐渐分离之后，哲学家们的数学和科学能力严重退化，根本看不懂皮尔士，这种现象在罗素出现后，才有好转。皮尔士和詹姆斯以及另一位实用主义的早期领袖赖特（Chauney Wright）自认是科学派，也不把形而上学当回事。而欧洲逻辑实证主义提出抛弃形而上学是在 50 年之后了。皮尔士把自己的学说当作一种科学方法。当“实用主义”（pragmatism）一词在詹姆斯倡导下流行之后，皮尔士又有了“实效主义”（pragmaticism）的说法，表面原因是这个新词冷僻而“丑陋”，不会被人误用，但不排除皮尔士不满意詹姆斯对他原创思想的解释。皮尔士认为必须先搞清意义，才能谈论真理。他不像詹姆斯那样关注“实用主义”的名称，他曾说自己的学说也可以成为“恰当的实证主义”（proper positivism）。

皮尔士逝世之后声誉渐起。现在有证据表明维特根斯坦也知道皮尔士并受其影响，把皮尔士和维特根斯坦联在一起的是天才数学家拉姆齐（Ramsey）。维特根斯坦的《逻辑哲学论》出版于 1921 年，那时他正在乡村小学教书。1922—1923 年，19 岁的拉姆齐多次造访维特根斯坦，一边学德文，一边翻译《逻辑哲学论》。皮尔士身后的第一本文集《机会，爱，逻辑》出版于 1923 年，虽说制作并不精良，但引起拉姆齐的高度关注。1923 年拉姆齐为维特根斯坦写书评时，已经看过皮尔士的文集，他在随后有关概率论和逻辑的文章中多次引用皮尔士的观点。拉姆齐在和维特根斯坦深谈时，强烈推荐皮尔士。很不幸拉姆齐26岁就病逝了，历史没法做假设，若拉姆齐再多活几年，皮尔士肯定会更早被人了解。

如果又懂皮尔士，又懂波普尔，那么不难看出波普尔哲学最“原创”的部分被皮尔士在至少50年前以一种更深刻的方式表述过。波普尔晚年表示过对皮尔士的敬仰，他的成名作《科学发现的逻辑》在谈到概率论时有个脚注提到皮尔士。有理由猜测他是看到拉姆齐的概率论文章后，注意到皮尔士的。英美之外，欧洲后来者也有皮尔士的影子，比如雅思贝尔斯和哈贝马斯。语言学家乔姆斯基是一位理性主义者，他对皮尔士更为尊敬，他说自己的语言哲学只是对皮尔士的思想做了解释而已。

皮尔士在1878年1月发表的《怎样使我们的观念清楚》标志着实用主义的诞生，后来又发表了一系列阐述他的科学逻辑的文章，但都没有引起人们的注意，直到1898年詹姆斯把他的哲学冠以“实用主义”的名称大力推广，人们才把他尊为实用主义的创始人。皮尔士生前没有出版过一本哲学著作，直到逝世后他的思想才逐渐受到人们的重视。20世纪30年代，哈佛大学出版了六卷本（1958年又增加了两卷，共八卷）的《皮尔士文集》。

二、信念

在《信念的确定》和《怎样使我们的观念清楚》这两篇文章中，皮尔士提出了两个相互联系的论题，即“信念的确定”和“观念的澄清”。他认为，信念是行动的准则，而一个观念是否清晰、是否有意义，就在于它所引起的实际效果。对上述两个论题的回答，尤其是他的关于澄清观念的意义理论，为实用主义的产生奠定了理论基础。

皮尔士认为，任何人为了生存，都必须采取一定的行动，而为了有效的行动，就必须有明确的信念。信念是通过观念（包括概念、命题、理论）表现出来的。只有人类才有信念并构造和运用概念。不论在哪里，人类都是在跟信念或观念打交道，讨论它们，根据它们而行动。因此，皮尔士认为，哲学的根本使命就是确定信念。在皮尔士看来，没有明确的信念，人们就会处于一种怀疑的状态。所谓怀疑，指因缺乏信念而导致无法采取行动的一种不平静状态。人们在实际生活或科学研究中遇到了问题，因而行动受阻，处于一种无所适从的焦躁状态，就是皮尔士所说的怀疑状态。为了摆脱怀疑状态，就要进行研究和探索，重新建立起新的信念。皮尔士认为，探究的目标就是确定信念，确定了信念，也就终止了怀疑，从而为人们提供了继续行动的依据。他认为，思维本质上是一种活动，人的思维活动实际上就是怀疑—探索—信念这样一个不断循环往复的过程。在这里，怀疑是思维的起点，而怀疑的平息、信念的确定则是思维的终点。在皮尔士看来，思维无非是探索的手段，思维的唯一功能和目的就是确定信念。

关于信念，皮尔士在《怎样使我们的观念清楚》一文中指出，信念具有三重特性：第一，它是我们所意识到的某种东西；第二，它平息了怀疑的焦躁；第三，它包含着在我们的本性中建立起一种行动的规则，或简言之，建立起一种习惯。此后，皮尔士在其著作中就信念的本质曾有过各种表述。美国学者穆尼茨对其做了如下的概括：信念就是断定被认为是真的命题；它是一个人愿意以某种确定的方式据以行动的东西；它标志着心灵的一种习惯。它是一种同怀疑相反的状态。在皮尔士看来，建立起一种行动的规则或习惯就是信念的本质。因为有什么样的信念，就会有什么样的行动，不同的信念就是由它们所引起的不同的行动方式而区分开来的。

而如何确定信念呢？皮尔士考察了人们力图用以摆脱怀疑状态并获得信念的各种可能的方法。他发现，确定信念的方法基本上有四种，即固执的方法、权威的方法、先验的方法、科学的方法。他对这四种方法分别进行了详细的考察，首先，经过对哲学史和思想史的考察，皮尔士对非科学的确定信念的方法——固执的、权威的、先验的方法一一进行了批判。第一种是“固执的方法”，即一个人为了满足自己消除怀疑状态的心理要求，便根据自己的主观意愿固执己见地坚持一种信念，并拒绝考虑任何与之不同的见解，是完全以个人的任意的主观想象作为自己墨守不渝的信仰，其思想实质是个人主义、主观主义和非理性主义。皮尔士认为，这种方法“将不能在实践中坚持它自己的主张”，因为有两个因素足以动摇人们对这种方法的信赖：其一，一个人可能会意识到自己的信念和其他人的信念是不同的，进而认识到，并非所有这些信念都是真实的，因为它们在逻辑上是不相容的。由这种逻辑思考播下的怀疑的种子，足以动摇他们对固执的方法的信赖。其二，这种方法与人们的社会倾向是相对立的，因为“除非我们使自己成为隐士，否则我们将必然影响彼此的观点”。因此，就变成不仅个人而且整个社会是如何确定信念的问题。于是就出现了第二种方法。第二种方法是“权威的方法”，即“让国家的意志代替个人的意志来行动”，由国家或其他权力机构确定一种学说，并强加于每一个人，与之相伴的是思想上的恐怖独裁和对异己思想和观念的排斥和镇压，使之成为人们应当遵循的信念。皮尔士认为，自古以来，这种方法就一直是维护一般准则的神学学说和政治学说，并保持其普遍性、广泛性的主要手段之一，而且它的成功也更大。但是，这种方法也有缺点：首先，任何机构都不能管制关于每一个问题的各种意见。其次，达到一致的信念，通常不仅是在权威使用暴力强制时，而且也是在社团与外界隔绝联系时；而且，即使在最独裁、最集权、最压抑和最与世隔绝的社会里，也常常会有少数几个人具有足够的想象力、积极性、勇气和创造性，能够不像那些平庸之辈那样思考问题。由于上述情况都有可能会播下争论、怀疑甚至革命的种子，所以权威的方法也不是确定信念的好方法。在皮尔士看来，如果说固执的方法是任性，那么权威的方法就是专横。第三种是“先验的方法”，指从笛卡尔以来的以人类理性为依据的确定信念的哲学方法。它是不依赖于观察到的事实，而仅仅以“合乎理性”为根据的纯思辨的方法，即从先验的理性出发，通过讨论、协商和自由选择建立起具有永恒意义的形而上学体系。皮尔士认为，运用这种方法，哲学家们便致力于研究哪些信念与他们的体系最和谐，而不去查明事实究竟是什么。皮尔士指出，从理性的观点来看，这种方法较前两种方法中的任何一种都远为合理而值得尊重。但是它的不足也是最明显的：首先，用这种方法所获得的信念取决于形而上学家们个人的偏爱，并在很大程度上受“偶然原因”的决定。“因此，形而上学家们从未达到任何确定的一致。”其次，由于先验的方法所获得的信念取决于与经验事实无关的情况，且不要求其受到公众能够获得的观察、实验的检验，因而必然会引起人们真正的怀疑。

以上三种方法分别受到实践、理性和经验事实的否定，各有其缺点，都不是确定信念的好方法，要消除人们的怀疑，必须找出这样一种方法，运用这种方法，我们在确定信念时，可以不取决于任何属于人性的东西，而只取决于外在的永恒性，即取决于不受我们思想影响的东西。这就是他所提出的第四种方法，即“科学的方法”。所谓科学的方法主要具有三种特征：第一，可靠性。“科学的方法”所依据的假设是存在着某些其性质完全独立于我们的意见之外的实在之物，它们根据固定的规则影响我们的感官，而我们利用感觉规则可借助推理来确定事物的实际情形；只要有充分的经验并对经验进行足够的推理，任何人都会达到一种真结论，即可建立信念。第二，有效性。由于“科学的方法”依据经验事实，运用这一方法就可使我们从已知的事实出发有效地探求未知的事实。第三，目的性。“科学的方法”有着明确的而且是唯一的目的——建立信念。在探究的过程中，信念会不断地逐渐确定自己，这也构成了逻辑所由之出发的事实之一。这样，“科学的方法”就是从已知的和已观察到的事实出发，进而探求未知的事实的方法。由此，皮尔士认为，由于“科学的方法”是建立在肯定客观实在这个基本假设的基础上的，这就彻底排除了个人的主观偏见和对权威的盲目崇拜。因此，“科学的方法”是确定信念最重要最可取的方法，这种方法的优越性和重要性就在于，我们一旦使用了它，它就会引导我们达到真理，即达到“意见和事实的一致”。皮尔士把“科学的方法”又称为“探究的方法”或“推理的方法”，声称他的研究目的就是要为人们提供一种获得真理、确定信念的方法。晚年，他在总结自己一生的工作时曾写道：“大约有 40 年时间我一直在孜孜不倦、持之以恒地从事探究的方法的研究。”

关于信念的内容和特征。皮尔士认为，人们借助于“科学的方法”所获得的信念具有以下几个方面的内容和特征：第一，信念是相对于怀疑而言的一种精神状态。在皮尔士看来，怀疑是一种令人心神不安、令人不满的状态，我们的任务就是使自己努力从其中挣脱从而进入信念的状态；而后者则是恬静的、令人满足的状态，会产生极大的精神和平。同时，怀疑与信念又是相互转变的两个思想环节。信念的产生，意味着怀疑的消除，但信念本身就包含着对自己的否定。可以说，信念只是行动的一种规则，这意味着，对信念的应用也预设了进一步的怀疑和进一步的思考，因而，在思想中，信念作为一个终点的同时，也就是一个新起点。第二，信念的获得就是习惯的建立。所谓信念，就是一种行动的指南，一种规定，按照这种规定，在时机来临时，人们就会以某种方法去行动，“我们的信念指导着我们的愿望并决定着我们的行动”，因此，我们本性中行动的某种习惯就是由信念决定的，信念的本质就是给人们建立起一种行为习惯，它本身就具有一种习惯的性质。由此，皮尔士推出了信念的三重特性：一是，信念是我们所意识到的某种东西；二是，信念平息了怀疑的焦虑；三是，信念在我们的本性中建立起一种行动的规则，或简言之，建立起一种习惯。可以看出，皮尔士强调信念是有意识的，就是强调信念以事实为根据的经验论基础，强调信念是相对怀疑而言的状态，就是强调信念是探究的结果，它给人的心理上和精神上带来恬静的满足；强调信念是一种习惯的建立，就是强调获得信念是为了有益于人的行为。这里同样也贯彻和体现了皮尔士的实用主义精神。

在“科学方法论”中，皮尔士还首次提出了“可错论”的观点。他认为，用科学的方法所获得的任何结论都有可能是错误的，即使已经确立的真理也会随着新证据的发现而处于不断修正和改进之中。因为，任何建立在经验上的命题都不是绝对可靠的最后证实，甚至逻辑和数学也不能排除错误的可能性。他进一步强调：“绝对的确定性、绝对的精确性、绝对的普遍性”是我们所绝对不能达到的，否则就会“阻塞探索的道路”，阻碍科学研究的不断进步。

三、意义理论

意义理论是皮尔士实用主义思想的核心。意义理论和科学方法是两个密切相关的问题。科学方法的任务是要获得真理，确定信念，信念是以观念的形式存在的。为了确定信念，获得真理，首先必须使我们的观念清楚明白，也就是澄清观念的意义。在皮尔士看来，如果一个人的主要兴趣是真理，那么把观念的意义弄清楚是必须满足的一个基本条件。如果对我们的观念或信念的意义茫然无知，就不可能获得真理，也不可能知道我们如何去寻找真理。因为一个观念的真或假是在我们明确了该观念的意义之后对它所做的评价。所以，意义理论是皮尔士科学方法的一个重要部分，它所探讨的乃是如何弄清一个观念的方法或技术。

观念的意义就是它在我们的行动中所引起的实际效果。皮尔士指出，如果要弄清楚一个理智概念的意义，就应当考虑从这个概念的真理必然产生什么可能的、实用的结果，而这些结果的总和将构成这个概念的全部意义；根据“科学方法论”，一个观念的意义完全就在于它在人生行为上所发生的效果，如果一个观念试验不出什么效果，则必定不能影响人生的行为。由此，如果我们想拥有一个观念的完全意义，就要弄清楚承认此观念时有些什么效果，不承认它时又有些什么效果，没有这些效果之处，就没有什么意义。也就是说，任何一个观念只要能在我们的行动中引起某种实际效果，就是有意义的，不能引起实际效果的观念就是无意义的，就是神学或形而上学的观念。“意义就是效果”，这就是被称为“皮尔士原则”或“实用主义原则”的实用主义的意义标准。

皮尔士所理解的效果有两层含义。首先，是指科学意义上的效果，即建立在经验中或实验中的“可感觉的效果”。他曾明确指出，我们关于任何事物的观念，乃是我们对于其可感觉的效果的观念。例如“硬”这个概念的意义，就在于当我们说一件东西是硬的时候，很明显是指它不能被许多其他物体所划破。再如“重量”这个概念的意义，当我们说一个物体重的时候，仅仅意味着，在缺乏相反力量的情况下，它将跌落下来。这里，“不能被许多其他物体所划破”和“跌落下来”，正是“硬”和“重量”这两个概念所能产生的可感觉的效果。用经验中可感觉的效果来检验和确定观念的意义，这说明皮尔士的意义理论是建立在经验主义的基础上的。其次，皮尔士所谓的效果并不一定是指当下即可产生的效果。由于人类对自然界的探索和认识是一个无限的发展过程，因而，一个观念只要具有可以想象到的可感觉效果，就是有意义的。例如，在黑暗的海洋深处有一块石头，究竟是灿烂的还是不灿烂的，只要经常记着这块石头是可以在明天被捞起来的就够了。

下一步，就是如何揭示或澄清一个观念意义。在这个问题上，皮尔士从经验主义的立场出发，主张把观念的意义同可见的行动上的验证联系起来。具体地说，就是揭示一个观念的意义，必须通过三个步骤，即假设、动作和实验。所谓假设，就是把一个简单的陈述翻译成一个有条件的或假设性的陈述，即翻译成“假如……那么……”这样的陈述。例如“这是硬的”，可译成某种类似于“假如一个人企图用手抓破这个东西的表层，那么他将不可能获得成功”这样的陈述。所谓动作，就是把“假如”与人的行动联系起来，也就是说在“假如”的句子中必须提到人的某一动作或提到实验者所做的某种事情。所谓实验，就是把“那么”的句子与观察的结果联系起来，即强调在“那么”句中要提到实验者与实验条件安排之后，所体验到或观察到的某种事情。皮尔士认为，这三个步骤或三个条件就是确定或澄清一个观念有没有意义的实用主义方法。

在皮尔士那里，虽然意义理论和真理理论有着密切的联系，但两者是有区别的。因为即使是错误的观念也是有意义的，澄清观念的意义并不等于确定观念的真假，他曾经说道，我们知道怎样把我们的观念弄明白，这是很重要的，但是我们所弄明白的概念有可能非常清楚但并不真实。观念的真实性，只有在经验中发现了被期望的实际结果和可感觉的效果时，我们才有根据把有关信念或观念当作真的加以接受。因此，澄清观念的意义是获得真理的第一步，是前提条件。观念的意义是“效果”，而观念的真实是“意见和事实的一致”，这是两个不同的问题。根据皮尔士的观点，实用主义纯粹是一种意义理论，而不是真理理论。所以，当詹姆斯把实用主义引向真理理论时，皮尔士认为这偏离了他的原意，因而把他的理论改称为“实效主义”。

结语

在皮尔士看来，实用主义不是一种哲学、形而上学或真理的理论，也不是一个解决任何事情的办法或答案，而是一门技术，是帮助我们找到一种解决带有哲学或科学性质的问题的方案。胡适也认为，皮尔士实用主义的宗旨不过是要寻找一个方法来把我们所有的观念的意义弄得明白清楚。

第二节　彻底的经验主义——詹姆斯的实用主义

威廉·詹姆斯（William James，1842—1910），美国本土第一位哲学家和心理学家，教育学家，实用主义的倡导者，美国机能主义心理学派创始人之一，也是美国最早的实验心理学家之一。1875 年，建立美国第一个心理学实验室。1904 年当选为美国心理学会主席，1906 年当选为国家科学院院士。2006 年，詹姆斯被美国的权威期刊《大西洋月刊》评为影响美国的 100 位人物之一（第 62 位）。

一、人生与哲学

威廉·詹姆斯于 1842 年 1 月 11 日出生在美国纽约市，一个有科学精神的牧师家庭。其祖父是爱尔兰人，1798 年移居美国，因投资开发伊利运河而成为富豪。詹姆斯的母亲叫玛丽 · 罗伯逊 · 沃尔什（Mary Robertson Walsh）。父亲老亨利 · 詹姆斯（Henry James Sr.，1811—1882）童年时因一次事故而失去一条腿，但未因此沮丧消沉。1830 年他毕业于纽约州协和神学院后，曾在商界和法律界工作。1835—1837 年又在普林斯顿神学院学习，后来成为一名哲学神学家，因反对正统的新教，没有参加任何教会组织。1844 年以后，信奉施维登博格学说（Swedenborgianism），并接受法国社会哲学家 C. 傅立叶（Charles Fourier，1772—1837）的社会改革理论。1885 年，詹姆斯出版的第一本书就是他的父亲的著作选，书名是《亨利 · 詹姆斯遗著》（*The Literary Remains of Henry James*）。詹姆斯在该书的序言中表述了自己的宗教观，认为生动的宗教经验比宗教教条更重要。

詹姆斯有三个弟弟和一个妹妹，弟弟亨利 · 詹姆斯是一位有名的作家，和父亲同名。老亨利十分重视子女的教育，从小培养他们独立求知的精神，鼓励他们进行批判性的讨论，并让他们在欧洲和美国学校之间交替接受教育。因为他认为美国学校在观点上太狭隘而把他们送到欧洲学习，又因为他深信孩子应在本国人中受教育而让他们回到美国。詹姆斯幼年在纽约的私立学校接受启蒙教育，后随家庭漂居欧洲各地，在瑞士、法国、德国、英国接受最好的教育，因此他有着丰富的幼年生活并掌握了五种语言。早年爱好绘画和科学，1858 年回美国罗得岛州新港市随亨特（William Morris Hunt，1824—1879）习画一年。1859—1860 年全家迁往瑞士日内瓦，他在日内瓦科学研究院学习科学，当时他希望成为画家，因此不久即返回新港市继续习画，但后来发现自己缺乏做画家的天分遂放弃了。1861 年进入哈佛大学劳伦斯理学院在埃利奥特（Charles W. Eliot）指导下攻读化学，后又改学比较解剖学和生理学三年。在这期间，他的老师怀曼（Jeffies Wyman）的进化论思想对他以后的学术观点产生了直接的影响。又因听著名动物学家阿加西斯（Louis Agassiz，1807—1873）的课，使他的兴趣从化学转向生物科学。1864 年，詹姆斯转入哈佛大学医学院学医，1865 年还未毕业便随同阿加西斯去巴西进行自然考察。在考察过程中，詹姆斯感染了天花，同时感到自己不宜做准确而有秩序的收集和归类工作而中断这项研究。1866 年继续学医，但又因身体不好而中断。1867 年去德国留学，在赫尔姆霍茨、冯特、微尔和的指导下学习医学、生理学和心理学。因体力不支，不能坚持实验室的工作，但却有较多的时间博览法国、德国和美国的文学名著，还有机会到柏林大学听课。

1869 年，詹姆斯获哈佛大学医学博士学位。完成学业之后，他因受当时流行于德国决定论哲学思想的影响，一度悲观消极，最后得了抑郁症。他一度相信，人生一切是注定的，在注定观念束缚下生命毫无意义。直到后来因读到一篇雷诺维叶（Charles Renouvier，1815—1903）有关自由意志的文章，相信自由意志的存在，并决心通过对意志功效的信仰治好自己的病。1873 年，他的健康状况果然好转，开始在哈佛大学教解剖学和生理学。他的实用主义哲学思想也是此时孕育出来的。1875—1876 年，他在美国开了第一门心理学课，课程的名称是“生理学和心理学的关系”。1875 年，他首建一个供讲课演示用的心理实验室，1877 年成立一个比较正式的心理实验室，比冯特（Wilhelm Wundt，1832—1920）于 1879 年在德国莱比锡大学建立的世界第一个正式的心理实验室还早两年。1876 年，詹姆斯任哈佛大学心理学助理教授。1878 年，詹姆斯和吉本斯（Alice Howe Gibbens）结婚，生了五个孩子，有一个儿子也叫亨利 · 詹姆斯（Henry James），因编选出版詹姆斯两卷本的书信集而出名。同年，威廉 · 詹姆斯与亨利 · 霍尔特公司出版社签定合同，着手编写《心理学原理》（*The Principles of Psychology*）。1880 年在哈佛大学任哲学副教授；1885 年升为教授；1889 年改为心理学教授。詹姆斯是美国心理学会的创始人之一，曾于 1894 年和 1904 年两度当选为该会主席。19 世纪 70 年代参加“形而上学俱乐部”，认识了皮尔士，并接受其影响，后一起建立了实用主义。

1890 年，詹姆斯原计划在两年内写完的《心理学原理》延迟了 12 年，终于以两卷本出版。该书出版后，他声称自己已说完了他关于心理学所知道的一切，又转向了哲学。1892 年，他把《心理学原理》改为《心理学简编》

(*Psychology: Briefer Course*)。这是当时美国大学采用最广的心理学教本。之后，他只整理过《对教师的讲话》(*Talks to Teachers on Psychology: and to Students on Some of Life's Ideals*) 和《宗教经验之种种》(*The Varieties of Religious Experience*) 这两本与心理学有关的书。前一本对美国的教育心理学和广大教师有影响；后一本书用常识和心理科学的事实讨论各种宗教经验。最后的20年，詹姆斯致力于哲学著述。先后出版了《信仰的意志和其他通俗哲学论文》(*The Will to Believe and Other Essays in Popular Philophy*)、《实用主义：旧的思维方法之新名称》(*Pragmatism: A New Name for Some Old Ways of Thinking*)、《真理的意义："实用主义"续编》(*The Meaning of Truth: A Sequel to "Pragmatism"*)、《多元的宇宙》(*A Pluralistic Universe*)、《彻底经验主义论文集》(*Essays in Radical Empiricism*) 等。在这期间，他曾于1898年到加利福尼亚大学讲授哲学，系统地阐述了实用主义理论；1906年到斯坦福大学讲学。1898年，詹姆斯登上阿第伦达克山，花了13个小时，心脏严重受损，以后身体状况越来越差，但仍坚持撰写哲学著作。1910年他最后一次从欧洲旅行回国后两天便逝世，与他的弟弟亨利同葬于美国剑桥市的公墓中。

按照英国哲学家罗素的看法，威廉·詹姆斯阐述实用主义理论的主要论著是《信仰的意志和其他通俗哲学论文》及其内容的扩充《实用主义：旧的思维方法之新名称》《彻底经验主义论文集》。在詹姆斯众多的哲学遗产中，最引人注目也最引起争议的是他关于真理的阐述："'它是有用的，因为它是真的'；或者说，'它是真的，因为它是有用的'。"他的这一学说受到了许多过于简单化的误解和轻视。实际上，詹姆斯理论的核心在于探索真理的实际生成过程。在他那里，真理与善，并不是有所区别有所对等的范畴，真理是善的一种，凡是在信仰上证明本身是善的东西，并且因为某些明确的和可指定的理由也是善的东西，我们就管它叫作真的。如果"真理"没有价值，我们也就不会有信念去追寻"真理"了。他的这种实用主义真理观影响深远，成为当代后结构主义理论中新实用主义的重要思想资源。

二、实用主义

詹姆斯在《信仰的意志和其他通俗哲学论文》中自认为他的实用主义哲学思想得益于皮尔士。皮尔士用“实用主义”这个词来指实验性的、以经验为依据的思想。詹姆斯的实用主义是用更为明确的符号来说明某种符号，借以克服语言概念的混乱。1907 年，詹姆斯出版了《实用主义：旧的思维方法之新名称》，扩展了皮尔士的实用主义，使之更加体系化。詹姆斯的实用主义主要从心理学和伦理学上考察价值、评价和满意等问题。他认为思维的主要功能是帮助我们建立“同我们的环境之间令人满意的关系”，因而人总是按照自己的需要和愿望来塑造现实的特点。这种看法和他在《心理学原理》一书中表现的非理智主义的观点是一脉相承的。他还认为“真理是人们在经验过程中构成的”一个概念，如果能用它很顺利地从一部分经验转移到另一部分经验，将事物美满地联系起来，很稳妥地工作起来，而且能够简化劳动，节省劳动，那么这个概念就是真的。“真理就是任何证明自己在实现信仰中有效的东西的名称。”他不仅把实际结果作为判断真理的经验的工具，认为“有用就是真理”，而且把它推广到说明善的道德领域中，用有利于道德行为的实际结果多元性给善下定义。他甚至用这种实用主义观点来为宗教信仰辩护。他说道，根据实用主义原则，只要关于上帝的假设在最广泛的意义上能令人满意地起作用，那么这个假设便是真的。詹姆斯还把实用主义看作一种“不讲原则，只讲效果”的方法论，他说，实用主义的方法不是什么特别的结果，而不过是一种确定方向的态度。这个态度不是去看最先的东西——原则、范畴和必需的假定，而是去看最后的东西——收获、效果和事实。他认为许多原则的争论都不是效果争论，因而是多余的和没有意义的，想以此来取消唯物主义和唯心主义的原则争论。

1908 年，詹姆斯在牛津大学的曼彻斯特学院讲演，翌年，把讲演稿编成《多元的宇宙》出版，在这本书里，进一步发展了他在《宗教经验之种种》一书中提出的真理的标准。他认为无论是知识、真理还是意义，都应解释为一种自然的过程或一种功能的混合物。在他看来，宇宙是以如此众多的特殊和具体的方式联系在一起的非永恒过程的多元体，不可能只用抽象的思辨加以解释。1912 年，詹姆斯又出版了《彻底经验主义论文集》，主张宇宙的本原是“纯粹经验”。他说道，世界只有一种本原，一切事物都由它构成，那就是“纯粹经验”。他认为具有各种规定性的万物只是人们对“纯粹经验”或“混沌的意识流”加工改造的结果。在《心理学原理》中，他也说过，经验乃是我们所注意的东西，在世界上总有无数的事项呈现于我们的感官之前，但是只要我们对它们没有兴趣，它们就丝毫不能进入我们的经验之中，我们的经验乃是我们所注意的东西。又进一步说道，实在就是我们所注意的东西，一切实在的基础和起源，不管从绝对观点或者实践的观点来看，都是主观的，是我们自己的。如果把他的“纯粹经验”和他在《心理学原理》中表现的上述观点联系起来，就不难看出詹姆斯纯粹经验论实际上是把经验主观唯心化了。

詹姆斯的人格是复杂的。他虽然深信经验是思想的出发点和最后的证明，但他并不反对理论思辨。在决定论和自由意志论问题上，他倾向于自由意志论，十分重视意志和注意的作用，但他也承认决定论是简化各种纷繁复杂的宇宙现象的便利手段；理智虽然有一定的限度，但仍是对付环境的许多方法之一。他具有独立思考的精神和丰富的想象力，却十分重视吸收前人和外国人的研究成果，如实地阐述别人的理论，而且善于聆听各种不同的观点。E. 海德布雷德（Edna Heidbreder）在她的《七种心理学》（*Seven Psychologies*）一书中指出，正如人们常说的那样，詹姆斯往往能够把他的论敌的立场阐述得比论敌本人所讲的更加清楚，然后再加以反驳。他主修自然科学和医学，但他同时博览法国、德国和美国的文学名著，有很高的文学修养；他的文章风格十分引人入胜。当时美国许多不是必修心理学的学生也喜欢他的书。据说有人到图书馆来借他写的书，管理人员略带风趣地问：“你是想借写小说的心理学家詹姆斯的书，还是想借写心理学的小说家詹姆斯的书？”詹姆斯是美国机能心理学的先驱，但他既不是学派的创建者，也不想组织学派；他在美国自创心理实验室，却声称，“我生来就不喜欢实验工作”。他善于启发学生思考，却不要求他们照他的意思去思想。在他致力于心理学著述和教学时，他是哲学教授；在他转而从事哲学著作时，却当心理学教授。他的《心理学原理》出版后，多次重印，被译成法文、德文、意大利文和俄文。当举世为他的这本书喝彩时，他却在给他的出版商的一封信中说，他的这本书是“令人作呕的、膨胀的、臃肿的、浮泛的一堆资料，它不过是证明两件事情：第一，没有什么科学心理学这样一种东西；第二，威廉·詹姆斯是一个无能的人”。

三、实用主义的真理观

詹姆斯把传统理智主义代表人物布拉德雷认为的真理是与实在相符合的观念作为自己的出发点，但并不满足于此。他首先指出，实用主义者和理智主义者都认为，真理意味着观念和实在的“符合”，是我们某些观念的一种性质，虚假则意味着与“实在”不符合。然而不同的是，实用主义要进一步追问“符合”（agreement）和“实在”（reality）的准确含义是什么。传统哲学家们在谈到“符合”的标准时，把经验的证实看作是首要的，但对于什么才是“证实”，哲学家们的回答则是含混不清的。詹姆斯并不反对“符合”的观点，但他更关心的是大脑揭示真理的具体操作过程，即揭示真理是如何成为真理的，它是怎样得到我们青睐的。

在詹姆斯看来，与“实在”相“符合”的最简单形式是对“实在”的直接临摹。然而，在很多情形之下要复杂得多，因为我们往往无法用直接证实来检验我们认识的真理性。对于大部分现实来说，特别是对于那些无法用视觉直接把握的“实在”的各种关系来说，我们的观念只能是符号而不是临摹。这样，“符合”只能间接地去把握。对此詹姆斯说道，所谓与实在“相符合”，只能意味着我们被一直引导到“实在”，或到“实在”的周围，或与“实在”发生实际的接触，因而处理“实在”或处理与它相关的事物比与“实在”不符合时要更好一些，不论在理智上或在实际上都要更好一些！虽然，摹写“实在”是与“实在”符合的一个很重要的方法，但绝不是主要的方法，而被引导的过程才是主要的事。任何观念，只要有助于我们在理智上或实际上处理“实在”或附属于“实在”的事物，只要不使我们的前进受挫折，只要使我们的生活在实际上适合并适应“实在”的整个环境，这个观念就以间接的方式被证实与“实在”相“符合”。在我们的实际生活中，大部分的真理是被间接证实的。詹姆斯举例说，我们可能从未去过日本，但仍然能说它存在。那是因为我们所知道的一切都与这一信念相符合，没有什么与它相矛盾，也就是说，它能引导我们顺利地与我们的其他生活经验相衔接。再如，我们设想某个东西为钟表，因为能用它来规范我们的工作时间。在他那里，间接的证实之所以可靠，有两个原因：第一，间接证实必须以直接证实为基础，人们可以相互接受或交换彼此对事物的证实，我的间接证实是以他人的直接证实为基础的。第二，所有的事物都是以类的方式而不是以单个的方式存在的，因此，在证实了其中的某一个之后，不必逐个验证同一类中的其他事物。

真理的间接证实有两个外在特征，即“方便”和“与已有真理的协调”。这里所谓的方便是指，作为真理，必须对于我们当下的实际生活有价值，必须能帮助我们顺利地与环境相协调，或者，用詹姆斯的话说，它必须是有用的。将“真”与“方便”或“有用”相等同，是詹姆斯不同于前人的地方，也是他的“阿基里斯之踵”，它招来了无数的攻击之箭。詹姆斯认为，“真的”不过是有关我们的思想的一种方便方法，正如“对的”不过是有关我们的行为的一种方便方法一样，这里的方便是指在长远的和总的方面的方便而言。大多数攻击詹姆斯的人都认为，他主张真理完全是主观任意的，如果相信 A 的结果对某人有好处，那么 A 就是真的。例如，罗素就认为此学说有很大的理智上的困难，它认为如果某一个信念效果是好的，这个信念就是“真”的。这样的观点很有代表性，但忽视了詹姆斯所说的“简言之”。詹姆斯从来没有抽象地说某观念是真的或假的，而总是说“就这一方面”或“就这一点”而言，某观念是真的或假的，这并不是对某观念的终审判定，而且，就某观念的同一方面而言，也同样会因时空的不同或实践需要的不同而真假不同。当他说A是方便的故A是真的时，他并没有判定A的终极真理性，他只是说明了A在这一点上是真的，只是“简言之”地说A是真的。另外，詹姆斯这里所陈述的只是真理的外在特征，并不是对真理下定义。真理的定义或性质是它与“实在”的“符合”，并且这种符合必须是人所能够把握的，“真理是我们某些观念的一种性质，它意味着观念与实在的符合……”詹姆斯并没有把有用当作真理的性质，“真”只是任何开始证实过程的观念的名称，“有用”是它在经验里完成了的作用的名称，我们只能通过真理在经验中作用的完成，才能把握真理。

然而，詹姆斯也曾说过，“它是有用的，因为它是真的”，或者说，“它是真的，因为它是有用的”，这两句话的意思是一样的。在大部分读者看来，这段话，尤其是它的后半部分，明显地将有用等同于真理，是十分荒谬的。这段话似乎为别人的误解提供了根据，然而，詹姆斯是在谈“额外真理”时说的这番话。他认为，我们有很多真理，关涉到各不相同的对象，如关于数学的，关于历史的，关于生物的，等等。由于我们只能活动在特定的时空中，与我们有关的真理只是我们所掌握的真理的一小部分，其他大部分则暂时储存在我们记忆的冷库中。几乎任何对象都有可能在某一时刻暂时变得重要起来，所以这些额外真理的储存是十分有必要的。并且，一旦这种额外真理对我们任何临时紧急事件在实践中变得适用时，它就离开了那冷藏库，跑到世界上来起作用，而我们对它的信念也就变得活跃起来了。因此，可以这样解释这个额外真理，“它是有用的，因为它是真的”，或者说，“它是真的，因为它是有用的”。可见，对詹姆斯来说，“额外真理”和“真”是两码事。一个人可以有很多的额外真理，只有在一个具体的参照系中，在一个具体的活动场景中，才能判定哪些是“真”的，也就是说，只有那些对我们当下活动有用的，我们才把它们叫作“真”的，所以，对额外真理来说，“它是真的，因为它是有用的”。詹姆斯曾举过一个通俗而又深刻的例子：如果你问我现在几点钟，我的答复是，我住欧文街95号，在这里，我的答复可能的确是真的，但是你感觉不到我有什么责任要这样回答。这样的回答之不切实际，和一个假的地址完全一样。因此，额外真理如果不和人的当下活动相契合，如果不能为我们带来具体的方便，我们就不会认为它和假有什么有意义的区别。

真理的另一个重要外在特征是“与已有真理（或信念）相协调”。一个真理，必须既能通过经验的检验，也能通过先前的旧的信念的认可。旧的信念或真理构成了我们处理新事物的理论框架和出发点，也是我们的兴趣和价值取向之所在。詹姆斯指出，作为真观念的新观念，保存着较旧的一套真理，极少改变；它只是把旧真理稍加引申，使之能容纳新的经验，……新真理将旧看法和新事实结合起来的方法总是使它表现出最小限度的抵触和最大限度的连续。真理大部分是用先前的真理所造成的，而人的信念在任何时候都是许多积累起来的经验。他认为，每个人都有许多额外真理或信念，当遭遇新的境况时会用旧的信念来处理新的经验，如果出现大的矛盾时，他首先会产生惊诧，继而通过修改原先的信念以摆脱矛盾，他将尽可能地保留原先的信念或真理，尽可能地将新观念嫁接在旧真理上。新观念实际上是旧真理与新经验的中和，它最大限度地巧妙而又方便地衔接了二者。因此，一个新真理的产生，必定是两方面合力的结果。旧信念的作用则是为新真理定型和导向。

詹姆斯把真理的特征归结为对人有用以及与人的已有的信念相协调，这就把价值引入了真理的发生过程，从而在真理与人的价值取向之间搭设了一座联结彼此的桥梁。从柏拉图以来，传统西方哲学在谈真理问题时，通常倾向于认为真理是纯客观的，是与人的价值取向不相干的。而詹姆斯反对这种看法，他坚持认为我们不可能谈论所谓纯粹客观真理，因为，如果说真理是纯粹客观的，那么在它建立之中，结合旧经验与新经验而给予人的满足的这种功能不起作用，这种客观真理是哪里也找不到的。他对真理的本质主义的分析不感兴趣，很少谈论所谓“纯客观”的与对象的“符合”问题；他认为在认识的领域里，没有所谓纯客观的实在，没有所谓纯客观的事实，它渗透了人的主观性，渗透了人的价值取向。实用主义在他眼里主要是一种方法。

在詹姆斯眼里，我们相信某一事物为真的理由，也就是该事物之为真的理由；我们的兴趣、信念等是我们处理新经验的出发点和立足点，它们隐含在我们的选择中，制约着我们所提的问题。这种对真理客观性的否定，转而追求真理和价值的关系，是詹姆斯实用主义在后现代得以复兴的重要基础。詹姆斯明确地把价值引入真理的讨论，对新实用主义者产生了很大的影响，著名的新实用主义代表人物罗蒂对此就赞赏不已，他把事实与价值的统一看作是实用主义的一个重要特征并充分加以肯定。

按照詹姆斯所说，实用主义是没有任何偏见，没有阻碍性的教条，关于什么可以算作证据也没有严格的标准。它是完全温和的。它会容纳任何假设，它会考虑任何证据。也正因为如此，实用主义并不是一种固执于某种体系的哲学，并不是执意站在某种哲学立场上反对别的哲学，也不是要以一种封闭的关于世界的理论构造来代替以往的哲学体系。它既不像某些人所认为的那样是实证主义，也不像另一些人所认为的那样是唯心主义，但它提供了一种看待生活和世界的新的视角或方法，这同时也是看待以往各种派别哲学的一种新的方法。借助于这个方法，我们可能更清楚地彰显以往彼此对立的哲学立场，呈现它们之间的实际差异和彼此沟通之途，从而使似是而非的形而上学争执由此得以化解。也就是说，实用主义并不是要排斥以往的哲学甚至形而上学，也不是要超越于它们之上，而是植根于实践中，依据经验事实澄清以往的哲学和形而上学，为各个彼此封闭的哲学体系提供一个可以交往的通道。虽然不同的哲学派别可能彼此独立，互不通气，但它们都可以进入实用主义的通道。这种宽容性也是实用主义的重要特征。

由此，詹姆斯的实用主义真理观是一种实用论真理观，展现了现代哲学真理理论发展的一个新的方向和道路，它本质上是一种从行动效果来判定真理性质的理论，它把有用性、效用性视为真理的根本特性，作为自己真理观的核心和基点。皮尔士提出了以实际效果确定意义和真理的“效用原理”，开创了实用主义的哲学方向，而詹姆斯则进一步阐述了皮尔士的“效用原理”，我们“只需考虑它含有什么样可能的实际效果，即我们从它那里会得到什么感觉，我们必须做什么样的反应”。由此原理出发，詹姆斯指出实用主义实际上是一种通过实践的效果解释观念的方法。实用主义的方法，不是什么特别的结果，只不过是一种确定方向的态度。这个态度不是去看最先的事物、原则、“范畴”和假定是必需的东西，而是去看最后的事物、收获、效果和事实。詹姆斯还从皮尔士原理出发，提出思想由它在实际行动或操作中产生的后果确定其真假。行动的效果既确定思想的意义或价值，又检验思想的真伪，把真理与效果、有用等同起来。真理就是通过行动证实、生效和使之成功的过程。

把效用性作为真理的特征，实质上是以人此时此刻的主观好恶作为真理的标准，以“有用”“效用”公度一切。实用主义者们认为真理必须对人当下的实际活动有价值。观念的真假不取决于是否反映客观实在，而在于在内容上对个人、大家有效用，在形式上简单、方便、易于操作。由对个人有效用是真理，必然会导出对我们大家有效用即真理的观念。因为只有对我们中的每个人都有效用才会得到大家的信任和赞同，取得大家的一致认同。二者是一种相互递进关系，所以，从效用性到协同性是逻辑上的理论内在的必然转化。这样，从古典实用主义者谈论的效用到新实用主义者最终关心的在平等、自由、民主的氛围和环境中使更多的个人的目标得以实现，从而获得更多的人类幸福之间，也是有逻辑上的一致性的。

四、彻底的经验主义

实用主义和彻底经验主义是詹姆斯哲学思想的两个主要组成部分。不过，在很长一段时间里，人们都只知实用主义而不识彻底经验主义，但实际上，彻底经验主义才是詹姆斯整个哲学思想中最重要的部分。如果将彻底经验主义广义地理解为一种哲学态度，二者是完全一致的；如果将彻底经验主义狭义地理解为一种关于经验的学说，二者则是相互依赖的。一方面，实用主义作为一种方法和真理观，是彻底经验主义的应用；另一方面，彻底经验主义不仅是一种认识论更是一种世界观，它为整个实用主义理论提供了哲学基础。将彻底经验主义放在詹姆斯的整个思想体系来考量，可以发现它贯穿于詹姆斯整个思想体系，不论是 19 世纪 80 年代的心理学、90 年代的伦理和宗教学，还是 20 世纪头十年的哲学，无不渗透着经验主义的色彩。

詹姆斯认为，以往的哲学之所以分成唯物论与唯心论、经验论与唯理论，完全是由哲学家的气质的不同造成的。气质给人带来的偏见比任何客观前提所造成的偏见要强烈得多。他认为，唯理论与经验论各有片面性，现在需要一种结合两种哲学、具有调和精神的哲学。实用主义是可以满足这两种要求的哲学。它既能像理性主义一样，含有宗教性，但同时又像经验主义一样，能保持和事实最密切的关系。所以，实用主义是“思想方法上所需要的中间的、调和的路线”，是“和事佬”，他强调经验，后来干脆称自己的哲学是“彻底的经验主义”。

在他那里，“彻底的经验主义”首先是一个公准。他认为，在哲学家中间唯一可以展开辩论的东西是可以用经验中抽出来的事项来说明的东西，凡不具有经验性质的东西，不能成为辩论中的材料。每个实体为大家所知道的是一组属性，这些属性为我们的实际经验形成了唯一兑现价值。詹姆斯所承认的实体，就是由经验组合的实体。其次，“彻底的经验主义”是关于“事实的陈述”，事物之间的关系同事物本身一样，都是属于直接个别经验的东西。他说，普通的经验主义不注意联结性的关系，不注意联结性关系同分离性关系，都表现为经验的对等部分，结果造成理性主义者用超经验的统一者、实体、理智的范畴或自我，来矫正各种不连贯性。如果经验自身是彻底的，就无须用经验之外某个东西来说明经验的联结了，它自身就是具有连续性的结构，因此，人们用不着走出经验本身的网络，就可以说明经验的连续性。再次，经验是唯一的“实在”。“实在”有三个要素：一是一个极端混乱的纯经验，它是给我们提出问题的；二是一套久已印入我们的意识结构的，几乎不可能改变的基本范畴，它是为一切答案圈定了大致范围的；三是以最符合我们当前需要的形式给我们具体答案的。经验作为一个整体，是自足的

(self-containing)。他认为，主体与客体、被表现的与表现的、事物与思维，都是实践上的区别。这种区别固然十分重要，但它们仅仅属于职能的范围，并不属于本体的范围，它们不是根本异质的，都是由经验材料做成的。“纯粹经验”是最原始的存在，它的最主要特性是具有连续性，在它还没有成为任何的确定的什么时，它已准备成为一切种类的什么，它充满着一，同时也充满着多。经验的各个部分靠着关系而连成一体，而这些关系本身也就是经验的组成部分。总之，我们所直接知觉的宇宙并不需要任何外来的、超验的、联系的支持，它本身就有一个连续不断的结构。

第三节　经验、知识与社会——实用主义的集大成者杜威

约翰·杜威（John Dewey，1859—1952），美国著名哲学家、教育家，实用主义哲学的创始人之一，功能心理学的先驱，美国进步主义教育运动的代表。他不仅是 20 世纪的一位哲学家、教育家、心理学家，而且在美国国内，也是一位积极推动社会改革，倡言民主政治理想的所谓自由主义派人士，同时也是一位致力于民主主义教育思想的实践者。19 世纪流行的是殖民时期沿袭下来的旧教育，再加上 19 世纪后期从德国传入的赫尔巴特教学方法逐渐刻板化，使得当时的学校陈陈相因，缺乏生气。杜威是当时传统教育的改造者，是新教育的拓荒者，他提倡从儿童的天性出发，促进儿童的个性发展。

一、人生与哲学

1859 年 10 月 20 日，杜威出生在一个中产社会阶级的杂货商家中。他

的家乡在新英格兰的佛蒙特州的柏林顿（Burlington），柏林顿市人口近一万五千人，其中约半数为本地人，半数来自爱尔兰和魁北克。本地出生的人包括在佛蒙特州或新英格兰其他地方居住很久的盎格鲁－撒克逊中产阶级新教徒家庭的后裔。这里，人民娴习于自治，崇尚自由，笃信民主制度，可以说是新英格兰殖民区的传统精神的体现，杜威就是在这样一个群体的传统中成长起来的。

杜威小的时候有点儿害羞，并不是很聪明的小孩，不过他很喜欢看书，好学深思，是大家公认的书虫。他 15 岁从柏林顿当地的中学毕业之后，就进入当地的佛蒙特大学就读。在大学期间，前两年杜威修过希腊文、拉丁文、西洋古代史、解析几何及微积分，大三开始涉猎自然科学的课程，包括地质学、动物学、进化理论；他尤其从当时英国生物学家赫胥黎的生理学教本中，获得不少的启示，特别是关于进化的理论、生物与环境的理论，每每都使他激动不已。大四时，他才更为广泛地接触到人类智慧的领域；当时讲课的以哲学传授为主的泰锐（H.A.P.Torrey）教授，他对杜威初期哲学思想的探究颇有帮助。

1879 年，杜威大学毕业，开始了他一直想要从事的教职工作，并且继续研读哲学史，这时他认识了哈锐士（W.T.Harris）教授。哈锐士是 1880 年以后美国仅有的一本哲学杂志《思辨哲学》的主编，受德国哲学的影响颇深，是黑格尔的信徒。1882 年，先后交给哈锐士三篇论文，论文的组织及系统化的技巧很好，虽然并不以内容见长，但都被刊登在全国唯一哲学学术论文的杂志上，对杜威来说，是一个相当大的鼓舞。1882 年，杜威进入约翰霍普金斯大学学习，当时，校长吉尔曼聘请了不少哲学上卓有成就的学者，并且他本人对每一位研究生的学习也都时时给予指导。上课时采取讨论的方法，富于思辨的气息，注重自由运思的精神，不受传统思想的约束，举行公开的辩论，这些都使杜威有发展哲学间接的机会与环境。1884 年，杜威拿到博士学位。

杜威在 1884—1888 年，1890—1894 年在美国密歇根大学，1889 年在明尼苏达大学教授哲学，1886 年出版了第一本美日心理学教科书，在当时很受欢迎。他在 1894—1904 年在芝加哥大学任哲学系、心理学系和教育系主任，1902—1904 年还兼任该校教育学院院长，这十年是他对心理学有重大影响的时期。在这里，他和他的妻子创立了闻名遐迩的实验小学，并从心理发展的角度，来勾画出教育的各项理论，反对传统的灌输和机械训练的教育方法，主张从实践中学习，提出“教育即生活”“学校即社会”的口号。其教育理论强调个人的发展、对外界事物的理解以及通过实验获得知识，影响很大，1904 年，他因实验学校的归并问题而辞职。之后，1904—1930 年他在纽约哥伦比亚大学哲学系兼任教授，这是他的教学生涯中最长的一段时期，在那里他不再研究心理学，而只是把心理学应用到教育和哲学方面，宣扬他的实用主义哲学和教育学思想。其间由于接触外籍学生的缘故，他的教育思想能够传播到世界其他地方。伟野教授是一位日本的留美学生，曾受教于杜威，获得博士学位后返回日本，担任东京帝国大学教授，促成了 1918 年杜威在该校的讲学。我国学人蒋梦麟先生也曾在美国受教于杜威，就近邀请杜威于日本讲学完毕之后来华讲学。1919 年，杜威曾先后在北京、南京、杭州、上海、广州等地讲学，由胡适先生担任讲学的翻译，把民主与科学的思想直接播种在了中国。1928 年，杜威曾经去了苏联，并到过土耳其，协助土国教育之改革；又到过南非、墨西哥等地。杜威在哥伦比亚大学任教 26 年才退休，退休之后仍从事创作，并热心于民本主义之阐扬。

杜威是一个比较倾向于自由派的教育家，不愿意向权威低头，在他的鼓励下，美国大学教师于 1914 年组织了全美大学教授联合会，四年之后又在纽约组织了教师联合会，作为维护教师权益的一个有力组织，不仅消极地维护了教师的权利，而且积极地争取教育专业化的实现。他曾在 87 岁时再婚，与人合著的《认知与所知》在他 90 岁的时候出版，一生孜孜不倦的为学精神令人敬佩。93 岁时（1952 年）他因肺炎去世，当时身体并不孱弱，心智情况尚佳。

二、经验与知识

杜威所使用的“实用主义”、“实验主义”、“工具主义”或“经验的实验主义”等哲学名词，基本上都是同义的，其中心概念就是“经验”。实用主义者认为世界上最根本的东西是纯粹的经验，正如 B.H. 列宁所指出的，“它宣扬经验而且仅仅宣扬经验……”由此，对“经验”的概念加以辨识，是了解杜威哲学理论的必经之路。经验与历程是杜威哲学思想上的两个基本的概念，在哲学见解上，他早期虽然承袭了黑格尔的部分思想，但是由于生物学及生物学上的进化理论对他早期思想的一番冲击，在他一篇《从绝对主义到实验主义》的论文中，已经剖析了他思想改变的来龙去脉，说明他何以舍弃了 19 世纪德国黑格尔派的绝对主义。在杜威的哲学思想中，他并不赞成观念完全是一个固定不变的静态的说法；观念自身并不是绝对的，杜威把观念看作可易的、动态的、具有工具性的指导效能，从而使人更能适应外在的环境。

跟传统的经验论相比，杜威对“经验”一词的理解有很大不同，他所谓的经验，并不完全像一般经验主义者所强调的“纯粹是指个人的认知”，而是抛弃了一般哲学家所误认的“经验是认知的形式”。在杜威那里，经验的内涵，除了认知的意义以外，还有其他的性质在内，诸如我们感受到的喜悦、苦痛、作为等。经验是表现在环境中，对某一情境的整体反应。就如同我们送一个至亲好友离国远行，我们这一情境的经验感受，不仅仅止于认知到好友的远行，我们的经验里，还包括了许多感受与情愫，以及送行过程中的种种行为，这些经验特质，并没有为一般哲学家注意。因此，杜威对经验的含义，附上了生物与环境的色彩。

由此，在杜威看来，经验是一个单一、动态而完整的有机整体。经验并不是可以割裂的，而是相联的，不仅与产生经验的情境相联，而且，经验自身就是一个绵延不绝的发展历程。在发生的先后顺序上经验也是相联的，不仅是相联，而且是继续不断地成长。这种经验的含义，乃是因为杜威认为个体是存在于环境之中，是对环境加以作为（doing）；而环境对于个体所加之作为会有所反应，这种反应，杜威称之为“施为”（undergoing）。人类在改造环境，或者主动地适应环境时，对环境有所作为，例如筑堤开渠；人类对环境有所作为的同时，环境也为我们提供了可耕之田，或增加收获，这就是环境对我们的施为。在作为与施为之间的交互活动，就是我们的经验所产生的来源。经验不只是纵横相连，绵延发展，而且本身是具有扩张性、生长性、相关性与预测性的。例如，我们对水的经验，是随着我们接触水的各种情境而有所不同。水的概念，是从与水的各种交互行动中得知的，这些交互行动，有的是直接参与其中，有的是直接获得，这就是经验的变动性。总之，杜威认为经验是有机体和环境相互作用的结果。所谓相互作用，是说有机体不仅被动地适应环境，而且对环境起作用，其作用对环境所造成的变化又反过来对人的机体及其活动起反作用。在行动和遭遇之间的这种密切联系，就形成了所谓的“经验”。

可见，杜威对经验的界定，不完全是从哲学的观点出发的，他同时也把生物学的含义，渗入到了经验里。从生物与环境的相互作用中说明经验应该是多元性的，即产生经验的情境、内容、关系，都是来自生活，是个人经验生活的一个单元。其次，杜威也把他的工具哲学（instrumentalism）的知识论看法带入到了经验之中，即经验是工具性的。这样，经验自身并不就是价值的所在，经验之所以可贵，就在于能够为我们解决生活上的实际问题。从生活的本质上，来增进人类的生活经验，为人类提供更进一步、更有效的与自然直接交往的根据。

“历程”（process）也是杜威哲学中的一个重要概念。从生物的演变来看，个体是在一个发展的历程中，从发展本身来看，生物个体的发展就是它自身的目的，而历程是发展的各个阶段之延续性的结合。杜威认为，传统上，我们说到一个名词，往往会认为名词自身是固定的，然而，从一个变动的历程上来看，每个名词实际上是一种活动的过程。例如，“健康”并不是一个静态的、固定的名词，而是具有发展与变动成分的名词，我们要健康，就要从事各种活动，诸如健康检查，熟读有关健康的书籍，培养与健康有关的各种习惯，实践各种健康的活动，摄取营养的食物，选购食物，等等，这些都是活动，是一个历程，并不只是一个静止的、认知的健康名词而已。它实际上串连成了一个发展的历程，我们对健康的认知与理解，应该掌握它动态的历程或各种活动，才更能落实且具体。

从杜威哲学思想中“经验”与“历程”两个基本概念出发，他对于知识的看法，自然沦为工具主义的解释。他反对传统上对知识的“旁观论”（the spectator theory of knowledge）的说法，“知识是认识主体对外在事物正确把握后形成的信念”，即我们获取的知识本身完全是客观性的外界存在物，从而可以脱离认知者。杜威认为，如果从这种“旁观论”的观点而论，知识就好像是置身于认知者之外，而知识本身是绝对地客观存在着，这种说法完全忽视了认知者与知识之间的关系，无视知识与认知者之间产生的相互作为。从生物的角度来看，生活本身就是一个充满了冲突、疑虑、不安、不确定的情境。个体设身处地于这样的情境之中，自然希望用认知来祛除不安、疑虑、冲突，而使该情境趋向于确定与和谐。这就是个体认知的由来以及我们探究知识产生的原因，因此，知识只是解决这些疑虑问题的一种工具而已。由此，知识必然从个体对某一情境所引起的疑惑，或者从实际的、偶然的作为中产生。在杜威看来，我们获得知识有以下几个逻辑步骤：知识首先来自一个不确定的情境。在这个情境中，个体内心能够感觉出一种亟待解答的困惑，心情紧张，亟欲知晓实际的情形。从对困难情境的感受上，个体亟欲确定此困难情境是什么，以便厘清与该困难问题不相连的各项事务，之后才能确立一个可资解释的假设来。然后，根据这个假设，再拟订一个可能的解决途径，据此途径决定可以采取的方法或步骤。最后试验这些方法或步骤的可行性及其预期的结果。

然而，知识虽然是逻辑运思的预期结果，但并不是运思探究的终极目的，并不是说，在获得知识之后，探究就完全终止了。知识的工具效能，就在于我们已经拥有的知识是以后再获取进一步知识的一种工具。知识是个体与环境的情境交互作用的结果，不同的情境会产生出不同的结果，知识并不是一个预先建立的绝对真理，它只能作为一种参考，无法完全适应任何一种情境之内。也因此，在知识范畴之下的观念、规则、规范等，只能作为有限的、条件性的确定，而不能视为一成不变解决问题的固定方式。

杜威认为知识的基本性质是有用性。而所谓知识对世界有用，并不是指对已经过去的事情有用，虽然就这件事情的性质来说，这是不成问题的，而是指对仍在进行的事情有用，对仍未解决的事情有用，对我们牵连在内的情景有用。知识的有用性是相对于现在与未来而言的，我们不能把知识看作本身完成的东西，而不顾它在对待未来的事情方面是否有用。例如，一个医生从书本或别人那里学到的东西，对他来说还不是知识，只有当他运用这些东西提出办法来解决现在面临的困难或运用知识发现事物间的联系，预见它们可能出现的未来，并相应地做出计划时才是知识。由此，知识的有用性是在活动或行为中体现出来的，这里的有用性包含了知识的实践性。而活动或行为的过程只是表现知识有用性的途径之一，我们做某事时之所以运用知识是因为知识对我们有用。

关于怎样使用知识，杜威认为，知识的作用是要使一个经验能自由地用于其他经验，即是说，我们应该自由地使用知识。“自由”则是指在环境发生变化，新旧情景不一致时，我们运用知识预见未来的变化，具体问题具体分析，使自己的行为适应新的环境。也就是说，知识的有用性是在具体的情境下进行的。知识的情境是表现知识有用性的场景。此外，知识的有用性还具有道德的含义。例如，一个撬开保险箱的盗贼，他的开锁知识和一个专门开锁匠的知识从为他们解决各自的困难方面来讲似乎都是有用的，但他们所拥有的开锁知识的性质是不同的，因为他们的这种知识和不同的目的联系起来，具有不同的含义，盗贼在运用开锁知识的作用时，是不道德的，他的目的是为自己的私利破坏别人的财产。

可见，在杜威看来，知识，就是认识一个事物和各方面的联系，这些联系决定知识能否适用于特定的环境。他心目中理想的知识，是一个相互联系的网络。知识包括知识内容和知识关联等。知识的内容是已经发生的、完成的东西，因而是稳定和肯定的东西。但知识的关联是未来或前瞻的，因为知识把还在进行中的事情和应该做的事情即还没有发生的未来的事情通过提供了解或给予意义的手段联系起来。我们要用联系的观点认识知识，那种认为有关世界过去的知识无助于预见世界的未来和了解世界的未来意义，忽视了知识间关联的认识是有缺陷的。如果学校里学生获得的知识和学生的经验之间是缺少有效联系的话，学生获得的知识就不是真知识。学生从书本中学到的东西，对于那些发现它并将其运用到自己经验中的人来说是知识，但对于学生来说，没有东西使它成为知识。除非这些东西在学生的生活中产生了效果，使它们与学生的活动产生联系，它们对学生来说才是知识。而那些“脱离深思熟虑的行动的知识是死的知识，是毁坏心智的沉重的负担”，强调知识和活动之间有着内在联系，如果一味强调对知识本身的学习，而忽视了运用知识以解决生活中的问题或冲突，使其知识和活动发生了分离，则会阻碍学生的发展。

三、教育与社会

杜威的教育思想形成于19世纪末20世纪初，当时美国在经历了南北战争之后，正处于扩张和大发展的时期。由于生产和资本的高度集中，实验科学和工业技术的最新成就以及海外市场的开辟等，美国的经济迅速地从自由竞争过渡到垄断资本主义的阶段。可是，美国工人所受的剥削更加残酷，城市和农村生活激烈变化和严重失调，周期性的经济危机不断出现，因此，阶级分化和阶级矛盾愈益加深。与此同时，马克思主义广泛传播，美国工人运动日益高涨。无产阶级革命政党的建立和积极展开活动，构成了对美国垄断资产阶级的实际威胁。为了应付这种局面，杜威企图通过教育达到改良社会的目的，所以在他的教育理论中十分重视教育与社会的联系。

自19世纪上半期以来，美国公共教育虽然有了迅速的发展，但学校制度、课程设置和教学方法，还是继承欧洲大陆和英国旧学校的传统，形式主义的、呆板的教育仍占统治地位。传统的教育由于严重脱离社会实际生活，与当时美国社会的现实需要形成尖锐的矛盾，迅速发展的美国资本主义工业大生产既需要科技人员和实干家，更需要大批具有一定文化知识与技术，又能动手操作的工人。而这些人的培养，离不开教育。旧的教育若不改革，便不能满足这种越来越迫切的要求。另外，由于19世纪下半期美国的移民大量增加，移民中不少人不能读写任何文字，能说英语者不超过百分之十几，且都未能适应美国的社会生活，所以美国国会呼吁学校应成为“民族熔炉”，应在使移民美国化方面发挥作用。杜威对传统教育做了尖锐的批判，他的教育思想充分反映了美国社会的种种现实需要。

杜威的实用主义教育理论同时建立在他的实用主义哲学、社会政治理论以及心理学基础之上。首先，从实用主义思想出发，杜威结合自己对学校教育工作的长期实验，具体加以应用，形成了一个实用主义教育思想体系。在杜威的哲学词汇中，“经验”是个中心概念。他宣称，他提出的哲学“既可以称为经验的自然主义，也可以称为自然主义的经验主义”。与传统的经验主义不同，杜威把生物学的概念引进哲学，认为经验是有机体和环境相互作用的统一的连续体。在这个统一的连续体里，经验和自然、人和环境、认识的主体和被认识的客体，是同一过程的两个侧面，它们相互作用着，相互连续起来，以至合而为一。这实质上是把自然消融在经验之中，根本否定客观世界离开经验而存在的独立性，不承认经验是对客观实在的反映。同时，杜威也不承认世界发展的客观规律，认为世界的本质是不可知的，只有“我”的经验存在。他的经验论强调经验的行动性，认为观念、知识、经验都是从行动中、从亲身经历中得来。他把这种经验论全部应用到教育上，反复强调“一切学习来自经验”。这种观点在教学论上的含义，就是要求改变传统课堂教学那种“静听”的方式，让学生通过自己的主动活动去获取知识。另外，在杜威看来，人的认识是一个不断变动的、未完成的、不确定的和有疑难的经验过程，疑难的情境激发人的思维，经验由此而生并成为改造和指导人活动的工具。这样，提供疑难情境、训练解决疑难问题的能力和批判性思维，便在杜威的学校教育计划中占有特别重要的地位。

其次，杜威的实用主义教育理论又是和他的社会政治理论紧密地结合在一起的，他比当时任何一个美国教育家更要求用一种新的教育来适应美国社会生活的改变。不难看出，贯穿在杜威教育理论中的一个主要思想是他的社会改良主义，他期望以合作的智慧的方法，逐步代替暴力冲突的方法，并坚持学校是社会进步和改革的最基本的和最有效的工具。在杜威看来，个人与社会是一个不可分割的有机体，而个人又总是存在于团体之中，但各种团体有着不同的目的、不同的成员、不同的生活、不同的规模和性质，因此，民主作为一种理想的社会生活方式，要求团体内部和团体之间全部形成一个有机的统一体，其中多数人有着共同的兴趣、目的，热心于共同的福利事业，相互间有同情心，能平等相待和谐共事。民主主义社会最需要教育，且为教育提供良好的条件和要求，要求教育使人获得有效地参与共同生活的经验，从而使每个人都有对于社会关系和社会控制的个人兴趣，都有能促进社会的变化而不致引起社会混乱的心理习惯。在杜威的教育论著中，到处可以看到围绕着这个中心所进行的讨论，目的是如何使学校对美国社会的各个方面，特别是对阶级关系起着调节作用。这种思想，成为杜威教育理论的一个根本出发点，即所谓杜威教育理论中的“社会方面”。

然后，从心理学方面出发，杜威采取了机能主义的观点。杜威在机能派心理学的形成中起过重要作用，他认为心理学的真正对象是研究在环境中发生作用的整个机体，心理学家所应关心的是有机体的整个协调作用，而协调作用是具有适应性和目的性的，是指向成功的，人正是通过与现实进行的生存斗争而取得进步的。因此，杜威把儿童看作和他们的环境相互联系、相互作用的积极而能动的机体，认为儿童学会适应环境并与社会成功合作的基本途径就是直接参与社会生活的各种活动，这就是教育的基本方式。从另一个侧面看，杜威又继承和发展了詹姆斯的本能论心理学说，把人的许多复杂的心理现象，甚至人的社会行为都归结为天赋的本能。杜威认为，儿童生来就潜存着四种本能，分别表现为四种活动：语言和社会的本能及其活动；制作的本能及其活动；研究和探索的本能及其活动；艺术的本能及其活动。他认为，教育应该尊重儿童的天性，即本能及其活动，教育的任务就在于为儿童本能的生长和儿童活动的开展创造条件。

在以上理论基础之上，杜威的教育思想独具特色。关于教育的本质，他认为"教育即生活""学校即社会"。杜威认为，从人类经验的传递和延续看，教育是社会继续存在的条件；从人类经验的交流看，教育是社会共同生活的基础，只有使教育与社会生活密切联系起来，教育才能发挥应有的作用。从他的社会学、哲学、心理学思想出发，杜威提出了"教育即生长"的观点，他说道，因为生长是生活的特征，所以教育就是生长，教育就是不问年龄大小，提供保证生长或充分生活条件的事业。生长的理想并不认为教育就是从内部将潜在的能力展开，或者教育是从外部进行塑造工作，生长的理想是说教育是经验的继续不断的改组和改造。而本能生长的过程表现为社会性的活动即生活，生活就是发展；不断发展、不断生长，就是生活，可以说"教育即生活"，教育是生活的过程，而不是将来生活的预备；最好的教育就是"从生活中学习、从经验中学习"，教育就是要给儿童提供保证生长或充分生活的条件。可见，在杜威那里，儿童的发展就是原始的本能生长的过程，教育不是把外面的东西强迫儿童去吸收，而是要使人类与生俱来的能力得以生长。也因此，教育过程在它自身以外无目的，教育的目的就在教育的过程之中，反对把从外面强加的目的作为儿童生长的正式目标。进而，杜威又提出"学校即社会"，他认为，既然教育是一种社会生活过程，那么学校就是社会生活的一种形式。学校应该"成为一个小型的社会，一个雏形的社会"。在学校里，应该把现实的社会生活简化到一个雏形的状态，应该呈现儿童现在的社会生活，从具体方面来说，学校本身必须是一种社会生活，具有社会生活的全部含义，而且校内学习应该与校外学习联结起来，两者之间应有自由的相互影响。但是，学校作为一种特殊的环境，应该具有三个比较重要的功能，那就是"简单和整理所要发展的倾向的各种因素；把现存的社会风俗纯化和理想化；创造一个比青少年任其自然时可能接触的更广阔、更美好的平衡的环境”。学校是社会生活的一种形式，是雏形的社会。由此可见，“教育即生长”“教育即经验的改造”“教育即生活”与“学校即社会”等提法，含义相同，互为表里，只是侧重点不同罢了。当他强调教育的社会方面时，即断言“教育即生活”“学校即社会”；当他强调教育的儿童方面时，即断言“教育即生长”；而“教育即经验的改造”则是两个方面的交叉。

关于教育的目的，杜威认为，教育当然要有社会目的，学校要培养出适合社会生活需要的人，这是教育的归宿点；但是这种对社会生活的适应是通过儿童按其有特点的发展（生长）而实现的，教育的目的不应排斥教育的出发点——儿童，正如两点成一线那样，要把教育的出发点和归宿点统一起来，综合考虑。他一直谋求在教育过程中使个人因素和社会因素协调起来，这种协调要求儿童能按照实现社会的目的来表现自己，确切地说，就是要“培养个人和别人共同生活和合作共事的能力”。杜威从儿童（心理）方面论述教育目的时提出，学习的目的和报酬，是继续不断生长的能力，而且在教育过程中要考虑儿童本能的或先天的能力，发展儿童应付新情境的首创精神，如果教育目的不顾受教育人的天赋才能则是错误的。在他那里，心理和社会的两个方面是有机地联系着的，心理的也是关于能力的，而只有认为个人是在社会关系中活动的，才能弄清它的目的、用途或功能，从而弄清能力究竟是什么，而要使儿童适应社会，唯一能给予他们的适应是充分发挥其能力而得到的适应，这是由于社会中的新发明、新机器、新的运输甚至人与人交往的方法，正在一年一年改变整个行动的面貌，教育儿童在一生中固定地在任何一个位置上是绝对不可能的了。基于这样的教育目的论，杜威又有所谓的“教育无目的”之说，这主要是在强调，不应该在教育过程之外强加一个目的，教育目的和教育过程是一致的，教育目的就在教育过程之中。教育过程是“经验的继续改造”，是一个又一个的“实际活动”或“主动作业”，教育的目的就在这些作业或活动之中。这里所说的“目的”是“活动里面的目的”，活动的目的乃是对活动的可能结果的预见。这样的“目的”实际上是指每一项具体教育活动的目的，杜威突出了儿童在确定具体教育活动的目的时的地位和作用，认为教育目的不能求诸于教育过程之外，只能求诸于教育过程本身，那也就是说，只能求之于教育活动过程的主体——儿童。在杜威学校中，儿童从事各种主动作业，自己设计、计划、组织自己的活动，对于儿童来讲，每个活动都是有目的的。教育历程本身已具发展个体禀赋的圆满的意义，教育的目标只是作为导向和指引。

关于教育的方法，杜威认为，教育的关键就是创造充分的条件让学习者去“经验”，而“经验”是一件“主动而又被动的”（active-passive）事情，本来不是“认识的”（cognitive）事情，他把经验当作主体和对象、有机体和环境之间的相互作用。他主张以这种进步的（progressive）教育方法使学习者从活动中学习，经验本身就是指学习主体与被认识的客体间互动的过程。他进一步认为，经验的价值如何，完全要看我们能否知觉经验所引出的关系，或前因后果的关联，并不是每一种经验都是有教育价值的，对经验过程逐渐形成的主体的诠释是关键所在。由此，杜威指出培养出学习者自习能力是教育的功用，他说道，教育功用的经验的另一方面，就是能增加指挥后来经验的能力，他把这种能力的培养称为“改造”，所以他又说“教育即改造”。

另外，杜威还比较关注平民与教育，是一个重视蓝领阶级利益和教养的思想家。但他不鼓动蓝领阶级去掀翻整个旧世界。他认为平民主义政治有两大条件：一是，一个社会的利益须由这个社会的所有成员共同享受；二是，个人与个人、团体与团体之间，须有圆满的自由的交互影响。在教育上，平民主义的教育也有两大条件：第一，须养成智能的个性（intellectual individuality）；第二，须养成共同活动的观念和习惯（co-operation inactivity）。“智能的个性”就是独立思想，独立观察，独立判断的能力。平民主义的教育的第一个条件，就是要使青年人能自己用他的思想能力，把经验得来的意思和观念一个个地实地证验，对于一切制度习俗都能存在一个疑问的态度，不要把耳朵当眼睛，不要把人家的思想糊里糊涂认作自己的思想。“共同活动”就是对于社会事业和群众关系的兴趣。平民主义的社会是一个股份公司，人人都有一份，不排斥某一部分人，所以平民主义的教育的第二个条件就是要使人人都有一种同力合作的天性，对于社会的生活和社会的管理都有浓厚的兴趣。这样就否定了把一部分社会成员打翻在地再踏上一只脚就能造成社会飞跃的进步逻辑。

在杜威教育理论中，思维习惯和能力的培养被提到极其重要的地位。他认为，思维是经验中智慧的表现，思维的过程一般包括五个步骤，即疑难的情境；确定疑难究竟在什么地方；提出解决问题的种种假设；推断每个步骤所含的结果，看哪个假设能够解决这个困难；进行试验，证实、驳斥或改正这个假设。思维的作用就是依据上述的步骤，将经验得到的模糊、疑难、矛盾、某种混乱的情况，转为一种清晰、连贯、确定、和谐的情况。他认为教师应当提供"经验的情境"，引导学生在参加各种活动的过程中，提出问题，解决问题，这就要求教师不能袖手旁观，保持沉默，而是要共同参与学生的活动，他要求各门课程的教学过程成为师生合作的相互作用的过程，成为师生两方面都是作为平等者和学习者共同参与的过程。教学的艺术是要使新问题的困难程度足以激发思想，或者由于提供新的因素，引起疑难，从而使学生得到启发，进行创造性的思维，以培养独立解决问题的能力。而以知识本身作为目的，过分重视知识材料的积累，对思维的发展只能起破坏的作用。

在学校与社会的关系问题上，杜威大体上继承了柏拉图以来的传统哲学，即把教育作为维护现实社会秩序的工具。他曾经在《我的教育信条》一书里指出，教育对社会意识的形成起着一种调节作用，是社会进步和社会改革的基本方法。他力图通过学校教育，维护社会制度，把民主和教育联系起来论述教育上的一切问题。在他看来，政治目的和教育理论是统一的、不可分割的，因此他一直谋求在教育过程中把个人因素和社会因素协调起来。他说过，与芝加哥实验学校开办以来许多参观者带回去的"儿童中心"的印象相反，实验学校把"教育的社会方面放在第一位"，在意图上是"社会中心"的，它的目的在于"把儿童看作社会的一员，使他能够理智地认识他的一切社会关系，并尽他的一份力量，以维护这些关系"，他还主张以"智慧的方法”来代替暴力冲突的方法，坚持应用自然科学的实验方法来解决社会问题。

结语

杜威是实用主义的集大成者。一位评论家说他是“实用主义神圣家族的家长”（M. 怀特）。如果说皮尔士创立了实用主义的方法，威廉·詹姆斯建立了实用主义的真理观，那么，杜威则建造了实用主义的理论大厦。他的著作很多，涉及科学、艺术、宗教伦理、政治、教育、社会学、历史学和经济学诸方面，使实用主义成为美国特有的文化现象。他的思想不仅形成了美国继实用主义之后而起的实验主义哲学体系，而且也是间接影响到新教育——所谓进步主义教育——实施与理论的一位教育哲学家。

第三章

法兰克福学派

第一节　时代的牛虻——法兰克福学派的理论旨趣

以批判理论著称的法兰克福学派是由德国法兰克福社会研究所的成员构成的学术团体，是现代西方哲学的重要流派之一。法兰克福学派不仅代表人物众多，著述丰富，涉猎的领域十分广泛，而且其主要代表人物的活动几乎涵盖了整个 20 世纪，可以断言，不研究和理解法兰克福学派的社会批判理论，就不可能十分全面和深刻地理解 20 世纪人类文化精神的演进。

法兰克福学派是时代的产物，是具体时代语境中的衍生物，或者说，它是 20 世纪变动不居的社会现实、德国厚重的批判文化传统和西方马克思主义、法兰克福学派兄弟之争所产生的学术张力等各方面因素化育出来的“资本主义世界的一个牛虻”。20 世纪是文化焦虑的时代，是充满悖论的时代。一方面，人类的精神力量、物质生产力和探索研发能力都在前所未有的程度上得到极大的发展；另一方面，人类又遇到了与人生存自我相关的、深层次的生存困境。这种焦虑与悖论表征的文化危机，“比起大规模的经济危机、两次世界大战、各种战争的冲突、体制变革与转换都更为深刻，因为它涉及人类生存和社会运行的合法性问题。”[1]法兰克福学派的批判理论就是在面对这种悖论、焦虑的时代病症进行反思性批判的理论话语，同时也是在批判与否定中寻求人类生存与社会发展的本真意义的合法性理论根基的诗性哲学话语，是批判和重建的统一。纵观法兰克福学派的历史，我们将深刻地感触到法兰克福学派对资本主义世界全面而深刻的“叮咬”，在他们的笔下，资本主义社会是“被管理的社会”（霍克海默和阿多尔诺）、“铁板一块的社会”（阿多尔诺）、“单面的社会”（马尔库塞）；同时，我们也会发现在批判的基础上，这些理论也构建了未来社会的理想蓝图，无论是早期对“启蒙”祛魅过程中的“再启蒙”，将艺术和审美领域看作“思想之精髓之所”（阿多尔诺），还是中后期，哈贝马斯在理想话语情景下构建的交往理性的乌托邦，都为未来社会的发展奠定了某种批判的规范基础，为我们走出时代的困境指明了某种前行的路标。

1930年，霍克海默接任法兰克福大学社会研究所的所长，从此开启了以社会批判理论著称的法兰克福学派的历史。1930—1949年，这是法兰克福学派的创立时期和早期，就他们活动的区域而言，这一时期主要是流亡美国时期。霍克海默在就任所长时所做的题为“社会哲学的现状和社会研究所的任务”的演说中明确提出，社会研究所的任务是建立一种社会哲学，它不满足于对资本主义社会进行经济学和历史学的实证性分析，而是以“整个人类全部物质文化和精神文化”为对象，揭示和阐释“作为社会成员的人的命运”，对整个资本主义社会进行总体性的哲学批判和社会学批判。霍克海默对批判理论的阐述始终是在同传统理论的对比之中进行的，他所说的传统理论主要是指以传统分工为前提、以分门别类形式进行科学研究的各种理论，这些理论的本质特征就是缺少对现存的超越维度和批判维度，表现为单纯的“知识理论”。与之相对，批判理论首先是一种批判现实的活动，是一种针对现存社会、超越传统分工的批判活动。关于批判理论的这一批判的本性，霍

[1] 衣俊卿：《20世纪：文化焦虑的时代》，《求是学刊》，2003年第3期，第10页。

克海默在《论哲学的社会功能》一文中又从另一个角度，即哲学的功能的角度进行了阐释。关于哲学的基本功能，马克思在《关于费尔巴哈的提纲》中有句名言："哲学家们只是在用不同的方式解释世界，问题在于改变世界。"[1]霍克海默在《论哲学的社会功能》一文中完全接受了马克思的上述观点，他明确把哲学的社会功能界定为对现存的批判，哲学的社会功能不在于对现实的认同，而在于对现实的超越。同时，为了防止"批判"的误用和对"批判"的误解，霍克海默还特别解释了哲学上的批判的含义，他认为，批判不在于简单的否定式谴责，而在于为人类的现存与未来之间建立起一种超越的维度，形成人类发展的内在自我意识。正如他所言："哲学的真正社会功能在于对流行的东西进行批判……这种批判的主要目的在于，防止人类在现存社会组织慢慢灌输给它的成员的观点和行为中迷失方向。必须让人类看到他的行为与其结果间的联系，看到他的特殊的存在和一般社会生活间的联系，看到他的日常谋划和他承认的伟大思想间的联系。"[2] 1950—1970年研究所重回德国时期，是法兰克福学派的黄金时代。霍克海默、阿多尔诺等人由美国回到联邦德国后，在法兰克福重建社会研究所，由霍克海默、阿多尔诺分任正副所长，不久，霍克海默就任法兰克福大学校长，研究所由阿多尔诺单独领导。在此期间，马尔库塞、弗洛姆等继续留在美国，他们的研究与在联邦德国的法兰克福学派成员遥相呼应。与此同时，一批年轻的理论家，如哈贝马斯、施密特等人开始崛起，成为法兰克福学派的第二代理论家。这一时期，法兰克福学派进一步发展了自己的社会批判理论，进一步强调辩证法的否定性和革命性，对发达工业社会进行全方位的批判，深刻揭示现代人的异化和现代社会的物化结构，特别是意识形态、技术理性、大众文化等异化的力量对人的束缚和统治，并制定了发达资本主义条件下的革命战略。法兰克福学派的激进的文化批判理论在20世纪60年代末席卷欧洲的学生和青年造反运动中获得极高的声誉，产生了十分巨大的影响。霍克海默、阿多尔

[1] 《马克思恩格斯选集》第一卷，人民出版社，1995年版，第57页。

[2] 霍克海默：《批判理论》，李小兵译，重庆出版社，1989年版，第250页。

诺、马尔库塞、弗洛姆、哈贝马斯等主要代表人物已成为十分著名、十分有影响的社会思想家。

从 20 世纪 70 年代起，法兰克福学派进入到了发展的晚期，这一时期，学派开始走向解体。解体的原因是多元的，主要是：一方面，法兰克福学派的第一代主要代表人物相继谢世；另一方面，法兰克福学派第二代的主要代表人物哈贝马斯和施密特之间存在很大的分歧，导致了法兰克福学派的解体。施密特和哈贝马斯的分歧主要表现在：施密特基本上延续了法兰克福学派老一代理论家的社会批判传统，认为法兰克福学派的批判理论在 20 世纪 70 年代的发达工业社会条件下依然有效；而哈贝马斯则强调社会批判理论缺少自己的规范性基础，缺少对自己理论的规范性反思，因此，他通过以兴趣为导向的认识论、批判解释学等对法兰克福学派的批判范式进行了修正，在此基础上提出了交往行为理论。由于思想路线上的分歧，最终也导致了组织上的解体。1969 年，哈贝马斯出任社会研究所的所长，但很快，由于与施密特之间关系的恶化，哈贝马斯于 1971 年退出社会研究所，1972 年施密特开始担任研究所所长，1983 年，哈贝马斯返回法兰克福大学任教。虽然社会研究所依然存在，但是法兰克福学派作为一个强有力的学派的历史基本上已经终结。当然，这并不意味着法兰克福学派的理论影响力已经退出了历史舞台。实际上，哈贝马斯等人作为单独的思想家依旧活跃于国际学术界，而且依旧在不同方向延续着法兰克福学派的理论影响力。特别是哈贝马斯，已经成为当今世界最有影响力的哲学家。哈贝马斯的成功也反映出这个时期，批判理论由对时代困境的思索逐渐转到为走出困境的规范建构上来。

20 世纪 90 年代直到现在，在哈贝马斯之后，法兰克福学派第三代和第四代代表人物也开始涌现，其中的代表人物如霍内特和南茜 · 弗雷泽。他们沿着法兰克福学派的理论传统，在继续对资本主义世界及当代社会批判的同时，也为诊断这个社会提出了新的病理学理论，表现出与以往不同的特色：其一，完成了后现代的转型，已经走向了多元文化主义的认同理论，为建立新型的多元民主而斗争，霍内特和弗雷泽的主要贡献就在于对多元文化主义强势背景下的西方民主的政治哲学思考，他们致力于建立“承认”的规范理论及其多元的正义构想，最终完成了社会批判理论的“政治伦理转向”；其二，保持了法兰克福学派文化批判传统，仍然强调社会领域的理性批判，当然，今天的批判是一种有别于传统的多元文化批判，有更高的政治宽容度和更激烈的文化否定性；其三，政治上保持了对资本主义不妥协的批判态度以及对民主的社会主义的价值追求。[1]

从上述可以看出，法兰克福学派是一个以批判的社会理论为基点和宗旨的学术理论团体，但是，不同成员在具体的研究方向和理论观点上并不完全一致，而是存在很多差异和理论分歧。因此，我们在这里不准备笼统地谈论法兰克福学派的理论建树，而是选择其中几个主要的论题和主要代表人物的观点分别加以论述，以便既全面又有重点的把握法兰克福学派的丰富思想。

第二节　时代的困境——法兰克福学派的社会批判理论

一、“技术万能”与作为“意识形态”的技术——法兰克福学派的技术理性批判

（一）《启蒙辩证法》与技术理性批判

霍克海默和阿多尔诺的《启蒙辩证法》是法兰克福学派的经典著作之一，“启蒙辩证法”这一概念成为技术理性批判的经典表述形式之一。技术理性批判是法兰克福学派文化批判的至关重要的批判视角，可以说是文化批判理论的核心，在某种意义上，法兰克福学派的意识形态批判、大众文化批

[1]　周穗明：《法兰克福学派的当代演进——布拉格“哲学与社会科学”2007年会议综述》，《国外社会科学》，2007年第5期，第91~94页。

判、心理机制和性格结构批判、现代性批判等主题都是以技术理性批判为核心和基础的。

1. 技术理性主义的由来和困境

西方的文化起源于两个精神——希伯来精神和古希腊理性主义，上帝和理性构成了西方人的精神支柱。尤其是理性主义精神，它不但哺育了灿烂的古代文明，也支撑起现代的工业文明。作为现代工业文明的主导性文化精神之一的技术理性主义，直接导源于希腊的古典理性主义，是传统理性主义和文艺复兴的人本精神及现代科学技术的结合体。这一理性主义思潮的核心是科学技术万能论，它相信人不仅可以通过理性和科学而把握宇宙的理性结构，而且可以通过日益改善的技术手段去征服自然。这一理性精神在 17、18 世纪得到空前的发展，培根喊出了"知识就是力量"的时代最强音，笛卡尔更是豪言"给我物质和运动，我将为你们构造出宇宙来"。不可否认，科学技术以及建立在科学技术发展之上的技术理性文化信念，在现代文明条件下推动人类社会以前所未有的速度发展，从根本上改变了人类生存的面貌。然而，以功利为目的和技术手段为核心的工具理性或技术理性在一路高歌猛进的同时，也孕育着内在的深刻的文化危机，科学技术在为人类带来巨大的物质财富的同时，也正在悄悄地走向异化，成为制约人的统治力量。理性和技术不再至善至上，不再单纯是人的本质力量的确证，而是转变成可以灭绝人寰的技术恶魔，人从自然的主人沦为技术的奴隶。伴随着工业文明以来困扰着整个人类的环境问题，两次世界大战的劫难和原子弹的邪恶威力，久久地刺痛着人们的心灵……面对技术世界中人类的生存困境，20 世纪哲学界兴起了声势浩大的技术理性批判思潮：叔本华和尼采为非理性正名，韦伯关于价值理性和工具理性的区分，胡塞尔对实证主义的科学世界的批判，存在主义关于技术世界中人的文化困境的剖析，以及伽达默尔的哲学解释学，新实证主义和新马克思主义等都触及到了这一主题。相比之下，法兰克福学派技术理性批判是最系统也最具代表性的一支。主要体现在霍克海默和阿多尔诺的《启蒙辩证法》，马尔库塞的《单向度的人》，哈贝马斯的《作为

“意识形态”的技术与科学》。

2. 启蒙和启蒙精神

在霍克海默和阿多尔诺那里，“启蒙”并不是指发生在近代17—18世纪欧洲的资产阶级思想解放运动即“启蒙运动”，而是泛指近代以来随着资本主义的发展和社会的理性化进程中形成的理性至上和知识万能等观念的思想运动。

在《启蒙辩证法》中，霍克海默和阿多尔诺理解的启蒙精神的内涵大概有三个方面的含义：第一，启蒙精神强调理性万能，用知识取代神话，把人类从迷信和愚昧中解放出来，使世界变得清醒。由文艺复兴、宗教改革和实验科学所共同推动的现代化进程实际上是人的个体化和社会运行的理性化的进程，其最为本质的变革就是理性开始统治世界。霍克海默和阿多尔诺在《启蒙辩证法》中十分明确地阐述了理性原则在启蒙精神中的核心地位，他们在该书中开宗明义，指出：“过去启蒙的纲领曾经使世界清醒，启蒙想消除神话，用知识来代替想象。”[1] 第二，以理性和技术为核心的启蒙精神的目的是确立人对自然界的无限统治权。霍克海默和阿多尔诺指出，面对大自然，人们总是要做出选择，要么使自然界受自己支配，要么使自己从属于自然界，很显然，现代人选择了前者。因此他们断言：“无限地统治自然界，把宇宙变为一个可以无限猎取的领域，是数千年来人们的梦想。这就是男人社会中，人们思想上所追求的目标，这就是男人引以为豪的理性的意义。”[2] 第三，启蒙精神认为，人征服自然、使理性统治世界的目的是为了增强人的本质力量，增强人的自由，理性同人的发展是不矛盾的。启蒙精神坚信，理性的发展不会与人的发展发生矛盾，相反，它会在前所未有的程度上弘扬和确证人的本质力量，它使人作为一个独立的主体、一个自我决定的主体能自由地活动，不再臣服于神性或依赖自然而消极被动地生存。

[1] 霍克海默、阿多尔诺：《启蒙辩证法》，洪佩郁、蔺月峰译，重庆出版社，1990年版，第1页。

[2] 霍克海默、阿多尔诺：《启蒙辩证法》，洪佩郁、蔺月峰译，重庆出版社，1990年版，第235页。

3. 启蒙辩证法和启蒙的“自我摧毁”

“启蒙辩证法”中的“辩证法”，并非一般意义上的指事物结构的相互作用和辩证关系或事物的矛盾运动，而是特指事物走向反面、走向自我毁灭的悲剧。具体说来，“启蒙辩证法”是要揭示理性和技术为核心、以人的自由和对自然的统治权为宗旨的启蒙最终走向了反面，走向了理性的启蒙的自我毁灭和理性对人的统治的悲剧。在《启蒙辩证法》中，霍克海默和阿多尔诺从许多方面揭示了这个悲剧，主要体现在：

第一，启蒙以消除神话为己任，但是在现实中，启蒙精神却走向了反面，走向了新的神话，从而又退化为神话。霍克海默和阿多尔诺指出，启蒙用知识代替了神话，这是一种进步，但是，受实证科学支配的理性思维往往具有抽象性的特征，容易停留在对事物直接的认识和精确的描述，从而缺乏对现存的否定性的理解和超越，久而久之，一种新的神话就出现了。正如他们所言：“思想机器越是从属于存在的东西，就越是盲目地再现存在的东西。从而启蒙精神就倒退为神话学，但它也从未想到要摆脱神话学。”[1] 第二，启蒙精神的宗旨是确立人对自然的无限的统治权，然而人征服自然的结果并没有使人成为自然的主人，相反，导致了自然对人类的报复。霍克海默和阿多尔诺清醒地认识到人与自然关系问题上的人类中心主义态度的危险性。他们描述了人过分征服自然所导致的消极后果。“人类进行毁灭的能力是如此之大，如果这种毁灭力实现了，整个地球就会成为一片空地。或者人类自身相互吞尽，或者人类食尽地球上所有动物和植物，如果地球符合一种著名的论断还有足够的生命力的话，万物就会从最低级的阶段重新开始。”[2] 第三，在完全被技术理性统治的世界中，不但人与自然相互异化，而且人与人也相互异化，人在普遍异化的世界中相互冲突。启蒙精神迷信技术理性和科学思维，倾向于用抽象的科学理性去客观地描述现实，而缺乏基于人的主体性的否定性思维。这种思维容易把人视为无主体性的客体，结果人与人的关系就

[1] 霍克海默、阿多尔诺：《启蒙辩证法》，洪佩郁、蔺月峰译，重庆出版社，1990年版，第23页。

[2] 霍克海默、阿多尔诺：《启蒙辩证法》，洪佩郁、蔺月峰译，重庆出版社，1990年版，第213~214页。

降低为人与物的关系，正如他们所言："每个人都是一个材料，某种实践的主体或客体，人们可以用他来做什么事情，也可以不用他来做什么事情。"[1]第四，在技术理性统治的世界里，启蒙精神并没有像许诺的那样，增强人的本质力量，实现人的普遍自由，相反，技术本身成为自律的、总体性的统治力量，成为扼杀人的自由和个性的异化力量。正如他们所言："在今天，技术上的合理性，就是统治上的合理性本身。它具有自身异化的社会的强制性质。汽车、炸弹和电影，除非它们之中所含的因素表现出非法的力量，否则它们都会联结为一个整体。"[2]这是一种比传统政治统治力量更为强大的力量。

（二）哈贝马斯和《作为"意识形态"的技术与科学》

哈贝马斯的《作为"意识形态"的技术与科学》主题仍然是技术理性批判，关于发达工业社会中科学技术具有意识形态性质的见解，霍克海默、阿多尔诺、马尔库塞等人都曾有过论述，但是，对于这一理论的系统表述当属哈贝马斯。

关于这个主题，首先要澄明的是对"意识形态"这个词的理解，这里，我们无意对这个概念做详细的梳理，在法兰克福学派语境之下，这个词的使用显然更多地受到马克思和恩格斯思想的影响。虽然马克思和恩格斯并不把一切"意识形态"都看成是"虚假的意识"，但是，不可否认，他们更多的是在一种否定和消极的意义上理解"意识形态"的，在他们那里，"意识形态"总是同特定的利益集团，特别是统治阶级的观念形态联系在一起的，因此，在社会功能上就是为特定的利益集团或特定的社会秩序辩护的，由此，"意识形态"具有辩护、欺骗、虚假和异化的本质特征，是一种"虚假的意识"。因此，法兰克福学派的理论家包括哈贝马斯在内，都认为"虚假性"是所有"意识形态"的本质特征，从而断言一切"意识形态"都是"虚假的意识"。

[1] 霍克海默、阿多尔诺：《启蒙辩证法》，洪佩郁、蔺月峰译，重庆出版社，1990年版，第241页。

[2] 霍克海默、阿多尔诺：《启蒙辩证法》，洪佩郁、蔺月峰译，重庆出版社，1990年版，第113页。

他关于现代发达的工业社会，科学技术的社会功用，哈贝马斯的总结很简洁：第一，科学技术已成为“第一位的生产力”；第二，科学技术是“新的意识形态”。他认为，一方面，在当代，科学活动不再是一种封闭的学术研究，科学研究同技术之间的相互依赖日益紧密，由科学到技术再到生产领域的转换日益频繁，科学技术与经济和社会的发展有了直接的关联，科学技术成为推动社会经济发展的“第一位的生产力”。另一方面，在发达的工业社会，科学技术还具有另外的一种属性，即它已经成为一种意识形态，一种为统治提供合法性的异己力量。

需要说明的是，将科学技术作为意识形态，势必会将“中性”的科学技术看成是非“中性”的，从而具有了阶级性和政治性的东西，因为意识形态在阶级社会是为一定的阶级利益进行辩护的功能，具有浓厚的政治性。如何解决这个问题，哈贝马斯将意识形态做了区分，将之划分为“政治的”意识形态和“非政治”的意识形态。在哈贝马斯看来，自洛克和杰斐逊开始，所产生的资产阶级意识形态是旧的意识形态，它是公开地服务于政治实践活动的“政治的意识形态”；而晚期资本主义社会产生的具有意识形态功能的“技术至上论”，则是新的意识形态，这种意识形态以技术统治替代官僚统治，以技术操纵替代社会暴力，以扩大对技术的占有的兴趣和热衷于补偿分配的兴趣，消除对政治的兴趣，而实现了非政治化和社会的一体化，因而，它虽维护了晚期资本主义制度，使统治合法化，但它是“非政治的意识形态”。这种区分，一方面区别了新旧意识形态的不同表现，传统的统治是“政治的统治”，它是同传统的意识形态紧密联系在一起的，而今天的统治是技术的统治，是以技术和科学为合法性基础的统治，在这个意义上，不能一般地把科学技术等同于意识形态，因为“第一位的生产力——国家掌管着的科技进步本身——已经成了‘统治的’合法性的基础。而‘统治的’这种合法性形式，显然已经丧失了意识形态的旧形态”。[1] 不同于传统的意识形态，技术的统治的“意识形态性较少”，因为它在某种程度上摆脱了“虚假意识”

[1] 哈贝马斯：《作为“意识形态”的技术与科学》，李黎、郭官义译，学林出版社，1999年版，第68~69页。

的某些成分，摆脱了由阶级利益制造的骗局、政治空想等，同时，它所涉及的范围更加广泛，更难抗拒。另一方面，哈贝马斯也肯定了新旧意识形态的本质属性并没有改变，它们的主要功能都是替现状辩护，论证现存统治的合法性，“毫无疑问，无论是新的意识形态，还是旧的意识形态，都是用来阻挠人们议论社会基本问题的。从前，社会暴力直接为资本家和雇佣工人之间的关系奠定了基础。今天，是结构的条件首先确定了维护社会制度的任务，即确定私有经济的资本价值增值形式和确保群众忠诚的、分配社会补偿的政治形式”。[1]

哈贝马斯关于科学技术两重性的分析，如上所述，仍然是法兰克福学派关于技术理性批判传统的继续，总体上继承了霍克海默和马尔库塞等人的基本观点，但是哈贝马斯对科学技术是意识形态的分析更加的细致，在某种意义上更加客观和中肯，尤其是关于科学技术如何成为意识形态，成为控制人的一种异己力量的原因的分析，以及如何扬弃科学技术这一异化现象，哈贝马斯超越了法兰克福学派的传统。

（三）马尔库塞和《单向度的人》

《单向度的人》的主题仍是技术理性批判，书中马尔库塞将视角投向了技术理性和技术异化的世界中现代人异化的生存境遇和生存状态。在马尔库塞的笔下，当今发达的工业社会，由于技术力量的操纵和控制已经变成了新型的集权主义的社会，在这样的社会里，人们被整合到现存的社会体制中，不再作为社会的反抗力量，整个社会失去了否定性、批判性的思维原则，人也成为失去超越维度和批判维度的“单向度的人”。

“单向度”是马尔库塞描述当代工业社会尤其是当代发达资本主义社会现实所使用的一个自造的专用术语，表示人们对资本主义的各个方面的评价都只是肯定和认可，不再具有批判和否定性，变为单向的了。马尔库塞认为，正常社会中的人有两个维度，即肯定社会现实并与现实社会保持一致的

[1] 哈贝马斯：《作为“意识形态”的技术与科学》，李黎、郭官义译，学林出版社，1999年版，第69~70页。

向度和否定、批判、超越现实的向度。马尔库塞认为，在发达的工业社会不仅人，而且整个社会都表现一种单向度。关于人的“单向度”，我们随后详细介绍，这里先介绍下在政治领域和思想文化方面的“单向度”。在政治领域，单向度主要指不利于现存社会的对立党派，对立阶级的消融，马尔库塞认为，不仅先前作为政治反对派而存在的社会民主党、共产党放弃了无产阶级暴力夺取政权的主张，连被马克思称为资本主义“掘墓人”的无产阶级也与敌人联结在一起了。就思想文化领域，在马尔库塞看来，现代语言分析学和实证哲学的流行，标志着否定性思维被排斥，因为语言是思想的直接实现，语言被清洗了，大脑也就被清洗了，哲学变成了某种顺从和附庸的东西。马尔库塞对发达工业社会文化的堕落痛心疾首，在他心目中文化与现实同化了，“文化中心变成为商业中心、市政中心或政府的适当场所”。而作为否定力量的“艺术”，在发达工业社会也发生了严重的异化，这意味着人们通向理想，反抗和超越的路径被堵死，只能顺从于现存的社会。

马尔库塞在《单向度的人》中贯彻始终的是对人的深切关怀，马尔库塞在强调人的自主性、人的价值与尊严、人的本性解放的基础上，对发达资本主义进行了深刻的揭露和全面的控诉，书中马尔库塞详细地分析了劳动者在现存的社会中如何被整合成为单向度的人。归纳起来，劳动者之所以丧失了对社会的否定性维度，是由于在技术世界中工人生存境遇的几个变化导致的。其一，由于科学技术的发展，生产的机械化和自动化的提高，大大减少了劳动者在劳动中体力的数量和强度，从而使工人的劳动和生存境遇发生了重大的变化，传统意义上的工人概念的镜像变得模糊，正如马尔库塞所言：“标准化和程序化同化了生产性和非生产性劳动，资本主义早期阶段的无产阶级的确是身负重载的牛马，靠他躯体的劳动来换取生活的必需品和消费品，因而生活在污秽和贫困中，他就这样成为他那个社会的活生生的否定，相形之下，技术社会发达地区的组织起来的工人对这种否定的表现就没有那么明显了，……”[1] 其二，是在技术发达社会导致劳动者

[1] 马尔库塞：《单面人》，左晓斯、张宜生、肖滨译，湖南人民出版社，1988年版，第16页。

在生产中地位及职业自主性的下降。如上所述，随着机械化和自动化程度的提高，劳动强度的下降，众所周知的一个结果是“白领”劳动者的增多，“蓝领”劳动者趋向于减少，非生产性工人数量的增加。这一变化，引起了价值构成的改变，机器在价值增值的过程中的地位增加，马克思的剩余价值理论适用性发生了动摇，因为人在减少体力劳动输出的时候，给人的印象就是劳动者的劳动在价值的生成过程中作用下降，结果就是劳动者失去了在生产中的中心地位，机器成为剩余价值的源泉。同时，由于劳动者在生产中地位的下降也使其丧失了“职业自主权”，劳动者被同化为缺乏否定性的存在，正如马尔库塞所言：“劳动者从前的‘职业’自主性不过是对他的职业奴役，但是，这种独特的奴役方式，同时又是他独特的职业否定力量——中止以灭绝威胁他作为人而存在的过程的力量——的来源。现在，劳动者正失去职业自主性自主权——这曾使他成为一个与其他职业区别开来的阶层之成员——这种职业自主性体现了对既定社会的否证。”[1] 其三，自动化技术体系中的工人地位上的变化也影响到工人对待生产体系或技术体系的态度和意识，工人开始主动地参与到技术体系中，或者说工人自愿被整合到生产和技术体系中，不再作为现存生产体系的否定力量，而是作为其肯定的力量而存在。因而，马尔库塞指出：“在目前形势下，自动化的否定特征占统治地位：高速化、技术失业、管理地位的强化、工人作用的日益下降和让渡。在管理中越来越偏爱工程师和大学毕业生，加薪的机会减少了。然而，还有其他趋向，有利于运转中的机械共同体的相同技术组织，也产生了把工人与工厂整合起来的相互依赖性。人们注意到工人们表现了‘共同解决生产问题’的‘热情’，表现了‘主动加入进来把他们自己的智慧应用到与技术相适应的生产和技术问题中去的愿望’。”[2]

劳动者在劳动中的上述变化的直接后果就是工人丧失了否定性的维度，劳动者由此成为与现存认同的“单向度的人”。此外，这些变化是伴随着社

[1] 马尔库塞：《单面人》，左晓斯、张宜生、肖滨译，湖南人民出版社，1988年版，第24~25页。

[2] 马尔库塞：《单面人》，左晓斯、张宜生、肖滨译，湖南人民出版社，1988年版，第26页。

会生活和消费的变化的，它们共同完成了单面思想的生成过程。马尔库塞如此描述道："大众交通与传播工具、吃穿住日用品，具有非凡魅力的娱乐与信息工业输出，这些也同时带来了人为规定的态度、习俗以及多少舒适的方式是消费者与生产者结合并通过后者与整个社会结合起来的某些理智与激情反应。而且，随着这些有益产品对更多社会阶层的个人变为可得之物，它们所携带的训诫就不再是宣传而是变成了一种生活方式，它是一种美好的生活方式——比从前更美好得多，而且，作为一种美好的生活方式，它拒绝质变，一种单面思想与单面行为模式就这样诞生了。"[1] 劳动者单向度的"生成"也许并不可怕，可怕的是人们对于这一现状的"乐享其成"，因此，马尔库塞特别指出被整合到自动化的机械体系和技术体系中的工人，虽然在职业自主权等方面更加不自由，并失去了超越和否定的维度，但是，现代工人同马克思时代所描写的遭受着"自我牺牲，自我折磨"的异化的劳动者不同，他在较舒适的物质生活条件下往往感受不到受压抑和不自由的境遇，反而有一种满足与幸福的感觉，例如，现代工人驾驶一辆新车、在乡间散步、工作疲惫之后过轻松的夜生活，等等，都会消解人与现存秩序之间的张力。因而，在现代单向度的人群中，"幸福意识已经占了上风"。[2]

对于现代工业社会劳动者这一"单向度"的境遇，在马尔库塞看来，对于社会进化而言这不是一种积极的现象，因为，虽然在现代技术社会世界中，人的物质生活得到了极大的改善，但是劳动者丧失了人之为人的一个基本维度，即否定和批判的维度，其后果使社会失去了自我超越的内在驱动力，人的基本生存是人无法控制的力量和机制所决定的。用马尔库塞的话说，"发达工业文明的奴隶们是升华了的奴隶，但毕竟还是奴隶"。[3]

那如何走出人的"单向度"的生存困境呢？马尔库塞试图建立一个"理想社会"，在这个理想的社会中，人的本能欲望、精神自主力、创造

---

[1] 马尔库塞：《单面人》，左晓斯、张宜生、肖滨译，湖南人民出版社，1988年版，第10页。

[2] 马尔库塞：《单面人》，左晓斯、张宜生、肖滨译，湖南人民出版社，1988年版，第68页。

[3] 马尔库塞：《单面人》，左晓斯、张宜生、肖滨译，湖南人民出版社，1988年版，第2页。

力都得到完全释放。为了解决现存社会单向度的矛盾，建立新的“理想社会”，马尔库塞祭出了革命的大旗，试图进行“历史替代选择”。但是，对于革命的前途，马尔库塞又是悲观的，因为他认为占人口大多数的无产阶级已经被发达工业社会消融，已经由先前社会变革的酵素，变为社会团结的酵素，因而，革命只能寄希望于生活在社会最底层的少数人，比如，生活中底层的流浪汉，不同种族与肤色的被剥削者、被压迫者等，这似乎注定革命前途是渺茫的。而在革命的动因上，马尔库塞继承了浪漫派的思路，呼吁审美革命，期待新感性的诞生，他认为人的感性审美解放才是发达工业社会中面对科技力量的人的解放前提，而这种解放潜能，在马尔库塞看来，只能在艺术中去寻找，在这个物化深重的社会中，人的感性只有由艺术来救护。显然，建基于艺术之上的“历史替代选择”，无论如何带有明显的弱点，注定了这种方案的乌托邦的色彩。

二、文化工业无文化——法兰克福学派大众文化批判理论

法兰克福学派的大众文化批判理论往往以批判的形式对艺术文化和社会意识形态进行分析，众多的学者都涉及了这个主题，而且他们的观点也不尽相同，这里我们主要介绍阿多尔诺和洛文塔尔关于“文化工业”的批判分析，以此略览法兰克福学派的大众文化批判理论。

法兰克福学派的学者从二十世纪三四十年代就展开了对大众文化的研究，而研究的视角之所以集中在“文化工业”上，原因在于，在资本主义社会中，大众文化以商品生产的形式出现，供人们娱乐消费，简言之，大众文化是以文化工业的形式出现的。“文化工业”这一概念正式提出是在阿多尔诺和霍克海默合著的《启蒙辩证法》，在他们看来，文化工业是一个系统，这个系统融合了人类历史上那些古老和现代的东西，在这当中所生成的文化产品都是以供大众消费为目的的，都是对已有模板的模仿，不具有创造的价值，这种模仿的情况并不仅仅出现在某个文化行业中，而是遍布在各个不同

的文化分支机构当中，在这些机构的相互协调下，文化工业作为整个社会产业链的重要一环出现在资本主义的世界中。

文化工业中的文化，在法兰克福学派学者的眼里，显然不是真正意义上的文化。大众文化的“大众”，其实是打着民主的幌子，受资本主义意识形态操纵的产物。这种文化的作用是传播资产阶级的意识形态、控制大众思维，而不是之前文化所具有的批判和反思的用途。在法兰克福学派学者的眼中，真正的文化是具有批判和反思的用途的，批判理论强调辩证和否定，避免把艺术分析变成翻译社会关系的简单练习。艺术不仅仅只是对现有社会趋势的表达和反映，真正的艺术也是人类对现实彼岸的“另一个社会的渴望的最后保存者”，真正的艺术是人类未来幸福中的合法利益的一种表达，是对真理、自由的一种渴望。正如霍克海默所言，自它（艺术）成为自律以来，就已经保存着从宗教中脱胎而来的乌托邦。[1]也就是说，真正的文化艺术要有某种超越性，是要超越当下，而不仅仅是对现实的反映，对现存世界的摇旗呐喊，实际上也就是文化艺术要有其批判、反思性。但是，文化的这种用途在文化工业的背景下丧失了，因为在大众文化中，无论是艺术的创造者还是艺术的欣赏者，他们的喜好完全被操纵了。阿多尔诺和洛文塔尔一再指出，个体趣味的自由观念，在现代社会中随着自律主体的逐渐销蚀而全部瓦解。这正是大众文化、文化工业不能成为真正文化的根本所在。

对于上述状况，阿多尔诺以音乐为例进行了分析。从音乐的创作到大众音乐的消费，整个过程能让我们清晰地看到文化工业的生成，同时也是文化消失的过程。在阿多尔诺看来，当代社会中的通俗音乐正体现了文化工业的特征——文化的标准化和伪个性化。就标准化而言，虽然通俗音乐在流派、曲调风格等方面并不相似甚至毫无联系，但是从乐曲的内部结构来看，无论是整体结构还是对细节的处理都有着惊人的相似性，造成这种标准化结果的原因在于“模仿”。一方面，模仿存在于通俗音乐的生产中，无论是对音乐的内容还是其表现手法，都有着某一固定的创作模板供生产方参考，所不同

[1] 马丁·杰：《法兰克学派史》，单世联译，广东人民出版社，1996年版，第205页。

的仅仅是对产品的外表的华丽包装。另一方面，模仿出现于传播渠道，产品一经生产就以各种看似不同的宣传手法出现在消费者面前，但实质上这也是统一的。就伪个性化而言，阿多尔诺认为伪个性化和标准化息息相关，为了掩饰音乐产品的标准化，就必须赋予个性化的外衣，在强大的个性化伪装之下，受众看到了看似自由、反叛、张扬的光鲜外表，就误以为这是完全不同的文化。但这些通俗音乐实质都是在统治阶级意识形态控制下的标准化模式，人们毫无知觉地在消费流行文化的过程中实现了思想被控制。人们在涣散慵懒的状态下消费通俗音乐，结果是听觉退化、思想麻木，而这种退化和麻木同时又让人们对于重复的音乐非但没有情绪上的反感，反而表现出浓厚的兴趣和渴望，使通俗音乐进一步堕落下去。

总的说来，阿多尔诺认为整个文化创作是以科学技术至上的机械化、自动生产为前提的，在大规模成批生产和复制的状况下被生产出来的，文化创作具有大工业的生产形式，文化变成文化工业，同时也意味着真正文化的消失。阿多尔诺和霍克海默对文化工业进行了多方面的批判，归纳起来，文化工业具有以下具体的特征：（一）文化工业的产品本质上是商品，而不是艺术品。就生产而言，文化工业产品首先不是为了“自由创造”，金钱是文化存在的目的和根源，商人为了获得更大利益，必须迎合顾客的心理。就消费产品的顾客而言，他们也不代表个体，而是体现文化消费市场的“大众”，他们不是真正的“杂众”，而是丧失个性的“常人”，要满足这些人的同样要求，就必须处处有同样的商品，这决定了文化工业的产品在各方面的雷同。（二）文化工业中的文化丧失了超越性的精神，也就是文化批判和反思的功能没有了。在大众文化中，广受欢迎的是娱乐消遣品。现代的生产方式改变人的生活方式，面对日益增加的精神压力，大众社会对娱乐的迫切需要使得娱乐取代了艺术成为文化工业的原则。人们通过消费娱乐松弛身心、恢复体力和精力，在这种消费中人成为无意志的齿轮和工具，麻木地随着社会的运转而运转，艺术的精神和生命消失了。（三）文化工业的产品是技术的产物，而不是人创造的产物。所有文化工业的产品都是以强大的技术为后盾，与古典作家相比，当代的创作者的作品往往十分粗糙，但是借助先进的技术设备使得产品呈现出精致的形态，同时也对产品的创作者起到一种驯化作用，在这个过程中，文化产品的完善都是技术的使然，没有太多的艺术价值，人的作用被大大削减，代之以技术的力量。（四）程式化的文化创作，必然带来对语言的限制。为了确保一种被称为“风格”的程式，各个创作部门都积极地为自己确定一套规定语言。这种语言和风格上的特色，不仅体现在作品中，而且经由文化工业的宣传、推销、渗透到社会大众之中，使整个民族都不自觉地使用这种语言。但问题是，这种语言只会弱化民族的语言表现力，破坏民族语言的优美和纯洁，阿多尔诺认为文化工业这样的特征是资本主义社会衰退的标志，是一种严重的异化现象。表面上是大众在塑造大众文化，实际上是大众被大众文化所塑造。

总之，以阿多尔诺为代表的学者认为，文化工业中的娱乐活动都是极度呆板无聊的，不仅剥夺了消费者的思想，也剥夺了他们的感情和主体意识，使他们成为一个与主体相分离的物化存在。在文化工业之下，大众成为了社会统治的忠实奴仆，成为了产业设备上一颗不起眼的螺丝钉。阿多尔诺对文化工业的批判是持彻底的否定态度，认为文化工业和文化艺术是完全不能调和的，他的思想中有着浓厚的乌托邦追求。关于这点，法兰克福学派的另一成员洛文塔尔则提出了相对温和的批判态度。

洛文塔尔并不是法兰克福学派中为人所熟知的学者，但是，正如著名法兰克福学派研究者马丁·杰所言：“在研究成员中，对大众文化的分析最广的就是洛文塔尔了。”[1] 所以关于大众文化的批判我们无论如何不能回避洛文塔尔的思想。整体上，洛文塔尔很好地继承了学派的批判理论传统，对文化工业的批判是深刻的，正如其著名的论断所言，艺术是大众文化的相反观念。在他眼里，艺术是一尘不染的，而文化工业却充斥着污浊的商业气息。更为重要的是，大众文化成为统治阶级统治人们的意识形态工具，大众在无意识的情况下被统治阶级利用大众文化同化，成为一个失去自己思想的傀

[1] 马丁·杰：《法兰克福学派史》，单世联译，广东人民出版社，1996年版，第244页。

偏。但是，洛文塔尔对大众文化不是彻底的否定，他对大众文化的研究经历了从精英向大众的转变。

洛文塔尔对大众文化的研究不同于阿多尔诺主要集中在音乐，洛文塔尔把以通俗文学为主要表现方式的纸质印刷作为主要的研究对象。这本身就是对法兰克福学派大众文化批判的拓展，让批判延伸到了更广的领域。当然更为重要的是洛文塔尔研究视角的变化，不是彻底的否定，而是开始对大众文化给予适当的同情，从精英的视角回归到大众的视角。洛文塔尔的这种转变基于内外两大原因，从外部的影响看，一是，美国文化工业的大发展，洛文塔尔在美国的经历让其渐渐地意识到，必须对之前的理论态度进行反思，因为美国作为一个崇尚平等、自由、重视个体发展的国家，在倡导所谓“个体化”“平民化”精神的文化工业的带动下，社会呈现了更加大众化的趋向，这不能不说明其存在的合理性；二是，在美国的研究经历中，洛文塔尔接触了大量的社会学家，这也影响到他，不仅仅只是以哲学家的眼光来批判大众文化，也应从社会学家的眼光看待大众文化，从而开始尝试在批判大众文化的同时，也从内部来理解大众文化；三是，学派研究的对象发生变化，第二次世界大战后由对无产阶级的研究转向对中产阶级的研究，也使得洛文塔尔从现时代个体角度出发来体会通俗文化，从而对其抱有同情的态度。从内部的影响看，就是研究视角的转变，由一种精英主义向平民化的转变，发现大众文化确实是有很多正面的作用，会在某一特定时刻对部分人产生积极作用。因此，在洛文塔尔对通俗文化做了历史考察后，他认为通俗文化作为文化工业的重要表现形式，从根本属性上来说，是统治阶级用于整合、蛊惑民众的工具，是要加以彻底批判的。但是这一“工具”的出现是由于多重社会历史造成的，它的形成发展是一种自发的状态，在目前不可能推翻统治阶级的压迫，还人们以自由的情况下，通俗文化对人们紧张的生活确实起到了一定的解压作用，它不能拯救灵魂，但至少可以使人的灵魂得到平静。

第三节　走出时代的困境——哈贝马斯的交往行为理论

从上面的分析，我们了解到在法兰克福学派学者的笔下，我们所处的时代是一个充满危机和困境的时代。从理论旨趣上看，这帮天才的思想家，显然不会仅仅停留在揭露这个社会的困境，更重要的是为了诊断、医治这个破碎的世界，从而走出时代的困境。为此，从法兰克福学派第一代学者开始，就为其设计了不同的拯救方案，在这几代学者的方案中，尤以第二代学者哈贝马斯的交往行为理论影响最大，因此，我们在这里简单地介绍下哈贝马斯的交往行为理论，从中感受哈贝马斯走出时代困境的方案。需要说明的是，哈贝马斯的交往行为理论是个十分复杂和详尽的学说体系，我们在这里选几个重要的构成部分进行介绍。

一、理性的重建：从工具理性到交往理性

我们上面提到的启蒙的批判，技术理性主义的批判，人和社会的异化，甚至是大众文化的批判，等等，本质上其实都和理性的危机有关，要解决这些危机，在哈贝马斯看来就是要发掘理性的潜能，这实际上也符合哈贝马斯的一个著名观点：现代性是一个未竟的工程，我们要把它的潜能充分地展现出来。哈贝马斯认可了以前学者对于理性的批判，认为霍克海默、阿多尔诺借助卢卡奇的物化概念，把韦伯的目的合理性概念改变工具合理性概念，对现代社会进行“工具理性批判”“技术理性批判”有着积极的意义，这种批判的合理之处就在于从理论上描述了现代社会的合理性危机扩展的一面。但是，哈贝马斯也指出了前辈们的不足，因为他们由对“工具理性”进行批判，进而对理性本身进行拒斥，哈贝马斯认为这样做无疑把批判得以可能的规范基础的理性内涵彻底抽空，那么批判何以可能呢？阿多尔诺在哲学之外的审美艺术中去寻找理性的替代物，但是哈贝马斯认为，审美的范式不足以

担当社会批判理论的规范概念，因为以某种非哲学的方式拯救批判，审美主义体现的只是一种“批判的批判”的姿态，只能是一种乌托邦式的怀想，对于解决危机是毫无用处的。因此，哈贝马斯认为，理性的危机只能靠理性自身来解决，不可能在理性之外找到答案，那么这个解决的途径就是其说的交往行为的合理性，也就是交往理性。哈贝马斯认为，我们的社会其实是朝着两个方面进化的，一方面是目的合理性的危机性的扩展，另一方面则是相互理解、团结与亲善的交往理性的发展，交往理性内蕴于语言交往的结构中，晚期资本主义的客观条件已经可以使人们充分认识到它，并把它作为评判行为及其社会合理性的标准。因此，我们解决时代危机的途径就是凸显这种交往的合理性，发挥出它的潜能，让交往理性成为主导的理性，从而克服工具理性的不足。

哈贝马斯交往理性的提出，是建立在对“劳动”和“交往”的区分的基础之上的。哈贝马斯借助著名的社会学家韦伯关于工具合理性（目的合理性）和价值合理性的概念来区分劳动和交往。劳动主要是一种工具行为，一种“目的理性活动”，是一种强调行为目的、行为手段与行为结果之间内在一致性的行为。这种作为目的理性的活动的劳动组成了社会的生产力，其价值指向是特定理性目标的实现。交往行为是指主体间遵循有效性规范，以语言符号为媒介而发生的交互性行为，其目的是达到主体间的理解和一致，并由此保持社会的一体化、有序性和合作化。哈贝马斯指出：“我把以符号为媒介的相互作用理解为交往活动，相互作用是按照必须遵守的规范进行的，而必须遵守的规范规定着相互的行为期待，并且必须得到至少两个行动的主体的理解和承认。”[1]就劳动和交往的相互关系，哈贝马斯认为，我们应当赋予交往活动以更重要的价值和优先地位，因为，劳动虽然也包含人与人之间的交往，但其主导指向的是人与自然的关系，它强调的是人对自然的改造和社会生产力的提高，而就人本身的发展而言，合理和平等的交往与理解具有更重要的人本学价值，它代表着人类进步的方向，同人类的目标是一致的。

[1] 哈贝马斯：《作为“意识形态”的技术与科学》，李黎、郭官义译，学林出版社，1999年版，第49页。

而且，从更深的意义上来说，劳动中所展开的人与自然的关系，或者主体与客体的关系，只有在主体间自由交往的基础上才能走向和谐，而不是片面的“征服”与“改造”的关系。换言之，人与自然的合理的相互作用要以人与人的自由交往为前提，主体与客体间的关系要服务于主体间的关系。哈贝马斯指出：“在人们的相互交往尚未摆脱统治之前，自然界的那种仍被束缚着的主观性就不会得到解放。只有当人们能够自由地进行交往，并且每个人都能从别人身上来认识自己的时候，人类方能把自然界当作另外一个主体来认识，而不像唯心主义所想的那样，把自然界当作人类自身之外一种他物，而是把自己作为这个主体的他物来认识。”[1]交往理性的这种优先性，恰恰为扬弃技术异化，乃至人和社会的异化提供了可能，因为，现时代的技术异化、人的异化的实质就是科学技术为背景的“劳动”的合理化导致了“交往行为”的不合理化。在晚期资本主义阶段，由于科学技术的飞速发展，劳动的合理化已经实现，它越来越符合科学技术的要求。但是，劳动的这种合理化脱离了主体间的交往基础，其结果就是削弱了或吞没了主体间的合理的相互作用，即交往行为，把人的关系和行为降格为物的关系，导致了人的全面的物化，使人成为工具，全面地屈从于技术社会的统治。因此，要从根本上扬弃这个技术异化、人异化、社会异化的社会，就是要建立起主体间的理解，实现交往行为的合理化，也就是建构起一个新的理性——交往理性。

二、交往行为的合理化何以可能：普遍语用学

普遍语用学是哈贝马斯交往行为理论和社会批判理论的“最基础的层次”，是“关于交往的一般理论”。[2]按照哈贝马斯的说法，“普遍语用学的任务是确定并重建关于可能理解的普遍条件（在其他场合，也被称为‘交往的一般假设前提’），而我更喜欢用‘交往行为的一般假设前提’这个说法，

[1] 哈贝马斯：《作为“意识形态”的技术与科学》，李黎、郭官义译，学林出版社，1999年版，第45页。

[2] 哈贝马斯：《交往与社会进化》，张博树译，重庆出版社，1989年版，英译本序第11页。

因为我把达到理解为目的的行为看作是最根本的东西”。[1]哈贝马斯之所以把普遍语用学作为交往行为理论最重要的基础层面，是由于我们上面已经提到过的，交往行为和劳动不同，它不是一种工具理性行为，而是一种语言理解行为，即主体与主体间以符号为中介，以普遍性的规范为基础的交互性作用。在这个意义上，普遍语用学的宗旨就是：通过对话建立共识，建立理想的话语情境，为开放的、自由的、自主的、互动的、主体间的非强制性交往和共识奠定基础。由此，我们不难看出，普遍语用学其实就是交往行为合理化可能的基础，就是哈贝马斯整个理论大厦的基础。

由于交往行为是以语言为中介，以理解和达成共识为目的的，因此，建立平等的、合理的言语行为模式就成为达成共识和理解的关键。普遍语用学的主旨就在于建构起这样一个平等、合理的言语行为模式。不过需要解释一下的是，这个模式为什么是“普遍”的呢？是因为，普遍语用学是在语言的运用上所做的，带有一般和基础的性质，这个模式还没有将政治、经济、文化等因素纳入进来。因此，在这里，普遍语用学所建立起来的是排除了其他因素的“理想话语情境”。尽管在现实的交往行为中，成功的意见一致或理解还需要其他因素的参加，但是，这种“理想的话语情境”是成功的交往行为所必不可少的。理想的话语情境包括比较复杂的内容，其中最基本的有两个方面的要素：一是交往参与者必须遵守的有效性要求；二是交往参与者必须具备的交往资质。

首先，建立合适的交往模式的首要任务是确立言语的有效性基础，即交往主体在交往过程中必须普遍遵守的规范。哈贝马斯提出了著名的四个有效性要求（validity claim），即可领会性、真实性、真诚性和正确性。他认为这四个条件是通过言语达成理解的前提性条件，任何进入交往的主体都必须遵守这些条件。这四个有效性条件实际上涉及交往行为最重要、最基本的领域，即语言本身、外在自然、内在自然和社会。具体而言，“言说者必需选择一个可领会的表达以便说者和听者能够相互理解（可领会性）；言说者必

[1] 哈贝马斯：《交往与社会进化》，张博树译，重庆出版社，1989年版，第1页。

须有提供一个真实的陈述的意向（真实性）；言说者必须真诚表达他的意向以便听者能相信说者的话语（真诚性）；最后，言说者必须选择一种本身是正确的话语，以便听者能够接受之，从而使言说者和听者能在以公认的规范为背景的话语中达到认同（正确性）。一个交往行为要不受干扰地进行下去，只有在参与者全都假定他们相互提出的有效性要求已得到验证的情形下，才是可能的。”[1]

其次，成功的交往行为还要求交往参与者必须具备遵循这些言语的有效性要求而进行交往的能力，哈贝马斯用交往资质来定位这个交往行为得以可能的必不可少的条件。交往资质是从个体内在的能力、素质的意义上探讨个体参与交往的先决条件。一般说来，交往资质主要包括三个方面：其一，选择陈述性语句的能力；其二，表达言说者本人的意向的能力；其三，实施言语行为的能力。这三个方面实际上指向的就是一个个体在认知、语言和行为能力三个方面交往的基本要求。

后来哈贝马斯将普遍语用学发展为规范语用学，将“理想的话语情境”的设定加入了更多的因素，在这个基础上形成了其独具特色的话语伦理学或商谈伦理学，实际上是进一步论证了交往行为合理性的可能性。这里，哈贝马斯提出两个原则即话语原则（D）和可普遍化原则（U）。话语原则（D）即“只有那些在实践话语原则中得到所有当事人赞同的规范才可以提出有效性能条件”，这是话语伦理学的基本规范，哈贝马斯认为这实质上就是普遍性的道德原则。因为话语本身就有作为意义并具有调节行为的功能，话语原则就是道德原则。凡是不能为参与话语活动的相关者普遍接受或认可的道德规范，都将失去有效性。作为达到共识与同意的先决条件，必须保证一个事实：一切被承认为有效的规范，必须是也只能是，表达了普遍性意志的规范，只是话语原则并没有告诉我们如何达到这一普遍性规范。由此哈贝马斯提出了可普遍化原则（U）即一种论证原则，或者说是一种搭桥原则，以实现普遍的意志。普遍化原则含有两个层次：一层是共同性的论证和程序原

[1] 哈贝马斯：《交往与社会进化》，张博树译，重庆出版社，1989年版，第3页。

则；另一层是经过论证或话语双方共同接受的共同利益。前一个层次源于康德哲学的形式主义意义上的合理性，即在理性基础上的论证普遍性，即没有形式上逻辑矛盾，还能保持前后一致的非个体性和普遍性。当然，哈贝马斯在这里强调的不是康德的公式化推论，而是形式主义原则得以建立的论证模式。后一个层次是关于共同利益的问题，哈贝马斯认为共同利益与第一层次体现出来的普遍性意志可以说是同一问题，因为普遍化利益是指可以通过交往而共有的需求，之所以是共有的，在于这种需求是所有人都能希望得到的东西，而之所以能如此恰在于第一层的程序合理性。程序的合理性，保证了所有相关者，原则上都有机会参与实际评议，借助可靠的论据，经过论证就接受某种规范达成一致，这样通过论证方式形成的意志实际上就是一种为所有人接受的共同利益，通过论证方式形成的意志的合理性就在于确立了共同利益的有效性，所以可以说程序或形式合理也就是形式普遍主义，就是利益普遍性的表征。话语原则（D）与可普遍化原则（U）是相互区别又相互联系的，后者是一种搭桥原则，以实现普遍的意志，因而，从这个角度看原则（U）具有决定意义。正是这个原则强调了对于大家都关切的问题应放在每个人同等的利益关系中去调整，值得交互主体认可的是对所有有影响者的共同利益。

三、新的社会病理学："生活世界"的殖民化

普遍语用学通过"理想的话语情境"为交往行为理论提供了一般的理论基础，也正是这个基础，让哈贝马斯所言的交往理性得以可能。在完成了这个奠基之后，哈贝马斯把对行为的分析上升到对社会理论的分析，将交往行为的合理化推进到了社会领域，为诊断晚期资本主义社会提供了一套新的病理学。这一转变得以可能的关键是"生活世界"概念的提出，因此，哈贝马斯自己也说，生活世界的概念构成了交往行为的一种补充的概念。生活世界理论为交往行为理论提供了重要的社会文化基础，在生活世界理论中，哈

贝马斯进入到了社会哲学的视野，把关于交往的“不合理化”现象的批判转化为对生活世界的“殖民化”的批判，把交往的合理性诉求在实践层面上转化为摆脱生活世界“殖民化”的任务，即转变为生活世界的合理重建。恰恰是这个转变，为诊断社会病症，进而走出危机找到了出路。因为，在哈贝马斯看来晚期资本主义社会的危机、困境就是生活世界“殖民化”的结果，如何走出危机，就是要扬弃生活世界的“殖民化”，而扬弃生活世界的“殖民化”，就是重新实现交往行为的合理性，这样交往行为的合理性就成为拯救时代困境的一剂良药。

哈贝马斯的生活世界的概念来自于现象学大师胡塞尔，当然两者的内涵有着极大的不同，在哈贝马斯那里，生活世界的概念来自于他对社会的划分，哈贝马斯将社会划分为系统（体系）和生活世界。系统是指社会从事物质再生产以维护自身生存能力的机制，它要通过目的活动的媒介进行，因而被构想为目的理性系统维系，实质是工具理性的体现。它可再分为经济子系统和政治子系统，经济子系统是发展生产力，满足人们的基本生存需要，其主要整合媒介是货币；政治子系统的功能是协调生产关系，管理公众社会，其主要整合媒介是权力。生活世界主要解决的是人的意义与价值问题，在这个世界里，人们能在语言表达的文化同一性意义上实现自我认同，其主要的整合媒介是语言、符号。

系统和生活世界各自的再生产原则不同，因而它们也就有着不同的分化、发展过程。系统分化为彼此区别的制度群，如经济、国家与法律，生活世界则分化为各自分离的文化、社会与个性的知识库；系统的发展表现为复杂性的增长，生活世界表现为理性化的提高；系统注重的是超越微观行为动机的宏观结果，体现的是目的合理性，因而提供了社会发展的动力学解释，生活世界注重的则是行为者自身的行为取向和价值取向，体现的是交往合理性，因而阐释了社会发展的逻辑。社会的进化就是系统和生活世界相互依存、相互补充的双重发展过程，系统的发展是社会一体化发展的基础，忽略系统的存在，就会忽视以“目的合理性”行为指向的物质生产，社会系统诸机制的产生又以生活世界一定水平的发展为前提，忽略生活世界的合理性发展，就会忽视人们的交往实践，不能对文化再生产、社会同一与个人同一性做出说明，也就不可能建立完善的社会合理化程序。哈贝马斯的这一划分可以和马克思生产力和生产关系、经济基础和上层建筑的划分结合起来，就很好理解了，当然这是两种不同的话语体系，但都是通过对社会的划分来解释社会进化的。

制度化的系统和生活世界在人类历史上并不是一开始就如现在是分化的，制度化的系统在人类社会的开始并不是独立的领域，只是随着商品经济的发展和相对独立的市场交换领域的形成，经济运行系统、行政权力系统、社会控制系统等开始在法治和契约的支持下逐步从生活世界中独立出来，突出的表现是市场机制和现代国家的形成，是理性化经济运行体系和科层化行政管理体系的形成。其结果是生活世界从总体性的、包容性的社会文化生活世界或文化共同体下降为与各种系统具有同等地位的下属体系，这样社会就分裂为两个部分：系统和生活世界，系统获得了和生活世界同等的地位。而随着社会的进一步的发展，新的情况又出现了。理性化的经济系统和科层化的行政权力系统不仅开始摆脱原本由生活世界所形成的交往规则和价值信念，开始在金钱和权力的交往媒介的支配下自律地运行，而且独立化的系统开始反过来干预和破坏生活世界的文化机制，造成生活世界的危机和系统与生活世界的冲突。也就是在这一进程中产生了哈贝马斯所言的生活世界的“殖民化”。

具体而言，这一进程是伴随着晚期资本主义社会的发展变化而出现的。原本，由价值和意义的关系性网络所交互构成的生活世界中，人们运用语言和非语言的符号作为彼此相互理解的手段，进而自由地交往，并以此为中介使得文化再生产、社会统一和社会化得以发生。但是，在晚期资本主义社会中，“经济的和行政管理的合理性的形成，已转变为货币和权力媒介的行动领域”[1]，导致了交往关系的物化，行为领域的金钱化和官僚主义化。金钱和

[1] 哈贝马斯：《交往行为理论》（第二卷），重庆出版社，1994年版，第427页。

权力的操控媒介成立系统整合的媒介，从而“创造了它们自己的、摆脱规范的、对生活世界发生作用的社会结构”。[1] 由于经济、政治的系统运行对生活世界的侵蚀，社会整合水平也明显下降，私人经济生活的自主性相对地被市场经济消费欲求所左右，公民政治生活的自主性被转化为对政府权力的消极盲从，国家尽力用自己的干预能力来制造舆论，以使自己的政策在舆论的气氛中受到欢迎。这样一来，人与人的交往明显受制于社会的权力和制度，从而导致“行动协调从语言改制为控制媒介（金钱和权力的媒介）”[2]，即作为生活世界中的不可替代的整合媒介——语言，被系统领域的金钱和权力代替了。语言沟通成了利益交换，价值共识为可操纵的媒介所扭曲，作为行动者本身的人也丧失了目的性而沦为工具性手段，人们之间只有“独白”，没有“对话”，从而堵塞了“共识”形成的可能途径，并因此出现了“生活世界”再生产的危机。这即是哈贝马斯所言的生活世界的“殖民化”，也就是“生活世界从属于物质再生产的体系强制，并从而媒介化”。[3]

哈贝马斯认为现代社会的最根本的危机就是生活世界依附于系统命令，被不断地殖民化，现实社会的危机和困境都是由这一危机导致的，同时也都是这一危机的表现。比如，在经济领域，以利润为目的的资本主义生产使职业劳动最大限度地工具化，带了越来越沉重的效率压力；竞争机制的普遍化使得人彻底沦为资本的附庸，丧失了独立的人格；服务行业和时间的商业化和金钱化将人际关系变成了彻头彻脑的交换关系，人与人之间的相互同情、相互帮助的风尚不复存在；而生活方式的消费化使得人不由自主地陷入到市场的控制之中，成为商品交换的奴隶。在日常生活领域，日益扩张的官僚权力机构将人置于严密的控制和监督下。政治、法律、教育和其他社会职能越来越深地干预家庭生活、人与人的关系甚至个人生活。无孔不入的工具化管理方式和法律化倾向规定了人的强制性的行为规范，个人的自由空间不断被

[1] 哈贝马斯：《交往行为理论》（第二卷），重庆出版社，1994年版，第244页

[2] 哈贝马斯：《交往行为理论》（第二卷），重庆出版社，1994年版，第241页。

[3] 哈贝马斯：《交往行为理论》（第二卷），重庆出版社，1994年版，第244页。

蚕食，社会和人文生存环境严重恶化。

如何拯救现代社会的危机，在哈贝马斯看来就是要消除生活世界的“殖民化”。为此，需要释放交往理性的潜能，从与工具理性的抗衡中，阻止系统的势力借助货币和权力的操控媒介向生活世界侵蚀和蔓延。所以，哈贝马斯强调当代哲学必须实现根本的范式转换，即摆脱独白式的“主体意识哲学”，而建立“主体间交往哲学”。以此为基点，他进一步为人类社会的未来发展精心设计出了一种“理想的交往共同体”，试图通过交往行为把社会整合起来，以期待人类生活世界的恢复，促进单向度的工具理性社会向全面发展的交往合理性的跃升。为此，哈贝马斯要求恢复“生活世界的合理化”，即“以交往合理性概念作为出发点，研究促使个人和集体进行合理行动的生活世界结构”。[1]只有这样，人类才能重建生活世界和系统之间的平衡机制，才能克服现代性的合法性危机，走出时代的困境。

[1] 哈贝马斯：《交往行为理论》（第一卷），重庆出版社，1994年版，第67页。

第四章

科学哲学

科学哲学是20世纪才出现的哲学，是西方现代哲学的一个思潮。如果着眼其研究的内容来看，通俗地讲，科学哲学是一种一般的知识理论，专事研究知识的规范和知识本性的哲学，因此也可以叫作现代的知识理论。对于知识的规范和本性的研究在西方起源很早，在古希腊的柏拉图和亚里士多德时代就已非常发达，到了近现代更为突出，更为抢眼。现代的知识理论和古代相差了两千多年时间，理论和态度已经非常不同了。不过，要了解知识问题对哲学的普遍意义，还需要对知识和知识理论的历史有一个简单的了解。这样我们才不会觉得现代知识理论那么专门，那么让外行望而生畏。所以我们开篇要简单介绍一下西方知识概念的历史演变，对西方科学哲学有一个连贯并且简单而明确的概念。

一、西方知识概念的起源

知识问题是怎么产生的？有哪些重要之处？为什么西方人那么重视知识问题？按照古希腊哲学的看法，知识其实就是哲学，哲学就是知识。除了哲学，其他琐碎的知识不配冠以知识的美名。古希腊哲学给了哲学一个非常美好的名字叫作“爱智慧”。

根据那个时候人们对于哲学和知识的理解，智慧是什么呢？为什么叫作爱智慧呢？首先知识是真理。我们问今天的人什么是真理，大概很少有人能够说得清，即使有一点儿理解也经不住三问。而在古希腊哲学中，真理的事情非同小可，哲学爱智慧的一个重要含义就是爱真理。

亚里士多德是柏拉图的学生，是晚辈，可是亚里士多德对柏拉图的批评有很多。他说，我爱我师，但我更爱真理。这句话让西方哲学家屡屡陷入一种情景，哲学家总要自己孤独地去面对真理，而不是简单地承袭老师的主张。我们今天的人总是觉得西方人真好，能独立思考，能有独创精神。其实这只是问题的一个方面。另一方面就是西方人确立了真理面前人人平等的信念，可是对于真理的敬畏才是更关键的方面。

在柏拉图哲学中追求真理意味着什么呢？我们把西方文化中那些理性的探讨知识和真理的人叫作智者。我们在希腊哲学走到末期的时候经常看到“智者学派”这样的说法，智者学派一般对于真理如何存在，如何能够认识真理这样的问题经常是存疑的。其实这从反面表征着哲学家是干什么的。哲学家是以智者的方式来研究真理的人。什么是智者的方式呢？就是用“最有智慧的人”的方式。哲学家是每个时代最有智慧的人，最有智慧的人才有资格去探讨真理，换句话说，真理不是普罗大众的事务，而是少数比较有智慧的人的事务。必须有起码的智慧才能从事哲学研究，哲学研究要有一个门槛，我们把这个门槛叫作哲学能力或者哲学官能。这是西方知识理论和真理研究的第一个特征，就是有智慧的人才能研究。

有点儿智慧的人才能去爱智慧，但是这不是说普罗大众没有智慧，也不是说普罗大众不能研究智慧。实际上，普罗大众也爱智慧，但是为什么当不了哲学家呢？最主要的原因是大家都不能专注真理。大众的生活主要是为了生存，而哲学家是为了真理而真理，专门以研究真理、热爱智慧为自己的生存方式，专门为了真理活着。普罗大众对于同样的问题会有不同的认识，古希腊哲学中把公众生活中的这些知识和认识叫作“意见”。因为公众在一件事情上很难有一致意见，大家都是公说公有理，婆说婆有理。所以公众生活中并不是根据真理而做事情，而是根据个人意见去做事情。因此公众做事情的时候要达到一致是非常困难的，要求公众在一件事情上达到一致既不合情，也不合理。普罗大众认识问题的时候，很多时候并不简单是认识问题，而是立场问题。因为他们的认识倾向于在利益上对自己有利的认识，而不是问题的真理性在什么地方。在这个意义上说，真理并不是普罗大众的事务，而是没有个人成见的人的事情。什么人没有个人成见呢？你得有逍遥的态度。所以古代希腊的哲学家中柏拉图哲学的圈子叫作逍遥派。他们和公众之间没有过多的利益上的瓜葛，才能真正关注真理问题本身。

逍遥与真理是互为因果的。爱利益而不爱真理就逍遥不起来，不逍遥是因为爱利益，不爱真理。逍遥与爱真理本身就是西方有智慧的人的不二选择。牛顿和爱因斯坦很伟大，其实他们的人生中都不在意利益，他们是西方人在现代的哲学家，而其他一般的哲学家和他们这样的科学伟人是无法相比的。爱因斯坦甚至对于搞科学都是后悔的。他逐渐认识到，重视知识远没有重视德性重要。第二次世界大战时期，爱因斯坦为了阻止纳粹，鼓励美国研究原子弹，可是美国人把原子弹投到了日本，造成了大量无辜平民伤亡。这件事触动了他对人类的悲悯之情，我们有那么多知识用来干这样的事情，那知识有什么好处呢？有没有知识不重要，有没有对同类的同情、负责、担当的道德责任更重要。对整个人类的生存也是这样，我们对于利益的争夺远不如我们相互帮助，相互宽容更重要。

爱因斯坦并不是孤立的例子，而是体现了西方文化自希腊以来的一贯精神。追求知识和追求德性二者之间必须一致。怎样才能一致呢？就是承认道德真理是知识中最重要的部分。认识人类的生活，认识人类的心灵，认识人类获得幸福的途径和道路这样的真理是知识中最重要的部分。真理和德性是密不可分的，追求真知与人的道德境界是密不可分的。那么这就意味着爱智慧的另一层含义，爱智慧首先要有善良的愿望和宽阔的心胸。所以柏拉图哲学启动的西方哲学最高的范畴叫作至善。所谓至善，是说拥有对人类纯粹的，不掺杂任何利益和偏见的眼光，这样的眼光才能看到真理，才能通达全部真理。拥有至善的人格的人，柏拉图称他为哲学王。

至善这个概念的提出非同小可。因为拥有全善全智的人格其实就不是人了，而是神！人永远不可能是神，但可以爱神！这就是西方知识起源中最为朴素，最为崇高的那些因素。这样我们就可以知道西方的古希腊哲学中所具有的两种品格：品格之一是超越人，达于神的精神诉求，品格之二是他的普世性格。神爱所有人，不会对任何人偏心眼。神爱人本身，不是人类利益的帮手，而是人类良知的维护者。这就是西方哲学的知识概念——爱神，爱智慧！这也是西方哲学和中国哲学相通的地方。中国哲学，特别是儒家哲学是一种“修证仁义之心”的功夫。也就是说，你学哲学，就得有极高的道德素养，修身养性，让你的仁义之心得到完整而真实的体现。你利欲熏心，你是酒色之徒，你就不可能真正理解和探索真理，探索真理本身就要求自身有道德修养方面的真诚追求。

今天的人，因为科学训练很多人相信进化论，相信人是猴子进化来的。其实人要活着并不需要太多知识，有遗传本能就可以了。别的动物不都活得好好的吗？如果说动物活得不好，那也是人的活动造成了动物的灭绝。如果生物圈因为人的活动而发生改变，很可能会造成人类自己的生存危机，最后人也会灭绝。如果人的聪明只能有助于先毁灭环境再毁灭自己那不如没有聪明劲。即使自然界没有被人类毁灭，如果人类的聪明劲只能造成人与人之间的相互算计和争斗，就会造成道德崩溃。道德崩溃了的人类社会又有什么存在意义和价值呢？

人的聪明部分如果不是用来获取利益，那是干什么用的呢？回答是：人有高于动物的智慧是用来追求真理，明白自己，拯救自己的。在不同的传统文化中是这样认识的：信神的人把这个能力叫作神性，信佛的人把这个能力叫作佛性，中国人更经常地把这个能力叫作德性。也就是说人拥有部分的普世判断和观览人间真相的先天能力。人不能像神那样拥有全善全智的心灵，但是人可以爱智慧，可以爱神。在那些热爱慈善、热爱真理的人群中出类拔萃的人，他们的智慧最容易接近神，最容易理解真理，这样的人叫作“哲学王”。哲学王的知识和德性很高，能够智慧地对待人的事务，因此建立在哲学王统御观念下的社会一定是最理想的社会，这就是柏拉图追求的理想国。

所以我们看到，在西方知识问题的起源中，对于人的德性有很高的要求。只有你的德性很高你才配研究真理，才配谈论知识。知识问题可是非同小可的问题。这样的问题是否到今天发生了变化呢？比如说，学习科学知识是我们今天社会上每个人的事物，是不是科学就是真理？是不是我们每个人都可以深刻地理解真理？真理还需不需要全善全智的心灵作为条件呢？真理的内容中除了自然的科学真理，有没有关于道德的真理存在呢？道德真理是不是只有意见的堆砌，而没有客观的标准呢？真理在我们的生活中有哪些作用呢？这些作用是不是必要的和重要的呢？对于这些原则性的问题，西方哲学在其发展进程中在不同时期都有了不同的理解，就是到了今天这些问题还都是非常基础、非常重要的问题。

研究真理需要慈善的心灵和宽阔的心胸，需要不带有偏见和成见的眼光，这仅仅是哲学家研究真理的一般条件。而知识问题本身是由很多具体方面构成的。其中比较主要的方面有真理的内容，表达方式和研究真理的方法。亚里士多德著有《形而上学》和《工具论》，此外还有《范畴篇》，等等。形而上学是专门探讨知识的最高内容的，研究知识的知识，真理中的真理。具体的知识很多，比如生物学、物理学，等等。但一般的知识就是形而上学。《工具论》研究的是我们获取知识的方法。亚里士多德关于知识的内容和方法的探讨对后世哲学至今都有极大的影响。

那么我们分别看一看知识问题在西方文化中的地位和作用。

首先关于知识的内容。真理和知识问题联系在一起是西方真理理论研究的一个突出特点。而在中国哲学中，一般不太强调真理和知识的关系，而且对真理内容的概括也不一样。欧洲哲学的真理经常以知识为其内容。在古希腊时期的知识概念有怎样的特点呢？

第一，知识区别于意见。“意见”对应的一个概念是公众，也就是说众说纷纭、人云亦云的话语就是意见，它对应的是公众的主张或看法。知识区别于意见在于一致性，不同人之间都有一致的认识的时候才是知识。在现代西方哲学中，发展出了“主体间”这个概念，知识不会因为主体的不同而不同，比如数学知识、逻辑知识、可以证实的经验科学知识，等等。在希腊化时期出现的欧几里得几何学、阿基米德定律等知识都是这样的知识。

第二，知识关乎真理。意见和知识的第二个区别是知识一定是真理。不过希腊哲学中哲学家追求的真理并不是我们现在知道的逻辑和数学知识，实证科学知识，那个时候追求的知识是一种形而上学知识，甚至是知识的知识。比如在实证科学中，我们可以说力是加速度的原因，质能联系定律是物质能量转换的原因，等等，和这些具体原因有区别的东西，如“一切现象都有原因”，比具体现象的原因更具有真理性。在一件事情的具体原因的认识上我们可能出错，但是“一切现象都有原因”这个命题永远不会错。再比如“万物都有它的存在”，这样的命题也不会错。有没有一种真理永远不会错，而且可以把这些不会错的所有知识综合在一个真理的系统中？关于这样的知识，亚里士多德叫作“形而上学”。

第三，知识关乎智慧。希腊时期的知识理论并不认为知识简单是人的能力问题。爱智慧才能了解真理，才能具有真正的知识。我们今天的很多哲学家认为知识是我们认识活动的结果，而在希腊时期不是这样，那个时候的哲学家认为人并没有多少智慧，智慧是神的属性，神有智慧；人缺乏智慧，但是人可以爱智慧。这就涉及中西文化中的一个重要观念。人是有道德要求的，可以尊道守德，修身养性的。比如我们都知道中国是儒、释、道三教盛传的国家。儒家讲忠孝仁义；佛家讲慈悲众生；道家讲敬天重德，这些主张都是文明的道德基础，起着对自我教化作用。西方宗教信神，也起着道德基础的作用。不同学说用不同的语言表达了人性中道德对于人的意义。希腊人把哲学叫作爱智慧，人有能力爱智慧，肯定了人有神性，人可以通过特殊的方式开启智慧，认识真理。而智慧在某种意义上都关乎神的存在和人神关系。所以我们看到，西方哲学但凡和宗教有关的部门大体上都有一个启示真理和理性真理的区别问题。

第四，智慧和真理是通过理性获得的，不是通过经验能够得到的。认为真理具有超验性（transcendent），或者叫作超越性，经验经常产生意见，通常很少和真理扯上关系。无论我们看柏拉图的著述还是看亚里士多德的作品，普遍都强调理性，认为经验的来源是变化多端的，靠不住的。理性的方法大体上有两种，一种方法是直观（intuition），也叫直觉；另一种方法是逻辑（logic）。柏拉图哲学更强调直观的重要性，直观本身就是真实、清楚、明白的东西，本身就是标准，不再需要其他标准衡量它。亚里士多德在方法学上的研究非常系统，影响巨大，在逻辑方面给后世哲学留下了很大一笔遗产。而亚里士多德认为知识有等级和系统，最高的知识是形而上学，形而上学本身除了是真理以外，还是最普遍的真理，真理中的真理。

第五，知识关乎人生的最高目标。人生的最高目标是什么？希腊哲学认为是达于"至善"。所谓至善意思是说有智慧的人一定具有两个突出的特征：特征之一是善。善不仅仅是一种品德，更重要的是获得智慧的条件。没有善的人就没有智慧，人越是善就越有智慧，至善的人是没有恶的，纯纯粹粹都是善的。特征之二是掌握了真理的整合。这样的知识在西方就太重要了，因为拥有知识，掌握真理，达于至善成了人生最重要的任务。也就是说，在西方文化中，真正的知识代表着价值，甚至把知识当作了最高价值。没有知识的人谈不上高尚。

二、西方知识概念的演变

人类一代一代地繁衍，个人的视野也就是几十年而已，普通人甚至十年的眼光也不会有。比如，人在童年不可能去想结婚之后的事情，年岁大了，操心的事情也很有限。我们年富力强的时候只是有一个稳定的追求，但是未来仍然是很不确定的。我们本来很少有时间去关注真理，就更难了解世界上的很多事情。如果我们能够放大时间尺度去看待人类的事物就会发现，知识只不过是文化系统中的一个方面。文化环境不同会造成知识的形态和知识的概念发生惊人的变化。这个现象在整个人类文化的历史上一直是这样。如果把现代科学从萌芽到成形，再到全面占领人类知识的历史周期看作一个完整的事件的话，从哥白尼开始到现在大约有五百多年的时间。古希腊哲学的发展不足两千六百年。用这样的尺度去看待西方文明不过才五个五百年而已。

在这两千五六百年的时间里，知识的变化相当复杂。世界上有五大文明古国，每个文明能够存在都不可能没有知识，但是其知识的状况与希腊的知识系统有着十分巨大的差异。比如在中国，中国也对事物进行分析，但是差别有二：第一，中国对于世界总体的强调远强于希腊。表现在中国人根本没有像希腊人那样把世界看作自然，而是更经常地用到天地和天地之间的万物总体这样的概念去认识我们生存的这个物质环境。强调天和天道有力地维护了自然和道德在宇宙论上是同源的这样一种信念。第二，中国人的分析方法是把万物区分为普遍的生命因素和过程，万物的构成原则为物分阴阳，周而复始。天道和天道之下的万物都以生命的循环作为存在方式。当然，巴比伦、印度、埃及都有自己对于宇宙人生的认识方式和方法，有自己的有效的知识。西方知识获得了巨大的成功，但千万不要以为西方的知识超越了人类的普遍性。

西方的知识概念是在古希腊哲学中起源的，在以后的发展中，是怎样演变的呢？如果忽略其他的知识的重大发展，以希腊式的知识作为标的，知识的发展可以分为三个时期。第一个时期是从希腊哲学诞生，经历了亚历山大大帝的扩张，希腊文化扩展到了整个环地中海地区，这个时期叫作希腊化时期，在这个时期最后，亚历山大里亚知识的发展达到了一个高峰，这段时期大约有六百多年。第三个时期是从哥白尼开始到现在，大约也有不到六百年时间，这段时间，科学知识推广到了全世界。

在这两个时段中间的大约一千五百年中，文明在古罗马帝国经历了拉丁化时期，随后五百年的奥斯曼帝国也曾经统治欧洲，意大利文艺复兴期间，希腊的思想、艺术和学术开始逐渐成为欧洲文明现代化的主流。在这个主流当中，知识才从希腊的思想基础上重新形成了科学的传统。在此过程中，整个罗马帝国的中心是以基督教系统为核心的。而奥斯曼帝国时期的中心是伊斯兰教，但是奥斯曼帝国并没有能够从根本上改变欧洲文明的基本构架。基督教作为欧洲文明的核心的时期，欧洲的思想就是由基督教来整合的。科学并没有独立出来的可能性，文艺复兴时期以后的发展为科学知识从基督教中独立出来提供了可能。如果我们站在基督教统合欧洲真理的基础上来看待知识的话，真理的话语权一直是在教会的手中，只是欧洲文明真正进入现代的时候，这种话语权才逐渐从基督教教会转到了大学手中。现在我们的真理概念是由大学向公众传播的。这个时候大学在理智上的影响力远远大于宗教。

基督教对于欧洲文明比我们现在想要承认的要重要得多。尽管欧洲人的认识方式是科学的，政治生活中信仰民主和法制，但是欧洲人的生活方式在很大程度上却是基督教的。也就是说，欧洲人的行为要参照他们的信仰，参照基督教的要求。而且欧美人有他们的宗教生活，教堂是社区生活的中心。欧美科学家绝大多数信仰上帝。基督教成为欧洲普遍信仰的一段时间当中，发挥着整合欧洲知识和文化的作用。在很大程度上，欧洲有效的知识大多作为基督教体系中有效的内容被整合起来。所以我们发现后来科学的很多发展被一些人利用来反对基督教，好像基督教是科学的敌人一样。基督教作为文化整合的力量运用过度会带来相应的问题，这是没有疑问的。现在我们发现科学成为了整合知识和文化的平台的时候，同样会带来很多棘手的问题。因为，科学的发展和道德之间具有很大的矛盾冲突。基督教在欧美充当着道德基础的作用，没有了基督教也就没有了德性社会存在的条件。所以欧洲文明还是在某种程度上做到了在科学和基督教之间的和解。信仰上帝与从事科学之间并不是非此即彼的关系，而是一种文化的分工不同。正确的态度应该是，基督教对于文化的过度整合应该逐渐从其不恰当起作用的领域退出，科学也应该从其不恰当侵入的领域中退出。

基督教作为整个欧洲的信仰体系，逐渐成为整合欧洲文化的基础与核心。

也就是说一切文化中重要的东西都不能与基督教有明显的冲突。其中包括科学、艺术、历史、文学、政治、经济以及日常生活中的一切，都是如此。任何一个文化部门，如果与基督教信仰有冲突都是不允许的。西方在其希腊化时期还没有基督教，在其现代化的进程中科学知识越来越脱离基督教的限制。除去这两千两百年的时间，是基督教产生、发展的时期，历史上把基督教整合欧洲文明的这一段时间叫作中世纪。比如知识领域，欧几里得几何、托勒密的天体系统、亚里士多德的理论体系逐渐成为基督教认可的标准知识，那么对于这些标准知识的任何改变都会引入新的理论方法和新的知识标准。

现代科学的突破是从天文学开始的。对于天文观测所积累的大量观测数据不能用托勒密的方法加以完好的解释。于是，弟谷、开普勒、伽利略等科学家提出了他们对于宇宙结构的新鲜描绘方法，最后导致了牛顿力学的产生。不过我们不能忽略这样一个事实：所有这些关于宇宙的探索本来就在教会执掌的范围内发生，是来自教会对于真理探索的愿望，而不是我们印象中，科学和基督教之间生死对立的状况。在经典力学时期所谓科学知识可以看作基督教体系内描述世界的方法的自我调整。

牛顿理论经常被当作近代科学真正独立的事件来看待，历史上强调科学独立有两个方面的含义：第一方面，牛顿体系的出现被认为知识从宗教中独立出来了。第二方面认为科学从形而上学中独立出来了。自此以后，知识的变化主要是在很多观念领域都加速科学化，另一方面是哲学家对于知识现象的重新反思和重新认识，知识的规范越来越强调可公度性的尺度。

牛顿力学的代表作《自然哲学之数学原理》，以自然哲学的形式总结了牛顿的整个力学体系，也就是说，牛顿自己并不认为自己是一个简单的科学家。他把自己的理论叫作自然哲学，一方面并没有脱离爱神的范畴，在某种意义上说，牛顿甚至可以看作是一位神学家，因为他研究宇宙的目的在于理解和赞美上帝，宇宙的和谐严整只不过证明了创世主的智慧和能力。另一方面也没有脱离形而上学的范畴，因为他并不认为自己的学说是科学，而是自然哲学。具体说，牛顿的学说有如下特征：第一，牛顿对于自然界的一切现象并没有明确的分门别类的研究的概念。在牛顿的观念中，力学所面对的是整个宇宙和全部自然界的总和，而不是其中一类现象的学科。即使后来出现了化学、生物学等学科，牛顿的时代也是把力学原理当作是整个宇宙和自然界的基本规律来看待的。第二，牛顿把整个力学体系的真理性归功于发现了上帝创世的秘密。例如牛顿思考过这样的问题：如果万有引力是正确的，那么整个宇宙应该趋向于质量集中，在质量集中的过程中走向死寂。而现实的宇宙却那么符合数学上的优美。比如恒星轨道要么是椭圆，要么是抛物线，要么是双曲线。宇宙的和谐优美令人惊异并赞叹，这种走向和谐的推动力量一定来自于一个全智全能的上帝的创造才是可理解的。第三，牛顿并不把自己的理论归功于实证的方法，他经常把真正的科学理论的产生归功于理性和逻辑的方法。如同数学一样的和谐并不是从经验当中概括出来的，而是理性理解力的产物。数学、假说演绎等方法的运用远比经验的方法更为有效。第四，他比较重视公理、定义、推理等数学手段，认为公理是不可错的。尽管牛顿强调理论要能经受得住经验和实验的验证，但是理论界对于经验不能得到不可更改的结论有共识。这种严格主张也接近形而上学的特征。无论人们如何推崇牛顿是现代科学的创始人，可实际上牛顿的真正作用却不在于对自然界的分门别类的研究，而是针对自然总体。他的方法尽管依赖实验，依赖经验，但是他对于理性方法的强调是非常直接而坚定的。而这两个特征都表明了牛顿更像一个自然哲学家。

所以我们看到，牛顿力学之所以重要在于他的体系兼具捍卫神学和形而上学的特征。他捍卫神学是以自然哲学的名义，而自然哲学就是科学作为完整的新的知识形式登上了历史舞台。牛顿利用自然哲学想要证明自然界一切伟大的奇迹只能用神的伟力来理解，只有物理学接近了上帝的秘密的时候才配称真理。

神学和形而上学在牛顿之前是不可公度的。人对于神无知，超越人的事情大体上是觉者的事情，西方人之所以信仰基督教，是因为耶稣基督谈论的很多关于神和人神关系的事情是真实的，耶稣怎么说人就怎么相信，并按照耶稣基督的要求去生活，对待生活和上帝的一些做法并不是学术的问题，基本上要依靠信仰。这样信仰的尺度不在于人类的知识和方法，因为没有人类共同认可的标准，所以是不可公度的。人对于形而上学大体上依赖于纯粹的概念抽象和从概念到概念的推演，与实证方法无关。比如你说世界是无限的可以成立，说世界是有限的同样也能成立。欧洲学术把这种与经验内容无关，仅靠理性论辩所进行的研究叫作形而上学。这种仅靠思辨而进行的研究经常为人称道的就是亚里士多德。

所谓可公度性就是不会随着人类个体的差异而改变，一个表达，一个结论，一个现象，在任何人之间都可达成一致，都有不可抗拒的力量。这样的力量就包括数学和可控科学实验。像这样的不需要觉者的话语，不需要理性思辨的方法中找到每个人都能够认同和遵守的标准和尺度叫作可公度性。数学的可公度性在于在数字和图形运算中大家依靠的都是一样的方法，得出的是一样的结论。只要方法不变，结论一定不变。同样，可控科学实验也是一样，只要控制着同样的实验条件，实验结果永远是可重复的，这种重复不会因为操作者的改变而改变。大家知道，越是依靠德性和智慧的领域便具有了不可公度性。宣示德性，智慧超群的人西方人叫作觉者，中国人叫作圣贤。圣贤的话语和行为往往需要多数人去追随，而可公度的东西往往依赖一些成熟的方法和技术，这些技术在公众之间很少会出现分歧。西方文化的发展在很大程度上依赖这样的技术的发育和成长。

三、西方知识演化的内在逻辑

希腊哲学除了提供现成的知识，还是进一步开发知识的框架和启发模式。很多知识的进步都和希腊哲学密切相关。也就是说，知识是容易发生变化的，但是知识的获取方式和表达方式却是非常稳定的。为什么呢？因为哲学的自觉表达在一定意义上确立了一种智慧的模式。这种智慧的模式贯通古今，非常稳定，很少发生改变。智慧在一定意义上可以看作是一种理解万物如何存在、如何运作、如何成毁的方式，用我们今天的话说，叫作世界观。比如西方哲学看到了世界的两个方面，万物的存在处在永恒的变动当中，从来不会停歇。万事万物都处在不断的形成、保持、变化、解体，甚至变成其他事物的过程中。这样的事物我们没有办法从理性上去确定地把握它。因此希腊哲学发明了一种分析的方法，把事物分拆成不同的组成成分，在这些不同的成分中，寻找一种稳定不变的、基本的成分，希腊哲学把这种基本成分叫作万物的本原。这种思想方法一直贯穿到现代自然科学的概念模式，并没有发生根本的改变。物理学、化学的基础仍然贯穿了这种拆分的方法。

中国文化不是这样。中国人也拆分自然事物，但是中国人的拆分方法叫作物分阴阳，周而复始。在理性开启的时期，东西方文化的差别并不是那么大，对世界的理解一致之处很多。起初中国人看世界一样是永恒地处于变化中的世界，没有任何事物可以不变，变是事物永恒的状态。这样的认识和西方哲学的认识相差无几。所以中国人发明了“易”这个概念，把万物分为阴阳的统一体，阴阳互动中才有万物自体的生机。这种区分方法是把万物区分为生命的因素，而不是结构的因素。自此中国文化对世界的概念化方式就和西方分道扬镳了。中国人还发现，任何事物的变化具有周期性，比如植物从种子到植株，再产生种子，衰老死亡，这是循环的。动物也是这样，甚至山川河流都存在着这样的循环规律，沧海桑田的变迁也有地理的循环。地上的事物都在日、月、年地交替轮转，非常稳定有规律地变化，这叫天时。天时的变化决定地上的风霜雨雪和万物生长枯亡的轮回。个体生命在这样一个不同周期轮回的节奏中演历各自的生死周期。周期性是生命的特征，而结构性是趋于稳固的僵死的特征，这样看来西方文化有利于精细操作，以有利于精细操控物质的结构作为智慧的基点。其文化整体上人为性的指向是技术；东方文化有利于理解和驾驭生命，这种文化整体上以协调生命之间的关系作为智慧的基点，人为性的指向是权力。

此外，西方的认识模式中世界中的一切都是可以在结构和功能上来拆分的，可是中国文化中的天地、天道这样的概念不能拆分。虽然在文辞上或者概念上天和地是不同的概念，但是天属阳，地属阴，阴阳之间不能拆。天地在原则上是要合在一起来谈论的，不能简单地说天是天，地是地，因为天地之间是一个生生不息的总体概念。可是现在人们谈论天的时候已经被西方科学同化了，天是天，地是地，其实是转换了范畴。因为天不再是中国文化中的天，而是“天体的总和”，天体的总和这样的概念是西方知识的物质概念。地也不再是上天造化万物的承载者，成了“万物的总和”，这样的概念已经是西方物质概念的一个组成部分了。虽然如此，中国人的生存方式还是潜在有把天地相互作用生生不息的整体作为形上的终极实在来认识的。

由此推知具体的事物也是这样。比如男人和女人，男属阳，女属阴，也不能拆。我们说人的时候不是个体，而是要把男女看作一个统一体，中国人为什么那么重视家庭？就是因为男人和女人不能完全分开去认识，对男人和女人最正确的理解是夫妇统一体，既然人生都在夫妇统一体之中，你就不能过分地强调男人或者女人。因为家庭是一个完整的生命统一体，这个统一体的根据在于男女是阴阳相生相克的关系让人类的种族繁衍绵延不绝。

有人说，没结婚的男女就不是人了吗？没结婚的男女在其父母所在的那个男女统一体中，还没有脱离其父母的生命，没有从父母的生命中独立出来，还不算男人和女人。只有男女成婚才是真正的男人和女人。如果人不结婚，没有进入物分阴阳，周而复始的循环中，你就不自然，甚至是反自然。反自然当然就不再为天地所庇佑，你就被自然淘汰出局了。从这样的立场看待婚姻自由的观念其实是反自然，反天道的东西。现代人借口说没有爱情的婚姻是不道德的，强烈要求离开夫妇之道追求爱情，其实是毁灭家庭和人伦的末世败像。其实我们仔细想一想就会明白，有家庭神圣的概念的人才会有对爱情的忠贞，没有了对家庭和男女天职的守护的追求就不会有忠贞的爱情这样的事情存在，没有了忠贞的爱情其实就是男欢女爱的及时行乐而已。

像这样的智慧模式在五千年中华文明的传承中很少会发生改变。西方文化把男女拆开了，拆开了变成独立个体的时候会产生性别家庭之间的大裂变，所以为了让裂变的人类有序化，西方人强调“法制”，中国人从整体来看待人和人生的时候强调的是“礼制”。法制和礼制并不简单是社会制度的差别，其实也是生存方式的差别。像这样的观念不仅表现在其成熟的理智方式中，甚至还表现在神话中，中国的远古神话贯穿着人在天地之间这样的宏大情怀。西方神话中的人物就有对私情崇高化了的追求。文化的选择在某种意义上有其立意的高下之别，文化原则的确立有其历史的前后脉络。

西方知识的发展因此而有两个层次，一个层次是哲学层次，另一个层次是科学层次。从哲学层次来说，知识在相当长的历史时期内叫作形而上学。所谓形而上学具备理性知识的各个特征，比如它合乎理性、合乎逻辑、具有真理性及普遍有效性，不会因为意见和感官的差异而带来变化，也不会因为意见和感官的差异而受到怀疑和批判，等等。对于这样的知识，从柏拉图和亚里士多德哲学，跨越了整个古代和中世纪以后，一直到科学知识最终确立起权威，都是西方主流的知识形式。西方哲学的变化和这样的智慧模式的转变有关。而具体的科学理论是第二层次的问题。

那么从哲学到具体科学的模式转换经历了怎样的变化呢？简单地说，就是从亚里士多德的生命目的论的因果关系向机械关系论的因果关系的演变。亚里士多德曾经提出了著名的四因说。四因说确立的看待事物的框架是这样的：任何一个事物都可以看作一个有目的的过程。事物从无到有总要有一些质料按照某种形式构成。比如树木总会长成植株，植株的形式总是由根茎枝叶构成，这里的根茎枝叶就是树木的形式。人也有人体的结构形式，不仅如此，山川河流也都有其结构形式。所以说任何事物的出现都有一个过程，这个过程就体现为某些材料按照一定的形式构成这种事物自身。其中的材料叫作做质料因，而形式就叫作形式因。不过这种构成过程还需要有自然的推动力，叫作动力因。只有动力还不行，万物向着其完成的完美形式去形成中表现了万物都有达于其目的的过程，这里的理想的结果叫作目的因。质料因、形式因、动力因、目的因共同作用构成了万物的生命过程，这种理解模式的整体就是所谓四因说。在亚里士多德的概念框架中，运动和变化基本上可以理解为生长。万物成就的过程是一个生长的过程，而生长是一个生命有机体的概念。

近代的物理学把因果性做了机械论的重构。这就是牛顿力学引入的一种全新的重构宇宙和整个世界的新方法。牛顿发现的主要是引力相互作用和机械相互作用。无论是引力相互作用还是机械相互作用都可以简化为质点之间的相互作用。不同质点间的相互作用与生命过程、成长过程没有任何关系，虽然后来有主见揭示出来的电磁相互作用和微观粒子之间的相互作用等多种形式，但本质上都是属于机械因果性的范畴。在理解宇宙的图景方面牛顿做出了这样的简化之后带来了两个相应的方便。一个方便是可以在描述相互作用的时候引入数学方法，包括几何学、代数学等精确的方法。第二个方便是，定量的精确刻画可以引入可控科学实验的方法去验证和模拟自然过程。现代的科学大体上都有这样两个突出的特征：必须对于自然过程进行数学的条理化整理，并且能够精确地模拟和控制自然过程的细节。之所以可以有这样两个突出的特征，原因在于牛顿对于理解自然的模式，对于生命因果进行了机械论的革新。生长或者成长的理解事物的方式被自然科学彻底摒弃了。

科学哲学或者现代知识理论可以理解为哲学对于牛顿方式的反应，牛顿方式成了新的知识权威。当然量子力学和相对论的出现造成了科学内部发展变化的新态势，这种变化的本质是什么，科学哲学也有进一步的回应。在我们下面对西方科学哲学不同流派的介绍中，主要呈现出来的就是这种回应的基本框架和过程。我们说知识有两个层次，一个层次是哲学层次，智慧模式的层次，另一个层次就是具体知识的层次。这两个层次哲学做出的回应的方式就是西方科学哲学所展现的面貌。

科学哲学出现在20世纪早期，在整个20世纪中期极为活跃，科学哲学在这一个时期极为活跃同样和科学发展的现实有密切关系。20世纪早期，科学本身对牛顿力学体系的基本信念带来了巨大冲击。一个是相对论力学，一个是量子力学。这两个物理学学科的发展颠覆了牛顿力学的某些基本信念，这也不能不成为科学哲学研究必须面对的问题。在科学革命没有展开的时候，人们理解科学的方式主要是在语言表达的基础上建立与科学知识或科学真理相适应的知识的普遍规范。经历了科学革命之后的科学就不是这样，我们必须对那些简单的普遍规范提出新的看法，同时理解科学革命本身就已经是非常关键的问题。所以我们看到，传统的实证主义哲学非常乐观地想要建立标准的表达科学的规范语言，而后来的波普尔哲学和库恩哲学都有着浓烈的科学革命的背景。此后的科学哲学研究基本上是对逻辑主义者和历史主义者之间所产生的问题的继续探索。

四、从认识论到知识论

大体上来说，科学哲学（philosophy of science）是用现代分析哲学的方法来分析知识现象的哲学。

科学哲学研究知识现象，可以叫作现代知识理论，或简称知识论。知识论和认识论在汉语的表述上仅一字之差，但是内涵却差之千里。认识论（epistemology）和知识论（theory of knowledge）在西文中表述大不相同，内涵也大不相同。那么认识论和知识论有什么基本的区别呢？第一，认识论经常讨论的认识目标是形而上学（metaphysics）的对象，比如康德所说的神（God）、灵魂（soul）和物自体（thing itself）等终极实在（eternal reality），谋求确立关于它们的知识和真理的系统，这种追求至今还保持在某些基督教哲学的研讨当中。而知识理论仅仅局限于我们借助经验科学方法（experimental method）能够把握的东西，限于具体事物和具体事物的类别。第二，认识论经常以批判我们的智力（intellectuality）和理性结构（structure of reason）为直接对象，要从我们的智力和理性结构中必然地引申出来形而上学的对象的实在性的观念。而知识理论只关心知识的表述系统应该符合怎样的逻辑和方法论的规则，其所讨论的直接对象是语言和语言系统。第三，认识论要理解的概念通常关乎信仰，而知识论关心的概念是可理解性和操作的有效性。我们理解科学哲学的发展，首先应该在认识论和知识论之间做出明确的区分，这有助于我们清楚地把握科学哲学的问题和解决问题的方法。注意到了这个区别我们会在以后的讨论中具体阐述科学哲学的问题和相关理论。

其实哲学从认识论到知识论的转变与西方知识形式的新变化是相适应的。传统西方知识主要遵从亚里士多德的知识规范。从知识的表达形式来说，那个时候知识的研究主要针对概念，关于概念本身可以区分为内涵和外延。把内涵的普遍形式逻辑化是古典哲学的中心课题。为此亚里士多德列出了范畴表，一般古典哲学家也都重视那些范畴表。后来对范畴研究影响比较大的人物有两位，一位是近代德国哲学家康德，一位是后来的德国哲学家黑格尔。

任何一个名词，我们在思维中都理解为一个对象。古代哲学把所有的对象赋予一个普遍称谓，叫作一个实体。任何一个具体事物我们都叫作实体。这样实体就是任何具体事物的普遍逻辑内涵。与实体相应的是属性，属性一方面规定了不同实体自身的某些特殊内容，另一方面在不同实体的具体内容之间显示出区别。

实体的存在有无是普遍的范畴。实体存在于时间空间中，于是时间空间也是范畴。实体本身有其自身的结构，比如结构与功能，部分与整体，元素与联结等，这些实体内的结构的普遍内容也是范畴。

任何一个事物除了有结构，还有时空中的过程，对这个过程的许多方面也有范畴，如从可能到现实，从动力到目的，从原因到结果，从形式到内容，从无机到有机，从物质到生命等，关于事物发展、变化、生长、解体的过程的概念也是范畴。

像这样的依据实体的普遍性而确立的一般范畴并不是孤立的，范畴之间存在客观的联系。如果把这些纯粹范畴之间的客观内容表达为一个完整的知识系统的话，虽然这样的知识没有涉及任何一个具体的事物，但是却从形式上刻画了一切事物的普遍形式，这些形式本身作为哲学研究的纯粹内容大体上是古代哲学确立知识和真理概念的基本背景。

这些基本的范畴渗透在我们日常语言的表达之中。比如我们说“人是有理性的动物”，其中“人”说的是实体，“有理性”说的是属性。在西方语言的主谓判断中，主词说的是实体，谓词说的是属性。也就是说一个主词可以理解为一个实体，对主词的陈述可以叫作属性。我们的语言都是按照主谓逻辑说话，我们以合乎主谓逻辑的方式，说出了具体事物的内容。依托这个假定，我们对于范畴的观念内容的反思研究就是近代的认识论学说。在古希腊哲学家看来，范畴是对象的普遍形式，以对象的普遍形式为内容的知识是普遍有效的真理。可是从笛卡尔开始，哲学家改变了对范畴客观有效的看法，他们的主张是所谓观念论。以其中比较成熟的观点来说，康德的学说比较典型。康德对范畴有了新的系统思考。

康德不再认为范畴是普遍的和客观有效的对象领域的事情，而是人类理性理解对象的先天有效的方式。比如实体范畴，并不是因为任何事物都是一个实体，而是因为我们人类理解对象的时候，对于任何事物在直观中和在思考中都有一种综合统一功能，正是因为我们思维的综合统一功能造成了我们把任何主词指称的对象理解为一个完整统一的实体。而且，这种综合统一功能会把一切相关属性归并到某个实体，这个实体就成了相关属性的承担者。其他范畴的本质也是一样，体现了我们思维的能力，我们有能力把事物的存在和过程条理化、秩序化。这种条理化、秩序化的背后是由我们的先天综合统一功能来支持的。康德把这种综合统一功能看作是思维把握实在的内在灵魂。像康德这样的哲学家，是西方哲学近代发展中最典型的认识论的学者。他们把真理和把握真理的思维联系了起来，把知识和发现真理的意识联系了起来。

黑格尔把范畴理解为纯思的东西，就是纯纯粹粹的思想的东西。这样我们会问纯纯粹粹仅仅属于思想的范畴依托什么才能存在，才能具有实在性呢？黑格尔认为是“精神”。其实这一点很容易理解，因为思想的东西不仅仅有其内容的方面，还有活动的方面，精神活动不管具体形式如何——比如以某种大脑为媒介，或以某种将来科学发现的物质存在方式为媒介——都是超越物质的。因为精神是思维活动，具有能动的自由本性，而物质本身并没有这种能动的自由本性，这种能动的自由本性才是精神的本质。精神活动的自由本性表现为精神可以在对错、善恶、美丑之间做出选择，并能以趋向这种选择结果的方式付诸持续不断的行动，这是能动的意志活动是精神活动独有的品质。只要精神有其活动，还必须遵守逻辑，而逻辑的基础就是范畴。黑格尔是把范畴的纯思内容逻辑化的大师，他对范畴的体系化的理解超越了古今任何一位哲学家。

研究精神，并不妨碍我们把精神放在物质形式中去认识。按照黑格尔的看法，精神在现实的活动中除了受纯粹精神规律制约以外，还受到其物质载体的制约。比如动物一样有精神活动，但是其精神活动比人受到的限制要大得多得多；精神也可以在植物中存在，那就比在动物中更受限制了；无机物中就很难体现精神活动了，但是你不能说其中绝对没有精神。在这个意义上，万物就其具有潜在的和现实的精神活动这一角度来说，万物的本质就是精神。黑格尔因此被叫作唯心主义哲学家。

黑格尔哲学意味着认识论哲学的完成。认识论解决的问题是让我们的意识活动和思维机能最终获得终极的实在论意义。说的更明白一点儿，其解决的是认识、真理和灵魂的关系问题。因为只有灵魂才是心灵和精神活动的实体。真理对于灵魂来说才有意义。而以纯纯粹粹的自己的自由本性而存在的精神就是神！因为精神的存在方式不同，存在的物质条件不同，精神从其最高存在到其物质中的潜在存在都是精神实在性的实证！万物都有神性，但并无一物可以是神。神性是任何物质躯壳中的灵魂的属性，并不能直接从任何物理学中找到纯粹的灵魂。但你又不能说万物没有灵魂，因为如果物质没有神性，那么任何精神活动都成了一种虚幻的东西。精神之所以是实在，并不在于完全和物质无关，相反，精神的普遍性和物质的普遍性是一样的事实。在欧洲文化的内在精神看来，一切实在都是实体。世界上有物质实体，即物质；也有精神实体，即灵魂；纯粹的精神实体，即神。最高的神，即上帝。所以我们不难理解，欧洲哲学追求的真理概念，知识最高的内容都和实体相关。知识的真理是关于上帝、灵魂和物自体的科学。

自从有了牛顿哲学，再像古典哲学那样研究知识基本上就不再可能了。

因为科学不去用古典的范畴去描述事物，也不用一种理解这种范畴的认识论规范来描述知识，且不用传统的方式来确立真理概念。哲学对牛顿力学的响应是另起炉灶的办法。宇宙的运行机制遵从机械论因果性，知识表达的数学化，知识内容的实证化，都是牛顿的自然哲学所带来的知识的新变化。

传统哲学还是习惯于把新科学和古典的范畴关联起来，因为传统的哲学理解自有它的方式。比如康德，康德问威严的道德法则和严整的宇宙秩序到底从何而来？这个问题的提出其实是着眼牛顿力学的结果。康德时代的欧洲，文化的主要倾向或主流价值是对道德和规律的信仰。从宇宙，从人心找到这样的依据是那个时候哲学的主题。康德把我们文化的基础从人的心智能力去理解，成就了他的先验主义哲学，同时，经验主义哲学也是从人的心智能力去理解。但是牛顿力学的发展经历了 200 多年以后，哲学和文化对于知识的理解就越来越接近知识的实际存在形式。知识的实际存在形式一方面有了严格的数学化的表达方式，另一方面出现了专门的科学研究事业。这样，知识的存在形式成为专门课题，我们就不难理解新的知识理论包含什么内容了。

新的知识形式和传统相比有几个方面的变化：第一个方面是抛弃亚里士多德以来一直到黑格尔的形而上学体系，把形而上学实体从知识领域清除出去。科学的发展带来的新的知识体系和那种传统的思考宇宙人生的哲学理论很不合拍。科学的做法是给予现实世界一个完全机械论的图景。第二个方面，抛弃了从人的理智和理性能力理解知识的方向，转而思考数学语言，逻辑语言是知识表达的直接语言，这样的语言并不服从传统的范畴学说，而是服从形式逻辑的同一律规则。这就是从智力转向语言和逻辑，从思维科学转向语言学。第三个方面，不再研究抽象的思维过程，转而研究科学，研究实际进程中科学家共同体的行为准则，也就是科学变化的整体方式。

五、逻辑实证主义与分析的知识论

科学哲学使用现代分析哲学的方法。科学哲学家一般都擅长分析，对于分析的方法论有很好的训练，有些人还是分析哲学的大师。比如卡尔纳普（Rudolf Carnap）和奎因（Willard Van Orman Quine），这两个分析哲学家主要擅长逻辑分析。他们对于科学哲学基本问题的研究具有基础性的地位。科学哲学要能够在逻辑分析的道路上继续前进，就必须注意他们的分析和论述。再比如分析哲学家图尔明（Stephen Edelston Toulmin），他在日常语言哲学的分析方面驾轻就熟，他对科学知识的分析是非常精当而有力的。如果没有系统的分析哲学的训练很难在科学哲学上有实质的贡献。

分析哲学的创始人弗雷格（Gottlob Frege）、罗素（Bertrand Russell）和摩尔（George Edward Moore）分别开始了他们对于传统认识论的创新，这种创新一方面确立了新的知识和真理理论，这种创新就是以科学知识作为对象的；另一方面完善了现代的分析方法，已经把分析的标准和科学紧密地联系在了一起。分析在某种意义上击溃了传统的认识论就在于分析在方法论上确立了本身的科学性的标准。尤其是弗雷格的研究，力图在有效的逻辑基础上解决一切知识和真理问题的哲学理想，这个理想一直是科学哲学在相当长的历史时期中首肯的目标。在这里，传统的逻辑分析哲学家把分析作为一般认识论的现代形态来对待。分析就是新的认识论，就是知识论。在分析哲学后来的发展中才逐渐放弃了追求方法论的科学性的努力，尤其是维特根斯坦（Ludwig Wittgenstein）重返剑桥之后，引领了日常语言哲学的强劲风潮，分析的创新才从根本上脱离了以知识和真理为中心的路向，对分析方法的要求也才脱离了以科学性作为价值标准的取向。

我们对于每个时代的话题采取什么态度直接构成了一个时代文化理性的基本方式。在信仰的时代里，人们对待话题的态度是独断的；在批判的时代里，人们对话题的态度是存疑的；而在分析的时代里，人们对于话题的态度最要紧的是要拿捏分寸。对于什么性质的问题要采取什么样的对策；对于问题的掌握应该是能把握到什么程度就说到什么程度，做到什么程度；对于不同事务的分寸的掌握就是由分析的方法论的尺度所决定的。从现在的情况看，分析所面对的对象涉及文化的一切领域，哪里有语言，哪里就有分析。科学、技术、宗教、艺术、历史、政治等都可以纳入分析的范畴。科学和技术也是分析的一个领域，一个问题和一个任务。分析哲学只不过是20世纪这一短暂时间段中的事件，别看这段历史不长，但却完成了从传统哲学脱胎出来到十分具体的话题领域的拓展这样的巨变。其中每一个学派的出现在方法和见解方面都大相径庭，令人眼花缭乱。这展现了20世纪哲学独到的风景。

分析哲学的开端是逻辑分析，逻辑我们在广义上可以叫作逻辑分析的知识理论。所谓广义上说，逻辑分析并不简单围绕科学知识问题，它的最具体的成果却是在研究科学知识问题的时候展开的。单纯研究知识和科学的时候，我们把它叫作狭义的知识理论。广义上说，逻辑分析所面对的知识是一切知识。而狭义上说，逻辑分析面对的是经验科学和数学知识，人们更经常地把经验科学知识等同于知识。在下面的篇幅里我们将集中介绍分析的知识论哲学都探讨哪些问题，它探讨问题的方式方法是怎样的。广义的逻辑分析我们不作介绍，这里重点介绍狭义的逻辑分析的知识理论，这种理论的主要代表就是逻辑实证主义。

逻辑实证主义（logical positivism）也称逻辑经验主义（logical empiricism），代表人物主要是活跃在维也纳的一些哲学家，也叫维也纳学派或维也纳小组（Vienna Circle）。这个小组在20世纪20—50年代非常活跃。其成员主要包括石里克（Moritz Schlick）、卡尔纳普、纽拉特（Otto Neurath）、费格尔（Herbert Feigl）、弗兰克（Philipp Frank）、哥德尔（Kurt Godel）等。其中不仅有职业的哲学家，还有欧洲大陆优秀的物理学家、数学家和逻辑学家。维也纳学派最早有维也纳大学的汉恩（Hans Hahn）、弗兰克和纽拉特，开始关注科学哲学和认识论问题，后来他们邀请石里克加盟，石里克成为这个小组的召集人，20世纪20年代末期，成立了马赫学会，并出版了宣言式的小册子《科学的世界观——维也纳学派》，阐明了这个学派的基本纲领。

（一）知识分类和命题分类

所谓逻辑分析依托的是一种新逻辑。我们知道，牛顿对自然界规律的理解是在完全数学化的表述中完成的。数学化意味着可以精确计算，并且其精确计算的结果可以在实验中验证。20世纪由弗雷格开创的，罗素和维特根斯坦参与的数理逻辑开始具有了严格演算的系统，在逻辑分析中实现了对谓词逻辑和语句逻辑的严格演算。我们把欧洲逻辑的这个发展叫作逻辑的数学化，有了对逻辑数学化的方案，才有了逻辑分析。这样对知识的理解就可以像数学那样找出其演算的规律来。

我们平时的知识类型是从知识的表观类型出发所做出的分类。而在理论上，欧洲的知识学说有其完整的认识和系统的追求。其中亚里士多德的知识观念影响了欧洲两千多年。具体到某种知识形式，在历史上人们也有不同的认识。比如托勒密的学说既符合基督教，也符合占星术，还符合天文学。但是就其在欧洲长期的存在方式而言，托勒密的体系一直是基督教真理的一个组成部分。物理世界即使有其规律那也是造物主创造计划和创造智慧的体现。阿基米德曾经制作了很多机械，但是人们并不把他叫作物理学家，他的发现和真理好像扯不上关系。在欧洲曾经把几何学叫作物理几何学，意思是说，几何学是对于现实空间的最正确的理论。几何学并不是图形和图形关系的公理系统，而是物理空间的直接描述。人们对于数字也有朴素的实在论态度。知识如何分类还关系到人们对于真理的认识。欧洲哲学和哲学理性一直把真理当作知识追求的首要目标。知识分类首先要尊重知识的真理性，欧洲的知识和科学之所以成为人们高尚事业的一部分，正因为哲学和科学所要达到的就是关于事物的真理的认识。

逻辑实证主义认为，知识问题是语言问题，而不是理智问题。那么从语言来说，逻辑实证主义提出了什么样的观点呢？逻辑实证主义关于分析命题（analytic proposition）和综合命题（synthetic proposition）的区分。简言之，分析命题构成了数学（mathematics）和逻辑科学（logical science）；

综合命题构成了自然科学（natural science）、心理学（psychology）和社会科学（social science），也就是所有经验科学（experimental science）。康德把知识叫作先天综合判断，认为凡是谓词（predicate）的内涵都包含在主词（subject）之中，起到了对于主词含义的解释作用的就叫作分析判断（analytic judgement），而谓词的内容不能包含在主词之中，给主词增加了新的内涵的判断叫作综合判断（synthetic judgement）。

判断是一种描述认识行为的语词，而逻辑实证主义不用判断这样的传统逻辑的语词，而是使用完全现代的逻辑的语言，其依据也不是所谓内涵，而是意义和意义规则。根据逻辑实证主义的理论，凡是仅就其逻辑形式就可判断其为真的语句就都是分析命题。分析命题的表达式也可以表达为命题演算的合格形式。综合命题是那些判断其为真的条件依赖经验验证的那些命题。所有经验科学的命题都是综合命题。综合命题的意义是由其本身的意义所决定的，而不是由语言形式单独决定的。

此外如果不是分析命题，也不是综合命题，那就没有资格成为知识，而传统形而上学的表达既不是分析命题，也不是综合命题，所以叫作无意义，而无意义的东西根本就不是命题，但是形而上学有一种迷惑人的外表，它类似命题，却似是而非，所以叫作假命题。这里的假是伪装、冒充的意思。形而上学在欧洲传统上一直是这样的假命题。显然，形而上学既不能通过其语言形式而判定为真，也不能通过经验证实为真，所以它不是命题，而是假的、伪装的、冒充的命题。这样命题分类理论提供了知识之为知识的标准，逻辑实证主义根本就不去纠缠过去实证主义的认识论问题，而把对于传统认识论的批判变成了语义学批判。

（二）语义规则和意义的证实说

意义理论大体上可以说是分析哲学的核心问题，没有一种分析哲学不关心意义理论。但是意义理论并不解决每一个具体的语词和语句的实质意义是什么的问题。比如 1+1=2 有什么意思，水往低处流是什么意思，一句假话有什么意思，这样的问题意义理论是不过问的。那么，意义理论研究什么呢？根据逻辑实证主义的看法是研究有意义的语句具有的形式条件是什么。研究的是有意义的表达式具有的一般条件是什么。比方说 x 是 y，这是一个表达式，a 或 b 也是一个表达式，为什么一个表达式能够用来谈论某个事情，而这个表达式一定是有意义的谈论？逻辑实证主义者把语言的意义区分为两个问题，一个问题是语言的具体意思是什么，另一个问题是，有意义的命题的表达式是什么，前一个问题是内容问题，后一个问题是语言形式问题。有意义的表达式才能表达有意义的命题。无意义的命题仅就其表达式而言就是无意义的，是假命题。命题表达式能够有意义地表达成一个语句的条件叫作语义规则（semantic rule）。也就是说，逻辑实证主义认为，语言有没有意义是由形式决定的，而语言的意义是什么是由其所指（reference）决定的。

从广义上说，所指我们可以翻译为指称。但是在英语中，这里的所指是指言辞所及，言辞所及的东西可以是物，可以是数，也可以是观念，还可以是其他的对象，一切可以合法地见之于语词的东西都可以有其相应的所指。所指不一定有我们通常所说的可以由经验得到的实在的东西。证实在这个意义上也是广义的，每一种不同的语词属性可以有其相应的和相配的所指。合法地有其所指也就是其所关涉的语词可以有意义地用于言说其所指，这也是语义规则的一种情况。意义和所指即在语义学（semantics）上是密切关联的两个因素。逻辑实证主义者有一个把意义和证实密切联系在一起的表达方式，叫作“语词的意义就是它的证实方法”。这里的证实有一种广义的理解，不仅仅和人的经验有关，比如合逻辑是分析命题的证实方法。不同种类的命题其证实方法可以相应地有所不同，但是逻辑实证主义者认为，他们完全有理由相信逻辑句法可以解决这一切问题。

意义作为证实方法属于分析的范畴，而不是属于经验的范畴。比如数学和逻辑的证实方法完全是逻辑的，由于逻辑实证主义者是逻辑主义者，所以他们认为没有逻辑以外的方法。问题是经验科学命题的有意义性标准为什么也是逻辑范畴内的事情呢？首先，经验命题的证实无需经过经验，意义仅仅是一种证实的可能性。比方说，月亮上有环形山，这个命题是有意义的并不在于你能否到达月球，或者能不能找到一种在地球上确认环形山的方法，问题是这个表达式本身就是有意义的，我们应该关心的是这个表达式是不是一个合格的表达式。其次，这也不是一个实际检验的程度问题。比如，你是不是可以举起 50 千克东西，或者你是否能够举起 1 吨东西，都属于程度问题，而不是逻辑实证主义所要想的问题。石里克曾经用一种实质定义的方法来解说什么是“逻辑的可证实性”。

所谓实质定义，石里克做了这样的表述：我们要问一个语词是否有意义，要把这个语词放到一个句子中，然后从这个句子推论出其他的句子，这种推论一直达到一个不能再推论的句子，而这个句子是一个合法的观察语句。石里克的这个表述包含着几个意思：第一，有意义的语词必须放在语句中才能辨别；第二，有意义的语句能够逻辑地推递到至少一个观察语句；第三，观察语句是一个合法的观察语句集合。这里的合法的观察语句是指我们在进行观察的时候，正确地使用的语句。这个语句是一种句式，所以句式的类型是我们经验科学能够得到经验保证的切实基础。至于这个句式的集合为什么是合法的，并不需要逻辑上和认识论上的理由，而是我们健全的语言所具备的一种能力和规则。至此我们知道，逻辑实证主义没有认识论和心理学的假设，只有语言的合理性信念。这个保证是以我们惯常的语言规则的有效性为基础的。可证实性是一种方法，这种方法归根到底依赖一种语义规则。逻辑实证主义哲学很大程度上取决于它对于语义规则的阐明。

（三）科学理论的结构和理论概念的方法论性质

科学理论的结构问题一直贯穿在科学哲学发展的整个过程中。不同流派的发展过程中都提出了不同的看法，问题也都有不同的变化。而逻辑实证主义对于科学理论的结构的看法重点在于科学理论表述的一般形式规则。

专注于纯粹哲学的规范性讨论的时候，不能不看到其他很多人的努力。

比如弗兰克曾经著有《科学的哲学》，以总结相对论为蓝本来阐述逻辑实证主义的知识论主张，这样的分析更切近科学的史实。再如汉森（Norwood Russell Hanson）的《发现的逻辑》和内格尔（Ernest Nagel）的《科学的结构》，对于科学语言表述的结构的认识也都引起了非常广泛而热烈的讨论。汉森的观念引起了观察和理论的关系的热烈讨论。内格尔区分了归纳模式、演绎模式、发生学模式、目的论模式等经典结构。有的哲学家还就科学理论的逻辑模型做出了探讨，比如公理化演绎系统、逻辑系统的模型解释等。这些探讨也在相当程度上制约了规范性的探讨。如果规范性的研究能够把以上讨论的大部分纳入到自己的解释，那么逻辑实证主义的成功就指日可待了，而实际上这样的问题的艰深复杂大大超越了逻辑实证主义的想象。

理论概念的方法论性质是一种什么样的问题呢？按照逻辑实证主义的理解，一个理论语词的有意义标准和它归约于的经验或观察陈述有关系。可是这样的目标不久就遇到了困难。一般说来，理论的核心观念越来越多地依赖于理论本身，而不是越来越切近经验。而逻辑实证主义者一般不满足于一般的认识论论断，说理论是归纳的或者演绎的等。因为要给出严格的逻辑标准并不是一件容易的事，而且理论概念远离经验往往是一个直接的事实。那么我们如何说明这样的理论概念符合经验论要求呢？如果理论概念并不直接是经验命题的陈述，那么理论概念或者理论语词如何能够在一个经验主义的知识系统中存在，在其中起着怎样的作用呢？

从逻辑实证主义的要求来说，如果一个语词或语句不能直接用于对于经验现象的描述的话，那么它也必须在描述经验事实的逻辑环节中起到恰当的作用。理论语词或理论命题在科学理论的描述系统中所起到的逻辑作用就是理论概念的方法论性质的问题。在这一方面研究比较突出的还是卡尔纳普。卡尔纳普的方法始终是落实在语义规则上。理论语词对于语义规则的形成究竟在逻辑上如何起作用，如何用逻辑语法表达这种作用就是卡尔纳普的直接目标。这样的问题实际上真正决定了逻辑实证主义研究的成败。

比如说理论中一定存在的东西有公理。公理往往包括逻辑和数学规则，有时候还要有公设。公设实际上往往是一个理论最核心的概念。比如万有引力就是一个公设。它可能假，但是一般说来这个公设在牛顿力学系统中很少有例外，甚至不允许有例外。一个理论中的任何陈述不可以与它的公理和公设相冲突，这在任何科学理论中都是有效的意义公设。类似这样的公设对于知识理论中的意义理论的影响是具有重大意义的。按照卡尔纳普后来的看法，意义和意义规则的问题不应该是一个绝对的问题，而是语言选择问题。为什么是语言选择问题？就是因为一个命题、一个陈述是否有意义不是孤立地看这个语词或命题本身，而是看其所处的语言系统。看其能否和这个语言系统的公理和公设相容。比如伽利略变换的有效性在经典力学中和在相对论力学中的意义是不同的，所以当我们讨论伽利略变换的时候，就不得不说伽利略变换的意义在相对论力学中的意义是什么，而在经典力学中的意义是另外一回事。类似这样的问题统称为理论概念的方法论性质的问题。

理论概念的方法论性质包括相互关联的两部分内容。一部分是理论概念对于知识系统的语义构成有怎样的逻辑特征，或者说做怎样的逻辑分析。另一类问题是理论概念的有意义性的知识论意义是什么。在比较精致的逻辑实证主义学说当中，知识问题虽然是形式语义学的问题，但是其中的结构非常复杂艰深。比如逻辑规则、数学规则、形而上学概念、经验假说都必须在逻辑上加以分析和解说，还要对它们各自的对于知识的规范性具有的意义和价值做出评估。比如有意义性、证实、真理性等在科学理论的不同概念和陈述究竟具有怎样的意义，这样的概念和陈述究竟怎样才能合理地构成知识的必要条件。

六、否证主义与科学研究的方法论特征

我们看到逻辑实证主义的研究集中考虑标准的表达式问题。语义学并不去考虑命题表达的具体内容，而是考虑有意义的表达式的逻辑特征。比如逻

辑表达式和经验科学有意义的表达式，任何科学的语句都是表达式，只要表达式是科学的，我们就可以利用所有有意义的表达式去表达科学理论。有意义的表达式是怎样的这个问题是逻辑实证主义的兴奋点。当然在后来的发展中，表达式要纳入到科学理论的整体中才有意义，不过逻辑实证主义还是侧重科学命题作为表达式的逻辑特征。从否证主义开始，目光从单纯的命题和命题的逻辑特征这样的问题离开，否证主义差不多和逻辑实证主义处于同时代，并且对于知识也持有实证的立场，但是否证主义已经不再去考虑表达式问题了，否证主义更关心科学研究中的方法论特征。

否证主义（falsificationism）主要是英国伦敦经济学院的哲学家波普尔（Karl Popper）教授及其学生所进行的科学哲学和科学方法论研究。波普尔的思想并不简单地来源于他对科学知识的思考，他还考虑了人类思想中很多其他因素。他的否证主义又称批判理性主义（critical rationalism）。其实这个称呼更加接近波普尔哲学的基本主张。波普尔的哲学实质上是一种自然的和进化的理性主义。这种理性主义不仅仅表现在知识的问题上，在其他更为普遍的人类事务当中，波普尔也是一个否证主义者。比如波普尔比较强调对于社会制度和社会理想方面的思考。他认为，绝没有理想的社会，而只有不断改进和修正的社会。没有理想的制度，而只有不断纠正错误的制度。这样的观念和他在知识理论上的主张具有高度的一致性。波普尔的思想简洁明快，而且观点的重复率很高。在某种意义上说，他并不单纯是一个理论家，更重要的还是一个宣传家、实干家。他对理论的态度在很大程度上是实践的。它不像罗素、摩尔那样注重分析语言，而是贯彻一种观念。

单纯地提倡否证并不能使波普尔的思想具有那么大的魅力，关键是波普尔提出了对于人类理性的一种普遍的看法。只有符合人类理性的东西才可能为理性所尊重。所谓批判理性主义的称谓正表现了波普尔哲学的典型特征。在这个意义上来说，逻辑实证主义才真正代表了西方知识追求逻辑的一贯传统，而波普尔属于另辟蹊径的哲学家。

（一）否证的意义

否证（falsification），人们也经常翻译为证伪。从语词上看，证实和否证好像是一个相对的语词对子，好像两者代表着一种哲学中两种对立的哲学形式。但是实际上两者之间存在着很大的差异。证实和否证在波普尔那里并非一个简单的配对的范畴。

第一，逻辑实证主义认为证实是意义标准。有意义才谈得上证实。逻辑实证主义对于可证实性的强调远大于实际证实，比如他们认为意义就是证实方法。波普尔讲证实是无关意义的，究竟意义问题是怎么回事波普尔并没有兴趣。

第二，逻辑实证主义讲证实非常重视逻辑，逻辑是他们研究科学知识的唯一任务，离开了逻辑他们就无事可做了。比如罗素曾经认为一切问题要么是经验科学问题要么是逻辑问题，其他问题都是假问题，逻辑实证主义者在这一点上和罗素是一脉相承的。而波普尔哲学并不在意逻辑，除了用逻辑批评逻辑实证主义以外，不做过多的建设性的逻辑工作。波普尔认为，一万个天鹅是白的，仍然证实不了所有天鹅是白的，而一只黑天鹅却可以有效地反驳所有天鹅是白的的论断。这是波普尔用其人之道还治其人之身，并不是波普尔爱好逻辑。

第三，逻辑实证主义讲证实是指一个命题得到了经验上的确认或支持。而证伪也是表明经验上对一个命题证实为假。讲否证的时候逻辑实证主义也在强调证实。波普尔讲否证有点否决的意思，就是我们终于可以合情合理地拒绝一个陈述或一个理论。在这个意义上，证实并不是某种逻辑上优越的东西，而是态度上错误的东西。关键是什么态度才是理性的，坚持证实是非理性的态度。

第四，波普尔讲否证是实用方法论的规则。波普尔认为，证实不配作为这样的规则，科学研究方法论的目的是反驳。反驳这个词充分体现了和检验、确认这样的语词所表现的不同立场。比如在检验中人们有所谓真理的符合论，目的在于和经验相比照，而讲反驳就是另一回事了，反驳是一种取舍的需要，而不在于是否真理。按照波普尔的理解，证实理论是毫无价值的事，既然科学追求反驳，那么证实了便没有什么值得高兴的，波普尔把证实看作检验失败，看作反驳没有成功。实用方法论的核心是反驳而不是证实。科学研究的目的和结果都追求否证。

（二）批判的理性（critical rationality）

波普尔哲学比较热衷社会历史问题，这在科学哲学家中是比较少见的，因为他对人类理性有一种普遍的看法。他四十几岁的时候写了两部著作——《历史决定论的贫困》和《开放的社会及其敌人》，其中也贯彻了他的社会历史观念，这些观念和他的知识论观念是高度一致的。这其中涉及人们对于历史的认识和有关历史所形成的知识和理论。波普尔反对人们自以为掌握了历史规律、人类命运这样的期许。我们的知识、理论、理想、计划等都有可能出错，而且一定会有错，所以我们必须学会在犯错误中学习，在纠正错误中进步。

为了追寻否证法的合理性，波普尔找到了试错法（try out method）。试错法与其说是一种理论，不如说是一种洞见。波普尔把一切生物生存的普遍法则叫作试错法。所谓试错法是说一切生物对于环境发生的行为最本质的特征是试探性的。当试探成功的时候，就会把成功的模式和行为保持下来，如果错了那就进行新的尝试。生命的生存永远在这种尝试新的行为，修正旧的行为当中进行。波普尔的这个思想至少得到了桑代克（Edward Thorndike）等动物行为心理学家的支持。

试错法是一种生命对于环境的适应法则，在生物界是普遍有效的。人也生存在这个环境中，也是生物的一个物种，人适应生存也是应用试错法。只不过试错法是一种本能的方法。人有了理性之后的最大好处就是可以主动地去适应环境，可以自觉地修正错误。寻求知识的方法论策略是在试错法的基础上形成的。意识到了自己的行为一定会出错，那就主动地修正错误，放弃对错误的坚持。科学家的行为是理性的就在于科学家追求否证，而不是墨守成规。否正法粗略地说就是科学方法是由猜测和反驳两个环节构成。猜测表现了科学理论都是假说，都是猜测出来的，做出猜测后就谋求对于猜测的反驳。如果反驳成功了，那就继续猜测，有了合理的猜测就开始新的反驳，这就是科学研究的基本循环。

一个重要的社会决策也是这样，社会决策也是尝试性的，运筹帷幄，决胜千里之外的事情是没有保证的。挑毛病是很重要的一件事情，要不断地寻找可能出错的地方，才能避免犯重大的错误。这才是理性的社会，理性的生存方式。批判理性主义认为贯彻批判理性的策略的社会才是理想的社会，脚踏实地的现实的理想社会只能是这样，而其他的理想设计都是乌托邦而已。

（三）否证论的知识理论

1. 猜测和反驳（conjectures and refutations）的方法

波普尔的科学知识理论中最重要的方法论原则就是猜测和反驳的方法的应用。然而猜测和反驳仅仅是一个对科学研究方法的认识问题，原因就在于传统认识论对于知识的认识方式局限了人们的思考。波普尔是在知识论的路线上成长起来的学者，并没有传统认识论的限制，所以他可以自然而然地接近自然科学事实上的存在状况。波普尔认为科学开始于问题。科学不可能从观察开始，因为科学不可能做出任何毫无目的的观察，科学观察是带着问题的。科学也不可能开始于假设，因为科学不可能毫无根据地做出假设。做假说还是做观察都是针对科学家要解决的问题。

猜测阶段也叫作尝试性的假说。这种尝试性是科学知识固有的特征。针对科学要解决的问题提出试探性的假说，使得科学家面对的问题得到比较合理的解释。在这里假说是什么呢？假说是科学家根据解释科学事实和预测科学现象的需要提出的。解释自然现象，预测科学事实都依赖科学的假说，也就是依赖猜测。但是科学的预测必须遵守一定的方法论规则，我们追求的解释必须达到概括更多的事实，解释更多的现象，而且预测的理论形式也应该更概括、更简单、更有效。这是提出猜测的重要的方法论要求。

反驳阶段相当于实证主义的检验。在一般科学家那里，检验的目的往往理解为证实假说是正确的，而波普尔则认为，检验的目的是为了反驳理论。因为只有经受住严格反驳的理论才是更好的理论。虽然科学理论的活动是从问题出发，但是解决问题就是要达到更好的科学理论。即使这样的理论不是绝对真理，也还是有更好的理论，而实现这一目标的途径就是让假说经受更严厉的反驳。

因为反驳是追求更好的理论的环节，所以是否达到了更好的理论需要通过反驳。而且理论迟早都会被反驳。理论被反驳就会产生新的问题，以提示出新的尝试性假说的方向。这样就完成了一个完整的科学研究的循环。

2. 自主（autonomy）发展的知识

波普尔的知识理论在很大程度上并不考虑个人对于知识的贡献。个人的作用离不开知识客观发展的要求。科学发展的客观要求依赖客观的问题、客观的问题境况、客观的知识线索。我们谈到科学方法一般都离不开科学家，好像是科学家造成了科学的发展。波普尔谈到猜测和反驳的方法当然也是合乎人类理性的方法，也依靠人的运用，但是我们对于方法的运用并不能决定科学发展的基本进程。波普尔提出一种大异其趣的知识见解。他的思想叫作知识的自主发展论，形象地也可以叫作没有主体的认识论。为此，波普尔还提出了他的三个世界理论。

所谓三个世界（three worlds）理论是把世界分为不同的三种实在，分别叫作第一世界（world 1）的物理的世界（physical world），这个世界中包括我们所熟知的有生命的和无生命的所有的事物；第二世界（world 2）是精神的或心理的（mental or psychological world）状态和过程的世界；还存在第三世界（world 3）的知识的世界，即人类精神产品（the products of human mind）和人工制品（feats of engineering）所构成的世界。第三世界中包括我们的语言、故事、传奇、宗教、神化、假说和理论、音乐、歌曲、绘画、雕塑等，还包括所有的人工制品。按照相生关系，知识是心理世界的产物，是心智的作品。这样心理活动的存在方式需要有物质的载体，而知识的活动也要有物质世界的东西作为载体。

但是波普尔并不认为心理世界和知识世界不能离开物理世界而存在。他们的活动有物质的载体，但是却可以独立存在。这就好比人做成了一件什么东西，虽然是你做的，但是这个东西却脱离了制作者而独立存在了。波普尔考虑第一世界和第二世界的关系时很强调第二世界自己的独立存在，在考虑第三世界的时候也很强调知识的独立存在。知识的独立存在却不能和物理世界直接相互作用，需要通过心理的世界和物理的世界发生相互作用。

波普尔提出三个世界的理论有两个重要的应用。一个应用是用来解体传统的知识主体概念。波普尔在其自传中说，他一直为身心关系问题感到非常困惑，直到他发现了三个世界的学说才逐渐看到了解决身心关系问题的希望。问题是我们一直认为主体、自我、心灵等东西是某种实体。事实上，心的行为其实是参照我们的语言进行的，语言决定了我们想什么以及如何想。我们思考的“心”和“物”的“内容”都来自于我们的语言，我们并不能超越我们自己发明的语言去思考任何东西，也不能超越我们的语言所描述的“实在”去和物打交道。

波普尔提出三个世界学说的观念的第二个应用就是认为知识的、语言的和文化的世界是自主的，是自主发展的。知识是狭义的概念，广义上，一切人工产物都是第三世界的成员，既包括无形的知识、观念、态度这样的东西，也包括有形的艺术品、技术产品、生活用品等。由于波普尔主要是研究知识论的哲学家，他是在理解第三世界的“内容”方面来理解知识的发展。波普尔认为知识的内容方面是自主发展的，我们不能随心所欲地改变知识的内容，知识本身的发展基本上按照知识本身的逻辑进行。

比如科学开始于问题，问题不是你我发明的，而是在知识的内容中，在知识的不同内容的关联中就具有的。爱因斯坦革新了物理学，并不仅仅因为爱因斯坦是有创造性的科学家，而是因为牛顿力学中关于时空的理论本身就有需要检讨的问题。发现问题是科学家的工作，但是科学家没有能力发现不存在的问题。假说和假说的关系也是一样，一个假说是通往另一个更好的假说的条件，这也是因为假说之间存在着某种逻辑上的关系。尽管这种关系很难严格表达出来，但是由牛顿到爱因斯坦大体上是知识自身发展的需要，没有爱因斯坦还会有别人来完成这样的任务。我们的知识理论不要致力于去了解科学家怎么样，而要从知识的“内容”的客观和自主的方面去理解知识的发展。问题、问题境况、解决的可能性，在各种可能性中做出的选择都不是任意的，而要知识自主发展的表现。因此，研究问题、问题境况、问题背景、假说关系等与知识的客观内容有关的理论才是知识理论的根本问题。波普尔因此而把知识叫作客观知识（objective knowledge），关于这样的知识的认识论达到了一种没有主体的认识论，只有客观内容自身发展的认识论。

3. 科学知识发展是在逼近真理（approximation of the truth）

波普尔的知识理论是一种客观知识的理论。这种客观性表现在知识的存在是客观的，知识的发展也是客观的，而且还是自主的。那么这样的知识发展观如何评价科学发展的基本认识论特性呢？或者说这样的知识的发展有没有规律或目的呢？

谈到这个问题我们就必须弄清楚知识概念的不同一定会导致对于知识的进步的不同观念。传统实证主义提出的科学进步观念要求明确地体现在科学理论的实际结果当中。一般的实证主义者都主张一种累积的科学发展观。认为科学发展的过程中会不断地累积真理。科学理论的发展符合覆盖律。所谓覆盖律是说，每一次科学理论的重大发展都会使得理论覆盖的事实领域不断扩大，理论普遍性的程度再提高，积累的真命题增加，理论形式更简单。科学发展的进步不仅包括普遍性的扩大，也包括真命题的积累和理论层级的提高。传统的科学进步观念依赖的就是证实的有效性。如果证实是无效的，那么这些科学进步的观念就需要重新审视。

波普尔哲学特别强调证实是无效的，他强调可否证性（falsifiability）、可反驳性或可拒斥性（refutability）。因而波普尔不可能承认累积的科学进步观，对于覆盖律波普尔有了自己的看法。实证主义强调，知识的发展方式是通过证实积累真理。而波普尔则认为知识通过假说之间的竞争，通过严格的否证选优而取得进步。这个过程大体上是客观的并且是自主的，知识的进步是进化的。因为原则上人们关于世界上的事物的假说是无限多的，但是并不是所有的假说都能生存下来，能剩下来的假说仅仅是其中的极少数，大多数假说都消失在了只是发展的历史当中。那么什么机制使得少数知识保留下来，大多数假说被淘汰掉了呢？波普尔认为是严格的反驳在假说的相互竞争当中起到了决定性的作用。能够经受得起严格检验的假说才可以保留下来，而经受不住严格检验的假说就被淘汰掉了，这些被淘汰的假说就成为了背景知识的一个部分。在反驳阶段包含理性的论辩，但是起决定作用的是否证。

从波普尔的观点看，衡量知识的发展和进步主要参照“可否证度”（falsification degree）概念。可否证度的意思是说如果理论能够覆盖更广大的事实领域，那么在更广大的领域内存在潜在证伪者（potential falsifier）的可能性就越大，理论就越有可能被否证。当然可否证度大并不意味着实际上被否证，这是一个逻辑上的概念，而不是时尚的概念。就科学的追求而言，轻易被否证意味着不怎么科学，实际上要刻意否证一个假说还是一件很困难的事情。理论上可能否证，事实上很难否证，这是科学理论的典型特征。理论的可否证度大就意味着理论覆盖的事实领域更大，理论的形式更简单、更优美，理论的普适性也更大。这看起来还是维护了实证主义的科学发展的覆盖律。所以波普尔认为科学发展是有实质的进步意义的。科学越发展，理论就越普遍、越简单、越优美、越有效。所以可否证度概念可以作为科学发展的标准的一种度量。

相对于逻辑实证主义的累积真理的观念，波普尔提出了他的逼真性（verisimilitude）概念。波普尔认为科学不能获得真理，科学总是假说、科学追求否证，谋求更大的可否证度，那么也就不可能积累真理，但是科学可以抛弃错误。否证了的东西就成为错误为科学所淘汰，抛弃的错误的东西越多那么离纯粹真的东西越近，这就是波普尔的逼真性观念。纯粹的真理是知识的一种极限状态，而科学永远只能向这个状态逼近，而不能成为绝对真理。而逼真性实际上也是由可否证度的提高来体现的。科学的目标是追求真理，科学发展是在逼近真理。可否证度大的理论可以解说为更逼近真理。

七、科学发展的模式与历史主义

逻辑实证主义重在研究科学理论表达的所谓语义规则，波普尔哲学重点在于研究科学理性条件下客观知识发展中的方法论规则，这些研究都使得我们对于科学知识的认识达到了非常精细而详尽的程度。历史主义的出现给科学知识的研究带来了新的眼光。

历史主义（historicalism）是20世纪60年代出现的科学哲学的一个流派。它的第一个代表人物是库恩（Thomas Kuhn），库恩的《科学革命的结构》一书的出版宣告了历史主义登上了知识理论的舞台。库恩哲学的出现带来了一个新鲜的理论，引起了传统立场的不同回应，构成了历史主义的主题。库恩哲学的革命意义启发了后来的许多哲学家，比如劳丹、麦克斯韦、拉卡托斯、费耶阿本德等，他们都是非常活跃的代表。其中人们也把拉卡托斯算作否证主义者，由于他的思想主要是回答库恩的挑战，而且他对于波普尔的问题做了历史主义的解决，所以他更是一个典型的历史主义者。

在库恩的思想中，对于科学知识的看法核心的思想有二：第一，科学区分为常规科学和科学革命两种状态。决定一个科学的整体处于什么状态的东西叫作“范式”（paradigm）；第二，科学发展中有科学革命发生，科学革命的本质是“换范式”。库恩认为，科学革命决定了科学发展没有连续性，前后相继的科学理论之间不存在共同的普遍有效的标准和原则，因而科学发展就没有了可供比较的标准。库恩把这个结论表达为范式不可通约性（paradigm incommensurability）。由于范式的不可通约性观念不支持实在主义的科学观，库恩哲学自然而然地找到了一种工具主义和相对主义的解释。

（一）常规科学

在所有科学哲学家中，库恩是为数不多的没有专门哲学背景的哲学家之一。他致力于理解科学研究过程和科学发展过程的实际状况，这就是科学史的研究所具有的特征。比如有两个科学史的问题使得库恩很费脑筋。第一是亚里士多德科学和牛顿科学之间的非常巨大的差别和极其强烈的对比。这个对比对于科学意味着什么还没有人提出满意的解释。第二是他也注意到了科学理论的发明权经常遇到频繁的争论，这些争论使他发现了一种叫作“发现的突现”（emergency of discovery）的情况。第一个课题提示他提出了科学变化是“换范式”，而后一种情况引导他提出了“范式”和“常规科学”的概念，范式确立的时候有一种发现爆发式地增长，原来相互独立的研究突然之间显现出来了巨大的相关性和有序性。发现的突现这种情况提示出常规科学的解疑难的传统，这个传统需要在范式的指导下才能形成。这种特殊经历体现了科学哲学中一种学术道路的特殊性。下面我们就简单地概述库恩关于科学知识的一般概念。

1. 范式

什么是范式呢？大体上说，一个科学理论能够成立并不因为它得到了实验的支持或验证，而在于有一组科学家有着共同的世界观、方法论信念和标准，范式是这些共同遵守的信念和标准的总和。

范式大体上有两个方面的理论因素。第一部分是信仰的部分，这些信仰包括科学家相信自然界包括哪些实体，这些实体分为哪些类型，每种实体遵照什么样的规律运动变化，这些规律是决定论的还是统计的，是有机论的还是机械论的，等等。这些问题是世界观问题，世界观问题不能直接从我们科学研究的经验中得到回答，而是一些信念的、原则性的东西，这些东西可以争论，但是在争论中并不会有具体的成果。所以这些问题叫作“形而上学的”（metaphysical）或者叫作“超验的”（transcental）。

同样，这样的东西可以上升为方法论原则。比如，波粒二象性现象在物理学的描述中是否允许同时存在，对于物理学的描述是否允许存在不对称性的描述，究竟统计方法和决定论方法那个才是物理学的真正方法，仪器的采用对于科学研究数据的采集是否可靠。这些问题也不是经验上能够解决的问题，也经常面临毫无结果的争论。在无法从经验获得裁决这个意义上说，这些争论也属于形而上学的争论。还有一些方法论的问题也很难有经验上谁是谁非的结论。这些问题不需要争论，只要能够在解疑难中采取科学家公认的立场就行了。像这样的世界观、认识论和方法论所构成的，彼此一致的，能够作为解疑难的依据的东西都是范式的成分，这是范式中类似信仰的部分。

范式的第二个部分是一些科学家取得成功的一些惯例（convention），它们同样具有范式的性质，科学家可以不问其对错好坏就直接用来解疑难。这样的部分包括模型（model）、符号概括（formula）和范例。

这些成分更体现出专业的物理学训练给予库恩的直接知识。比如牛顿力学看待事物的出发点首先把事物看作一种独立的实体。在动力学中叫作“质点”。质点的概念在静力学和动力学中得到了一贯的运用。就是空气动力学中，热力学也把气体看作做完全弹性碰撞的刚性的实体。可是化学就不能采用这个模型。“质点”就是一个物理学的模型。

从质点出发，可以完成很多物理学的方程。符号概括实际上是一个符号概括的纲要，比如力的物理学定义是质量和加速度的乘积。在圆周运动中，物理学也把切线速度和直径的平方的比表达为圆周运动中的向心加速。在自由落体的描述中，自由落体的万有引力常数叫作落体加速度。这些表述都是 f=ma 的变形，只不过把 a 换成了 v^2/r 或者 g。

范例就像学生做习题的例题，这样的例题是做习题的参考，科学家通常也是要找到历史上经常成功的例子作为解疑难的参照，并因此形成范例。比如九大行星的发现过程，海王星和冥王星的发现都是采用了同样的方法。当水星的轨道和预测不相符合的时候，人们沿用的还是在水星周围可能有一个未知天体的假设，希望有新天体出现。这就是范例的一个实例。只要有把物理学例题和习题相结合的经验的人都可以理解范例的作用。

库恩的范式概念所指的东西和传统知识理论中关于理论的看法形成了很大的冲击。在这里理论和理论的表达可以作为模型、符号概括和范例使用，但是作为世界观的和方法论的信念就没有严谨的科学表达了。可是这样的东西都是科学理论中最重要的部分。即使库恩承认传统的理论是假说或理论，但是假说和理论对于常规科学的地位和作用已经大大地降低了，科学并不是那么逻辑严谨，不是那么严格、那样理想而标准的东西，而是包含着大量对成功的依赖和先入为主的成见。

2. 科学共同体

科学共同体这个说法和我们传统认识论的主观性和主体性等概念不同，库恩那里基本上没有了那种规范认识论（normative epistemology）的立场。规范的认识论总是要找到一个相对确定的东西作为研究认识的出发点。比如找到逻辑、主体、先验、经验基础、明确的直观、无疑问的前提等。库恩的哲学中我们找不到这样的东西，科学哲学中的逻辑，比如归纳逻辑、演绎逻辑、公理化系统；语言，比如意义规则、形式系统、逻辑构架；方法，比如归纳法、演绎法、实验法、证实证伪等，库恩哲学也没有把它们当回事。他的观念中没有这些哲学训练中学来的规范，他研究的认识要素就是科学共同体，以及共同体的行为所依据的东西——范式。他所说的共同体是一个社会学概念而不是一个认识论概念。共同体对于范式的态度不是依靠规范认识论的信念，而是依据他们在一定时期内相对稳定的认同、满意、约定等认识行为。所以库恩哲学又叫作社会历史学派。如果这也是一种认识论的话，那就大大地颠覆了传统的认识论概念。

信仰同样的范式，从事范式指导下的解疑难的科学家构成了科学共同体。科学共同体有以下几个主要的含义：第一，科学共同体不是随便什么共同体，科学家中也没有许多个科学共同体，就科学整体来说，科学共同体只有一个。第二，科学共同体只有在科学处于常规状态的时候才存在。在科学的发展过程中，科学共同体有聚集和形成过程，而在科学革命的时候，科学共同体也有分裂和解体的过程。第三，科学共同体都从事解疑难的活动，他们忙于常规活动，对于常规科学之外的活动缺少兴趣。第四，科学共同体是一个信仰的集团，他们都遵守同样的范式，信奉同样的世界观、认识论和方法论，依靠共同的模型、符号概括和范例。

3. 解疑难

解疑难是常规科学的基本活动方式。我们已经形成了关于科学研究和科学发展的刻板印象，我们得到的印象是科学主要是发现自然现象，然后归并入合适的理论。发现有了解未知、懂得真相、得到真理的意思。库恩告诉我们的是，科学研究并不是发现现成的结论，而是一个“不断求解”的过程，这就是解疑难。我们都有做数学和物理学的习题的经验，这种做习题的过程就是求解的过程。解疑难是面对现象求得一个满足某种物理学方程或者物理学原理的确定的“解”。而这个解有时候是多值的，有时候还是变动的。这个解是以理论上满意为条件，而不是以自然界中的真实性为条件。比如地球的绕日轨道是不是一个椭圆？如果那就是一个解，抛物线、双曲线，或者其他什么轨迹也是可能的解。如果这个解不符合范式的预期就会产生疑难。

解疑难是常规科学的主要活动方式。这种方式能够成立，主要就是由于有一个科学家共同体信赖的范式，使得科学家的活动能够有效地解释自然现象。科学理论和自然现象之间主要有三种方式：第一种方式是解释，第二种方式是预测，第三种方式是检验。解释的方式是已知理论和观察到的现象，对此现象应当有怎样的解释；预测的方式是已知理论前提，并且给定了成功解释的条件，求解我们应当观察到什么现象；预测的方式是已知观察到的现象和从现成理论所做出的解释，判断这个现成的理论是否正确。

在库恩看来，常规科学时期的理论活动最主要的方式是解释，预测和检验都不是主要的。解释中科学家能够确定正确的东西是理论的信念，用这个信念去指导科学家去研究自然界的现象。研究自然界的现象不是去做发现，因为你观察自然界什么也发现不了。你能够有所发现是因为你对于自然现象做出了合乎范式预期的解释。如果科学家发现观察数据是没有错误的，那么寻求对于观察数据的合理解释就是理论的目标。所以在科学研究中我们发现，科学家不去怀疑理论，而是相信理论，相信范式的各个因素，然后把范式的解释原则向各个自然现象的相关领域推广。为了推广的成功科学家要做观察，要做预测和对预测做出检验。这里预测和检验都不能是对于范式的批评，而是依赖范式才能成功推广的。检验实质上只能是对于预测环节的其他各个因素的检验，而不是对于范式的检验。由此库恩认为，预测和检验都是因为要寻求对于自然现象的恰当的解释才发生的研究行为，是解释过程的组成部分。预测和检验根本不能独立存在。预测和检验因为解释才存在，是解疑难的活动的补充环节。

解释是一种理解的诉求。形而上学和科学的区别正是在这种理解的诉求上体现出来的本质差别。形而上学可以像亚里士多德那样做到完美自洽，可是对于我们理解自然界的现象并没有实际的帮助。因为单纯地完善理论本身并不产生“疑难”（puzzle），科学会发现疑难，并且以解释疑难作为目标。为什么疑难是科学的产物呢？因为形而上学是指向概念的，而疑难是指向经验的，是指向自然界的现象的。成功的解疑难并不是因为让你的理论看起来完美，而是能够成功地解释自然界的现象。形而上学是为了理论而理论，并不管自然现象究竟是不是那么回事。科学的解疑难活动就不行，在任何细节上都应该得到恰当的解释。正因为科学把解释指向自然界，如果解释得成功那就完成了一个任务，如果遇到了暂时的问题就会产生疑难，科学的解疑难对自然界富有成效，而形而上学没有成效。所以库恩把解疑难当作是和常规科学相近的概念来使用。他有时候说“常规科学即解疑难”。解疑难的本质是让对于自然现象的解释符合范式的预期，从而使得疑难得以消除。这里的理论并不需要发展，要发展的是我们对于自然现象的解释能够按照范式的预期成功地得到推广。

（二）科学革命（revolution of science）

什么是科学革命？我们先来认识库恩所说的科学革命的机理和过程，然后来看科学革命的本质是什么。

1. 科学革命的发生

我们知道，常规科学是从事解疑难的活动，解疑难是在范式的推广中才产生的。常规科学的目的是把一切已知的和未知的自然现象做出符合范式预期的解释。常规科学时期这些解释经常取得巨大的成功，但是也有不能够得到解释的现象存在，这就是疑难。常规科学的任务就是消化这些疑难。疑难推进一步，范式的推广就前进一大步。可是这些疑难并不总是那么容易消除，于是疑难摆在那里，科学家对其束手无策，这就是“反常”（abnormal）。反常意味着对于常规科学来说有了出轨的情况，常规科学进程被延宕。

出现了反常，科学家怎么办呢？大多数科学家会对反常弃之不顾，并继续从事范式的推广，对于自然现象做出符合范式预期的解释。在推广的过程中，反常还会出现。反常积累得多了就会更加深刻地影响常规科学的进程，形成专业危机。这样的危机会逐渐使得一些学科不能继续下去了，常规科学就陷入了危机（crisis），危机的出现使得科学共同体都不再能够有效地进行解疑难的活动。

科学的目的就是向自然界的现象推广范式的预期，解疑难。如果科学陷入了危机，科学家就会寻求突破。科学家基本上还是希望在原有范式的基础上突破专业危机，使得常规科学可以继续进行下去。但是危机的加深往往会促使科学家寻求其他的出路，这样背离范式的努力就会越来越多。科学革命的发生最终会形成新的范式的诞生，只有新的范式的诞生才能够带领科学家走出危机。从科学革命的进程来说，新范式代替旧范式的发生就是科学革命。

2. 科学革命发生的机理

科学革命为什么会发生？库恩认为，科学家的常规活动就是解疑难。疑难无解就会造成真正的危机。危机的到来直接影响到了专业的生存状态。危机时期，科学家们所干的活是无用的形而上学的争论，科学家的尝试往往越来越出格。这其中旧有的范式逐渐地走向了崩溃，科学家共同体走向了解体。也就是说，如果常规科学的范式不再能够承担解疑难的工具的话，科学革命就会不可避免地发生。而科学革命的结果是新的范式把科学重新引入了更加有效的解疑难的轨道。科学革命的发生是解疑难的需要。解疑难是常规科学的本质特征，是科学研究的常规活动的基本内容，是科学的存在方式。

我们解释自然的形而上学信条原则上并没有限制。除了西方还有其他文明对于自然的理解，原则上都应该是允许的。每一个解释原则或者解释原则的系统都存在了几千年，而且假使任何一个文明系统都是相互隔绝的，那么每个解释系统都会有自己的发展。科学研究也是为了解释世界，但是科学解释世界和这些文化的系统有本质的不同，就是因为它追求效率。为什么会形成危机？关键有两个条件，第一个条件是科学对于自然界的现象并不满足于看起来很有说服力，而是要求要有十分精确的测量，有十分准确的记录，这些测量和记录已经没有多大修改的余地了。第二个条件是我们对于这样的现象的解释有一个“应当”未被满足。本来应当的事情出错了，解疑难进行不下去了就会形成专业危机。

这个应当说来就是以范式为标准的，依据范式的应当构成了解释自然现象的合理预期，和预期不相符才会出现反常。所以从反常开始就意味着观测记录和范式之间有了冲突。危机的出现是因为范式在更大、更基本的问题上出现了问题，影响到了解疑难活动的正常进行，甚至没法进行，从而形成了专业危机。这个危机在库恩看来是科学共同体对于范式的信仰危机。范式变得不可靠了，原来成功的范式变得没有价值了，于是危机的表现总的是背离范式的研究增多。背离范式的增加库恩叫作形而上学的争论增加。人们陷入了原则之争而不能有效地解释自然。直到大家认同了一个成功的范式为止，科学家重新聚集起来，形成了新的共同体，开始更加有效的解疑难的活动。

一句话，范式不再能够有效地指导解疑难的研究活动的时候，寻求新的范式就是必要的了，而新范式的确立就会形成科学革命。

3. 科学革命的本质

申述科学革命发生的所有理由不管有多少，最终的理由取决于解题的效率，如果在解疑难上没有作为，那就必须“换范式”。换范式是科学革命不可避免的结果。比如我们木匠打孔可以用直口的凿子，大多数孔直口的凿子都好用，可是要凿出圆孔怎么办？人们还可以用直口的凿子，可是若发明了圆口的凿子，打圆孔就方便多了。库恩认为，换范式的理由主要是科学家的解题工具必须适应科学家扩展自然现象的解释的需要。范式作为解题工具如果不能适应科学家更开阔更广泛的题材就必须更换掉。范式要能够适应更广泛的题材会遇到自己的限度，所以，科学发展中的换范式是不可避免的，科学发展总是在常规科学和科学革命之间不断循环。库恩的这个观念叫作科学观上的工具主义。库恩的这个思考方式的确基本上延续了美国实用主义的哲学传统。实用主义不仅仅是美国20世纪的哲学，也是美国人20世纪的文化理性的组成部分。

由于库恩把范式看作解题的工具，那么换范式就和真理无关。所谓检验实际是不着边际的事情。检验并没有检验出真假，而是完成了合格的解释的条件。这个合格是以范式为标准的。我们有什么范式就能够把自然现象规范化到什么模式上来。事实、数据这样的东西尽管是一种标准，但是并不能作为检验真假的依据。这样库恩哲学划分了知识论中的实在主义和工具主义的两类不同立场。凡是承认检验面前出真假的学说的都是具有实在论倾向的哲学家，凡是承认检验无关真假的哲学主张的就是具有工具主义倾向的哲学家。无论是实证主义还是历史主义哲学都不属于实在论哲学范畴。

（三）元历史与范式不可通约性

对待历史有多种理论态度，有些是很技术性的，比如编年史是把不同重要性的历史事件按照时间顺序排列下来，一个人的一生大事记就是编年史的体裁。可是科学史的研究就不那么容易。比如你把氧化说的发明权确认在什么时候，什么人物，什么事件，这是非常不容易的。再比如，古代的那些人物和事件是否可以算作科学史的一个部分，这实际上并不一定是纯技术的问题，而是确立标准的问题。如果有了这样的标准我们才有相对合理的编年史。编年史要为编排历史事件订立了标准和原则才能进行，只是我们一般意识不到这样的标准会是什么样子，以什么为前提。

对待历史还有规范的态度。比如我们说“科学知识追求真理”，这是一种规范态度。这种规范态度要贯穿到科学发展的历史中，要在科学的发展中体现科学追求真理的主题，这样追求真理就成了历史叙述的标准和原则之一。类似这样的约束历史叙述的规范的探讨我们叫作“元历史”（metahistory）。

我们可以选取不同的标准作为叙述历史的原则，但是，如果在不同的范式之间并不存在可供比较前后理论孰优孰劣的标准，在前后相继的两个理论之间要进行比较就成了问题。库恩把范式之间没有比较标准的观点表达为范式具有不可通约性（incommensurability）。而库恩对待元历史的态度是釜底抽薪。库恩的这种观念使得我们确立任何原理时的价值标准都成为不可能，因为前后相继的不同范式和科学理论之间并没有可供比较的标准。比如你说科学追求真理就要认定后来的理论比以前的理论包含更多真理（实证主义）或者更加逼近真理（波普尔）。当然如果科学发展确实会这样，那么我们就会说科学有进步（progress）。这就是元历史对于历史叙述的制约作用。

范式不可通约在元历史的态度上带来了几个重要的结果：

结果之一，库恩确立了不同文化和知识系统之间的类型论。也就是说范式都是各自独立的，彼此之间并不能说谁比谁好，谁比谁不好，也不能说谁包含谁，谁从属谁。这些就都不好说了。知识体系和文化类型之间的相互独立叫作类型论。就历史而论，其中每一个类型本身延续的历史可以是连续的，但是不同类型之间的交替则是不连续的。

结果之二，科学发展中的真正的具有革命意义的变革不是理性的过程，没有理性的选择标准。科学革命完全是一种社会学和心理学的变化。所谓社会学的变化是说胜者王侯败者贼。适用的标准是进化论的方式，是一种进化的选择，而不是理性的选择。科学家愿意加入胜利的一方，抛弃失败的一方。所谓心理学的变化是说科学革命是一种信仰的格式塔变换。就像鸭兔图，本来鸭兔图看成鸭子或兔子都是可以的。科学家的选择并没有理性上的优劣之分。

结果之三，既然历史没有理性上的可比较标准，范式本身就是标准，每个范式以自身为标准，每一种范式和文化类型都是自标准的（self-standard）。由于范式的自标准性，看起来理性的科学争论实际上是各说各话。科学家之间的相互理解是一种假象，真正发生的事情是范式的选择问题，而不是不同范式之间的理性转换问题。

结果之四，历史不存在进步，但是会有进步的观念。不存在进步是因为换范式并没有理性上可以评价的标准，但是如果说历史没有进步这是科学家断然不能接受的。因为换范式结束了无结果的形而上学之争，提高了解题的效率，科学家一定会认为科学取得了进步。科学家会援引自己的范式内的标准作为辩护的理由，胜利者会说他们代表了科学进步的趋势。只不过看一看他们的理由就会发现，他们的理由和上一次范式更替的理由发生了天翻地覆的变化，这样的理由换了范式以后还会再变。这样的理由既得不到失败者的承认，也得不到未来成功者的赞同。

八、作为文化现象的知识和科学

到此为止，我们看到了西方科学哲学面对科学知识的时候所做出的各种典型反应。逻辑实证主义力图把科学理论纳入具有可演算的严格逻辑系统中；否证主义者波普尔则想要为科学方法的理性运用确立规则；历史主义者库恩则要理解科学发展中连续－中断的真实历程是以什么样的方式进行的。以后科学哲学的发展是对上述学说做出的理性的反应。

除了科学哲学自身的发展，科学知识的变化也深刻影响着科学哲学对知识和科学发展的根本看法。比如对于爱因斯坦，逻辑实证主义完全忽略相对论与牛顿力学的区别，在他们看来，他们在表达形式上都是可以逻辑化、标准化的。波普尔非常重视爱因斯坦敢于突破牛顿理论框架的努力，觉得寻求突破是科学发展最本质的特征。而历史主义更加深入细腻地表达了科学革命带来的信仰、方法、标准的全面而深刻的变化。

第一类的反应有三个比较突出的代表人物，他们是拉卡托斯（Imre Lakatos）、费耶阿本德（Paul Fayerabend）和劳丹（Larry Laudan）。这种反应的共同特点是，他们大体上同意库恩对于科学革命在科学史上是基本的事实的认识，但对科学革命的本质的认识有所不同。拉卡托斯的代表作是《科学研究纲领方法论》，其中认为，科学革命大体上还是可以纳入否证主义的框架的，所以被叫作精致的否证主义者，他还是觉得波普尔的理性规则更为可取。费耶阿本德的观点比库恩更加极端，他的代表作有《反对方法》，其中认为，既然范式不可通约，那么常规科学充当主流范式是不是也不具有合理性呢？是不是应该果断地提出方法和理论的多元论才更人道，对知识更有好处呢？他的一生都在为这个知识的目标做辩护。劳丹在其专著《解决问题的进步观》中发扬了库恩解疑难的观点，强调科学发展一定要让科学在对付自然中更有效率。整个相似的这个群体我们都把他们叫作历史主义者。

第二类反应是科学实在论的兴起。代表人物有普特南（Hilary Putnam）和夏皮尔（Dudley Shapere）。他们的反应也是针对库恩，库恩的学说具有强烈的相对主义和工具主义的色彩，对于科学的价值采取虚无主义的态度当然是他们感情上难以接受的事情。他们肯定库恩对于逻辑实证主义和否证主义的批评非常有力，同时并不赞成逻辑实证主义对科学的确定性和真理性抱有的信念。要确立对于科学的确定性和真理性的信念要恢复某种意义上的实在论观念。不过这种实在论和传统的上帝、灵魂、物自体这样的终极实在不同，科学实在论立足于语言哲学中的指称不变性。举个例子说，我们对于亚里士多德的很多记述很可能经不住历史事实的检验，很多关于亚里士多德的历史知识中包含着大量错误，但是不管对错，这些知识都指向亚里士多德这个历史上真实存在过的个人。而且随着历史的发展，科学总是能够不断地去伪存真，接近亚里士多德本人的真相。这样的实在论要求我们能够不断地修正我们关于亚里士多德的经验，而不是完全脱离经验，去做那种无意义的想象、猜度或虚构，不能仅仅用推理的手段代替不断的事实拷问。对于自然界中的那些持存的对象，我们的科学大体上也是如此。如果是这样，我们总还是有某种理由可以相信，科学还是在接近真理，接近那些基本实在的真相，还是在完成关于实在的知识的无穷的过程之中。至于我们的理由是什么，怎么样表现出来这个过程的正面价值，普特南和夏皮尔又分道扬镳了。

第三类反应是超越科学哲学立场对科学知识的理解。科学和技术是我们这个时代最基本的现实，科学哲学的反应仅仅是站在知识论的基点上做出的反应。除此以外，宗教哲学、语言哲学、美学、现象学、解释学、文化学等哲学立场都不可能不对科学和技术做出各自的反应。这些不同的反应其实一直就存在，只是这些不同的哲学门类主攻方向不同，并没有直接在知识论的意义上来评论科学，但是对科学技术的真知灼见并不鲜见。

回到人类生存更大的范围看科学问题，文化、知识、科学是三个相关的概念。文化的含义最为长期稳定，最为完整全面，知识是文化的一个部分，不同文化不仅仅造成的知识形态不同，对知识的态度也有极大的不同。不同文化的知识并不一定能够导向科学，但是其知识一定适合其文化整体的需要。科学是西方知识现象的一个组成部分，也是西方文化的一个组成部分。

就西方文化来说，其最稳定的精神就是知性概念明确区分条件下的分析精神。这种分析精神贯穿了西方文化的始终。在概念分化的历史中，西方的知识逐步实现了科学化，但是这也造成了文化品质的变形和文化内容的遗失。比如从牛顿力学开始，机械论的概念模式，以及数学和科学实验的方法引入了知识的核心部分，这样的结果造成了把握事物的概念与真实事物存在的生机勃勃的自然生命过程相分离。这样做有利于概念系统的技术化，却造成了对事物的生命和精神属性的疏忽与漠视的知识形态。这种文化要从事物中排除其生命和精神内涵是做不到的。作为科学的补充，神学作为外在于万物的终极原因在信仰领域里存在，但在知识领域却被排除了。所以我们看到，西方文化在完整而自然地理解万物的真理时一直存在这样的片面化的问题。我们不能想象万物的本性中如果没有生命和精神的品质存在，生命和精神如何能够成为我们生命的决定性的力量呢？总是让精神处于物理世界之外未必能够恰当地接近实在的真理吧？就此而论，黑格尔哲学、宗教哲学尽管在自然科学知识中的具体研究中贡献甚少，也许在原则上要比狭隘的知识论套路更为正确。

中国文化作为自然的物质、生命和精神相统一的文化没有西方文化的这种分裂的特征。中国文化可以概括为天道文明，在天道文明中，知识和信仰、理想和现实从来都没有向西方那样严格区分开来，没有理智概念过分应用的那种文化偏颇。

文化的承载单位其实是民族，文化和民族二者是一而二,二而一的事情。我们不可能都换成了西方人的生活方式还是中华民族子孙。我们也不可能那么容易西方化，因为我们的文化是我们整个民族生命品质具有深厚自然根基的具体体现形式，没有这样深厚的根基，我们的民族也许早为其他民族灭亡或者同化了，五千年的历史本身就证明我们在趋向现代化的过程中应该保持我们自己民族的特色。我们希望科学发挥更大的作用，但是我们不会把科学当作真理，只能当作工具。因为我们的文化结构中，知识总是为实现天道而服务的东西。

第五章 弗洛伊德主义

第一节　弗洛伊德主义

历史上，每一种具有颠覆性的理论刚刚问世时，注定都是寂寞的。很简单，因为当旧理论成为常识，那么挑战常识就是一件非常艰难的事情。叔本华说他的书是给两百年以后的人看的，就是这个意思。1900 年，当弗洛伊德发表他的《梦的解析》时，由于其中的无意识和力比多的理论，据说受到整个欧洲理论界的一致鞭挞，几成过街老鼠，人人喊打。好在弗洛伊德赶上时代，第一次世界大战和第二次世界大战的相继爆发，摧毁了以英国维多利亚时代为标志的人类对理性、文明特性的炫耀，弗洛伊德的理论一下子合上了时代，派上了用场，全欧洲理论界都发现他的那些惊世骇俗的理论观点还是蛮有道理的，这为弗洛伊德赢得了巨大的荣誉，比之于那些生前籍籍无名死后却备极哀荣的思想家而言，弗洛伊德算是很幸运的了。1939 年，当他被希特勒的排犹主义赶出奥地利而被迫出走英国时，据说英国女王破例亲自到火车站迎接他。可见，弗洛伊德以及他的思想注定是非同凡响的。

一、弗洛伊德与弗洛伊德主义

西格蒙德·弗洛伊德（Sigmund Freud，1856—1939）是奥地利精神分析学派的主要奠基者。他自小就非常聪明，学习成绩非常优异，且对人生很早就有很深的理解，他或许很早就有无意识的暗示，自认为自己会成为一个了不起的思想家。他 17 岁就因成绩优异进入维也纳大学医学院读书，1881 年获医学博士学位。次年起作为临床精神病学家私人开业。早期从事催眠治疗工作，后创用精神分析法，最终成为一名著名的心理哲学家。1939 年 9 月 23 日，弗洛伊德病逝于伦敦。

弗洛伊德早年作为一名精神科医生对于一名年轻的癔症患者进行治疗时，发展出了自由联想法。后写成《歇斯底里研究》一书。正是这本书的出版，为弗洛伊德的精神分析学的创立奠定了理论基础。弗洛伊德逐步意识到，精神病主要不是机理问题，而是精神和心理问题。依循这个思路，弗洛伊德尝试在药物之外通过心理干预来治疗精神病患者。进而，他把研究对象从精神病患者这个特定群体推广到人类，认为每个人其实都会受到无意识和力比多的影响，这样他的研究就从医学延伸到人格等社会历史领域，从而形成了弗洛伊德主义。弗洛伊德正是沿着这条线索，逐步发展、完善了他的精神分析学说，这是人类认识自我历程中的伟大成就。弗洛伊德著有《性学三论》《梦的解析》《图腾与禁忌》《日常生活中的心理病理学》《精神分析引论》《精神分析引论新编》《多拉的分析》等。后来在弗洛伊德的周围，聚集了一大批对精神分析感兴趣的年轻人，比如说荣格、阿德勒等人，他们批判性地发展了弗洛伊德的思想，形成了后弗洛伊德主义。

二、弗洛伊德主义的主要观点

弗洛伊德认为人之为人，首先其是一个生物体，既然人首先是生物体，那么，人的一切活动的根本动力必然是生物性的本能冲动，而本能冲动中最核心的冲动为生殖本能（即性本能或性欲本能）的冲动，而在社会法律、道德、文明、舆论的压制下，人被迫将性本能压抑进无意识中，使之无法进入到人的意识层面上，而以社会允许的形式发泄出来，如进行文学、艺术的创作。后期弗洛伊德又提出了与“生殖本能”对应的“死亡本能”学说，认为人除了维护自身生命生长发展的能量（即求生本能，其中核心本能为性欲本能）之外，还有着将自身生物肌体带入到无机状态，即死亡状态下的能量，即死亡本能，死亡本能在战争、仇视、杀害、自残中得以非常明显地表现。

无意识理论与性心理理论。无意识理论是弗洛伊德对西方文化最大的贡献。弗洛伊德认为自由意志本为幻象，人无论如何无法全然意识到自我，且行为之因与意识层次所思的关系是非常小的。无意识之概念可推翻以前理论的原因，在于弗洛伊德提出意识的层次之说，“在表层之下”另有思绪运作。弗洛伊德称梦是无意识最好的表现通道，提供了参与无意识生活的最佳途径。弗洛伊德在其1900年出版的《梦的解析》一书中，初步揭示了无意识之存在，并描述如何理解无意识之法。前意识则被视为存于意识与无意识之间的中间层。

弗洛伊德认为人的原欲存在并发展，在这个过程中任何客体都可能成为快感的源泉。随着年龄的发展和情境的变化，人的欲望客体有阶段性变化，即口欲期、肛欲期和性器期。孩童时期还有所谓的恋母情结和恋父情结。

本我、自我与超我与意识结构理论。在其晚年作品中，弗洛伊德提出人的心理可分为三部分：本我、自我与超我。无意识的本我代表思绪的原始程序——我们最为原始，属满足需求的思绪。同属无意识的超我代表社会引发生成的良心，以道德及伦理思想反制本我。大部分属于意识层次的自我则存于原始需求与道德和伦理信念之间，以此平衡。健康的自我具适应现实的能力，以涵纳本我与超我的方式，与外在世界互动。

意识结构。该理论是阐述人的精神活动，包括欲望、冲动、思维、幻想、判断、决定、情感等，会在不同的意识层次里发生和进行。不同的意识层次包括意识、前意识和无意识三个层次，好像深浅不同的地壳层次而存在，故称之为精神层次。

人格结构与精神分析。弗洛伊德认为，人格结构的最基本的层次是本我，相当于他早期提出的无意识。它处于心灵最底层，是一种与生俱来的动物性的本能冲动，特别是性冲动。它是混乱的、毫无理性的，只知按照快乐原则行事，盲目地追求满足。中间一层是自我，是从本我中分化出来的，是受现实陶冶而渐识时务的一部分。自我充当本我与外部世界的联络者与仲裁者，并且在超我的指导下监管本我的活动，它是一种能根据周围环境的实际条件来调节本我和超我的矛盾、决定自己行为方式的意识，代表的就是通常所说的理性或正确的判断。它按照“现实原则”行动，既要获得满足，又要避免痛苦。最上面一层是超我，即能进行自我批判和道德控制的理想化了的自我，它是儿童在生长发育过程中社会尤其是父母给他的赏罚活动中形成的，换言之，是父母作为爱的角色和纪律的角色的赏罚权威的内化。它主要包括两个方面：一方面是平常人们所说的良心，代表着社会道德对个人的惩罚和规范作用；另一方面是理想自我，确定道德行为的标准。超我的主要职责是指导自我以道德良心自居，去限制、压抑本我的本能冲动，而按至善原则活动。

精神分析方法论。自由联想法是弗洛伊德的创造，弗洛伊德认为浮现在脑海中的任何东西都不是无缘无故的，都是具有一定因果关系的，借此可挖掘出无意识中的症结。自由联想就是让病人自由诉说心中想到的任何东西，鼓励病人尽量回忆童年时期所遭受的精神创伤。弗洛伊德将梦境分为两个层次：当事人所记忆者称为显性梦，显性梦境并非梦的真正内容。另一层为当事人所不能记忆者，为隐性梦，隐性梦境中隐含更重要的意义。心理治疗的目的，即在根据患者显性梦去解析其隐性梦的涵义，从而找出当事人无意识中的问题。移情法，即患者对心理医生的情感反应。移情有正移情和负移情，正移情是患者将积极的情感转移到医生身上，负移情是患者将消极的情感转移到医生身上。借助移情，把病人早年形成的病理情结加以重现，重新经历往日的情感，进而帮助他解决这些心理冲突。阻抗法，指来访者在治疗过程中，特别是自由联想过程中不能或不愿意与咨询师讨论的某些观念、想法或经历。当然，精神分析法并不是完全可以证实或者证伪的，并不是科学，但是弗洛伊德创造性地开创了一个全新的精神治疗途径，通过这个途径，人类更好地了解了自己。

三、如何看待弗洛伊德主义

有一个这样的笑话，是说人类的自信心受到过几次打击，先是哥白尼，然后是达尔文，然后就是弗洛伊德。哥白尼摧毁了人类中心主义，达尔文则毁灭了人类的神圣性，而弗洛伊德则揭去了人类理性这一最后的遮羞布。作为一个治疗精神疾病的医生，弗洛伊德创立了一个涉及人类心理结构和功能的学说，他革新了心理学，创立了心理病理学和心理治疗系统。他的观点不仅在精神病学，也在艺术创造、教育及政治活动等方面得到广泛的运用。弗洛伊德学说的主要论点已被后人所修正、发展。人们认识到，人类的行为不仅是由性欲所支配，社会—经济因素对人格的形成、教养对本性也都起着作用。虽然弗洛伊德学说一再受到抨击，但丝毫无损于他的形象。他卓绝的学说、治疗技术以及对人类心理隐藏的那一部分的深刻理解，开创了一个全新的心理学研究领域。由他所创立的学说，从根本上改变了对人类本性的看法。从今天的角度看，弗洛伊德的精神分析理论固然是有很大问题的，尤其是他从性本能的角度去看待生命和历史，但是，我们一定不能否认他的一些创造性的阐发极大地开阔了人类自身的视野。或许，一个伟大的理论，并不在于能穷尽所有的真理，而在于打开了一个窥探真理的管道。

第二节　后弗洛伊德主义

在西方思想史上，有一个很独特的现象，那就是学生反对自己的老师。最经典的例子有三，其一是柏拉图和亚里士多德，其二是胡塞尔和海德格尔，再者就是弗洛伊德师门。西方思想史这一独特现象不是孤立的，正是表明了西方文化中一个很独特的现象：为学术而学术。用柏拉图的话来讲就是：吾爱吾师，吾更爱真理。这种纯粹热爱真理的精神可嘉，可以说是西方文化不断推陈出新、总是发生革命性变革的根源。弗洛伊德有很多的学生，更是将荣格视为自己的继承者，然而事不遂愿，他一手建立的精神分析小组内部由于理解的不同，出现了裂痕，主要原因是阿德勒、兰克和荣格等人均因与弗洛伊德理念不合而逐渐发展了他们自己的理论和风格，而这一事实又不为弗洛伊德所理解。于是，原先的精神分析小组因思想冲突而瓦解。兰克被开除出弗洛伊德圈子，阿德勒于 1911 年离开这一小组建立了个体心理学，荣格于 1914 年与弗洛伊德分道扬镳建立了分析心理学。从弗洛伊德师门这个母体，走出一大批杰出的思想大家。区别于弗洛伊德主义，我们把弗洛伊德的学生们的思想体系叫作后弗洛伊德主义，当然，它们既有联系又有区别。总体上讲，后弗洛伊德主义者比较反对他们的老师单纯从生物性角度去理解精神问题和人格形成。他们认为不能忽略社会、文化对人的影响。我们重点谈谈两个比较重要的人物——荣格和阿德勒。

一、荣格及其分析心理学

（一）荣格其人

非凡之人必有非凡之事，从荣格身上，这一点表露无遗。我们从荣格的经历中也可以看出童年对人格形成的致命影响，这一点印证了他的老师弗洛伊德的理论。卡尔 · 古斯塔夫 · 荣格是瑞士著名的哲学家、心理学家和精神分析医师，分析心理学的创立者。他出生于瑞士的小城凯斯威尔，一个对宗教相当狂热的家族。他的家庭不能说是完满，家庭的不睦影响到他的童年，可以说自小他便具有特别的个性，极度敏感、忧郁而喜欢沉思，孤僻而不合群。随着逐步的长大他发现自己的性格有点儿分裂，具体说就是，他发现两个自己，一个是人前，一个是人后，这使他感到困惑。据说他还有一次受伤的经历，他的头部受到重创，这使他进入一种非常奇妙的恍惚状态，从此荣格开始发奋读书，他的阅读遍涉西方哲学的名著大家，深深地陷了进去。长大后，他曾在巴塞尔大学学习医学，后去巴黎跟从法国心理学家皮埃尔·让内研究心理学。回国后，他先后任苏黎世大学精神病诊所医师和心理学讲师，苏黎世综合工科学校心理学教授和巴塞尔大学医疗心理学教授。1907年是荣格的一生具有转折性的一年，他遇见了自己的老师，对他有致命性影响的弗洛伊德。随后，羽翼逐渐丰满的荣格在1908年创办国际精神分析学协会并在奥地利萨尔茨堡召开第一次会议，这当然离不开他的老师的支持。1914年他创立了“分析心理学”。荣格或许是现代西方对于人类的精神困惑的理解和分析最为深刻的思想家，甚至于他在心理学、哲学等方面的影响要高于他的老师。晚年的荣格离群索居，像美国思想家梭罗一样在湖边筑屋而居，他的夫人已经死去，1961年荣格在酒精中离开了这个世界。

荣格和弗洛伊德其他的学生一样，大致可以称为“社会心理学家”，以区别于以科学自居的实验心理学。荣格在弗洛伊德主义的基础上，创造性地提出了“情结”的概念，并把人格分为内倾和外倾两种，主张把人格分为意识、个人无意识和集体无意识三层。这是对于弗洛伊德意识、前意识、无意识理论的更深的阐发。他的主要著作有《人及其象征》《分析心理学论文集》《心理学形态》等。直到今天，荣格著作中对现代人的精神困境的分析依然具有现实意义。

（二）荣格的主要思想

据说荣格与弗洛伊德的决裂很大原因是由于后者在学术上的严格的父权

态度，弗洛伊德要求他的学生不能放弃他的精神分析学中的性理论。这对于荣格而言是难以接受的。荣格离开了他的老师，尽管弗洛伊德是他的思想道路上最重要的引路人，他开始了自己激动人心而又富有创见的思想探险。

荣格对于人的性格类型的分析，揭示了人性的复杂。荣格在 1921 年出版了《心理类型》一书，希望能借着这本书来界定自己的观点和弗洛伊德及阿德勒是有所出入的，主要的目的在于探讨个人对世界、他人和事物的关系，并讨论了五花八门的意识层面，即意识头脑对于世界可能产生的态度。他在《心理类型学》一书中充分阐明了这两种性格类型的特点，论述了性格的一般态度类型和机能类型，这两个类型可以大致囊括人的性格的多方面表现。

首先是一般态度类型。荣格根据心理能量的指向划分性格类型。个体心理能量的活动倾向于外部环境，就是外倾型的人；心理能量的活动倾向于自己，就是内倾型的人。外倾型的人重视外界，爱社交、活跃、开朗、自信、勇于进取、兴趣广、易适应环境；内倾型的人重视主观世界、好沉思、善内省、常自我欣赏和陶醉、孤僻、缺乏自信、害羞、冷漠、寡言、较难适应环境的变化。外倾型和内倾型是性格的两大态度类型，也就是个体对特有情境的反应的两种态度或方式。

然后是机能类型。荣格将人的心理活动分为感觉、思维、情感和直觉四种基本机能。感觉告诉你存在着某种东西；思维告诉你它是什么；情感告诉你它是否令人满意；直觉则告诉你它来自何处和向何处去。

当然，荣格关于性格类型的推断并不是以实验为基础的，一般说，直觉在荣格看来是允许人们在缺乏事实材料的情况下进行推断。按照两种态度类型与四种机能的组合，荣格描述了八种性格类型，详细到方方面面，分别为：（1）外倾思维型。该类型的人，外倾，但又比较热衷思维。其思想特点是以客观资料为依据，情感压抑，人格特点鲜明。（2）内倾思维型。该类型的人，内倾，又有思维功能。思考自身的精神世界。情感压抑，冷漠，沉溺于幻想。（3）外倾情感型。该类型的人，既外倾，又偏向于情感功能。其情感符合于客观情境和一般价值。思维压抑，情感外露，喜好交际，寻求与外界和谐。(4)内倾情感型。该类型的人，既内倾，又偏向于情感功能。其感情由内在的主观因素所激发。思维压抑，情感深藏，沉默，力图保持隐蔽状态，易忧郁。(5)外倾感觉型。该类型的人，既外倾，又偏向于感觉功能。其头脑清醒，积累外部世界的经验，对事物并不过分地追根究底。寻求享乐，追求刺激，情感浅薄，直觉压抑。(6)内倾感觉型。该类型的人，既内倾，又偏向于感觉功能。他们远离外界，常沉浸在自己的主观感觉世界中。其知觉深受心理状态的影响。艺术性强，直觉压抑。(7)外倾直觉型。该类型的人，既外倾，又偏向于直觉功能。他们力图从外界中发现各种可能性，并不断寻求新的可能性。这种人可以成为新事业的发起人，但不能坚持到底。(8)内倾直觉型。该类型的人，既内倾，又偏向于直觉功能。他们力图从精神现象中发现各种可能性。不关心外界事物，脱离实际、善幻想，观点新颖，但有点儿稀奇古怪。

必须说明的是，荣格人格类型理论并非绝对，他的心理类型学只是作为一个理论体系用来说明性格的差异与不同，在现实生活中，由于生活的动态性，人们可能都拥有复合型人格，正好可以折射出人性和生活的复杂性。

荣格对于心灵世界的洞察在影响上超过了自己的老师。他用了许多特定的词汇来描述心灵的各个部分，包括意识和无意识在内。这些概念源自于他大量的临床观察经验。无意识又可以进一步地区分为个人无意识和客体心灵。荣格之前用“集体无意识”这个词来指称客体心灵，而集体无意识这个词至今依然是讨论荣格心理学时使用最广泛的词汇。荣格提出客体心灵这个词，是为了避免与人类的各种群体有所混淆，因为他想特别强调的一点就是，人类心灵的深度一如外在的、“真实的”、集体意识的世界一样的客观真实。

首先是个人意识，或称日常的觉察，也称自我，是人有意识的心智，是心灵中关于认知、感觉、思考以及记忆的那部分。进一步是个人无意识，其之于个别心灵而言是独特的，但无法被察觉；由心灵中曾经被意识到，但又被压抑或遗忘，或一开始就没有形成有意识的印象构成。它类似弗洛伊德的前意识。其次是客体心灵，或称集体无意识，人格中最深、最不易碰触到的层次。在荣格看来，如同我们每个人在个人无意识里积累并存放所有个人记忆档案那样，人类集体作为一个种族，也在集体无意识里存放着人类和前人类物种的经验。最后是集体意识，其显然是人类心灵普遍存在的结构；集体意识中的世界是有共同价值与形式的文化世界。

原型形象和情结理论，更体现出荣格对人性理解的深度。荣格对心理的分析，认为在心理图谱上的这些基本区块里头，存在一般性和特殊性结构。一般性结构有两类：原型形象和情结。原型形象是客体心灵的基本内容。原型是我们以特殊的方式去建构经验的一种倾向，原型并非形象本身。荣格谈到原型的概念时，喜欢把它比拟成饱和溶解液里的结晶凝析的过程：某个结晶体的排列结构总是依循一定的规则（原型），而真正凝析出来的结晶形态（原型形象）是没法事先预知的。人天生有形成某些形象的倾向，但是这些形象本身不是与生俱来的。例如，人类普遍有形成母亲形象的倾向，不过，基于这个普遍存在于人类心灵的原型，每个人所形成的母亲形象都是独一无二的。原型形象是原型对个人心灵逐渐累积的经验起作用而形成的深层基础形象。原型形象与情结形象的不同之处，在于前者拥有更为普遍而概括性的意涵，往往带有令人敬畏的情感特质。经过很长一段时间累积、对一大群人具有意义的原型形象，深埋在集体意识的文化里。很多集体性角色和情境都带有原型形象，只是人们并没察觉到自身的这种投射。例如，总统或国王、电影明星、宗教领袖等公众人物的过世或遇刺身亡，所引发的强烈情绪反应便反映出这个特殊人物身上带着众人原型的投射。只要是重复性的人类经验，例如出生、死亡、男女交合、婚姻、对峙势力的冲突等，都有其原型基础。虽说原型也会演化，但演化这个变数实在太过缓慢，不管它实际目标为何，把它放入历史时间来看，都可视为是固定不变的。

每个情结都是以某个意义为核心而形成的一组相关形象，而这个意义核心本质上和原型有关。打从有意识开始，原型的各种可能性皆充斥着个人经验，因而成人的自我会觉得，意识里的主观内容纯粹是自身过去经验的总和。往往唯有在分析状态里、在梦里，或处在非常感动的情绪中，成熟的自我才能体验到形成情结的真正原型基础。进行分析时，有很多想象的技巧可用来增进这种觉察：引导性想象、完形技巧、画画、捏陶、舞蹈、在沙盘上建造投射出来的形体、催眠分析，或者最单纯的积极想象。要让个体化继续向前迈进，最直接的莫过于，自我有心去理解透过这种活动所发现的客体心灵的内容——不能像魔术师的助手，只召唤它们出来便了事。由于情结在原型母质里保有个人经验的形象，因而总有个危险存在，就是个人的联想会被误认为是情结的核心，而沦为仅仅是还原分析，即纯粹以童年早期经验的观点来解释当前的冲突。反过来说，把形象往原型意义上过度扩展，也许可以对原型有多一些了解，但却很可能忽略了个人心灵和客体心灵之间疗愈性的联结。原型形象和情结理论对于艺术哲学也有重大影响。

沿着弗洛伊德对于梦的揭示，荣格认为，反映着个人体验的个人无意识以及继承而来的集体无意识都能反映在人们的梦中，尽管集体无意识的活动是非常稀少的，然而正是这种集体无意识负责那些奇怪的、生动的、富有想象的、使我们醒来后惊叹不已的梦。

分析心理学认为，梦的重要功能之一就是提出人们没有意识到或注意到的思想，他指出，梦虽有象征作用，但梦的象征作用主要是集体无意识的表现，只有经过“放大”后才能真正了解它们的含义和原型。在他看来，“象征”是人格原型寻求和谐平衡的一种尝试，就是说，梦提供了能帮助人们在生活中恢复平衡的信息。因此，荣格提出了梦的功能主要是补偿性的，它总是强调另一方面以维持心理平衡，“梦的一般功能是企图恢复心理的平衡，它通过制造梦的内容来重建整个精神的平衡和均势”。譬如，一个人工作了很长时间，整个大脑里充塞着工作，就会在睡眠中梦到参加某种体育运动或他所熟悉的某种消闲活动，可见，在荣格看来，梦是试图告诉梦者一些重要事情——他必须处理以改进生活质量的事情。那么，怎样才能知道梦所告诉我们的内容呢？荣格认为，在梦的解释过程中，至关重要的是尽可能多地了解梦者，应该了解其性格、参加的活动及其心情等。从某种意义上说，这种真实的生活信息提供了临床描述的一个方面。荣格仿效弗洛伊德对梦的各个部分运用自由联想的方法，将梦者的梦的联想与其清醒状态时的生活相结合，以揭示梦以一种补偿方式所指明的东西，这种能力与分析者的技能和知识有极大的关系。荣格认为，这是一种如医生诊断或外科手术一样的技艺，并且没有成功的保证。荣格对梦的精神分析还有一个特点，就是除了对梦进行个别分析外，非常重视梦的系列分析。他认为，梦的个别分析意义不大，而梦者在一段时期内的梦的系列，则可以提供一个连贯的人格画面，可以通过对某些反复出现的主题的揭示，使梦者心灵的主要倾向得以显露。

在很大程度上，荣格的学术成就要高于他的老师弗洛伊德，至少在社会影响上。可以说，在某种程度上，荣格是心理学界的斯宾诺莎。历史上，唯有极少数的灵魂拥有宁静的心灵，以洞悉自己的黑暗。而分析心理学的开创者荣格，可以说便是这少数之一。他是弗洛伊德最具争议性的弟子，并将神话、宗教、哲学与灵魂等弗洛伊德所忽略的问题，引入了分析心理学派中。他是现代思潮中重要的变革者和推动者之一，忽略了他，便忽略了与现代社会紧密攸关的整个思想。

荣格的分析心理学，他的集体无意识理论，不仅对精神分析做出了伟大的贡献，对心理学和精神病学产生了影响，而且深深波及宗教、历史和文化领域，著名学者汤因比、伟利和马姆福德等都把荣格看作一种产生灵感的源泉。心理学史家舒尔兹说："荣格的观念能激发人们的思想，而且新颖，他提出了一种关于人的乐观主义的概念，这种概念在许多人认为是由于背离了弗洛伊德而有的、值得欢迎的变化。"就荣格与弗洛伊德二人的比较而言，另一位心理学史家墨菲的评论更加明快而富有魅力，他认为弗洛伊德与荣格都是负有非常不同使命的先知，弗洛伊德看到的是浩瀚的力量横扫一切，人世也不免罹难，只能略做些敷衍塞责的抗议，然而在荣格看来，"有不断扩大的领域容许同那庄严和那神圣的东西进行直接的接触，有一种患者和医生都甘愿接受的鼓励，自由无阻地朝着神秘追求的方向运动"。人们或许会这样设想，前者是一位坚定的人物，"勇敢地对抗着一个异于宇宙的虽然宏大却凄凉萧瑟的力量"，对于这个宇宙，人类只可能提出局部而有限度的防御；而后者却是一位通往极富挑战性的世界的向导，在他看来，对于这个世界，人类是真正与之协调一致的。

分析心理学所描绘的，并且是分析所鼓励的个体化历程，牵涉了自我与本我之间持续的对话，也就是意识的中心和整体心灵的神秘调节中心——荣格所谓的本我，其同为自我以及超乎自我之外一切的核心——之间的对话。为了展开个体化历程，自我需要去展开看似和自我状态分离而独立的过程。我们并不了解本我的本质，在讨论可观察到的心灵活动时，我们需要这个概念，但是却无法直接阐明它。成功的荣格式分析能带领人去欣赏心灵本质的无限奥秘，心灵似乎既亲密又超乎个人，好似既受个别自我所束缚，但却又在时空上比可经验到的人格更自由。在这个心灵的边境上，在人性的深处，荣格为我们打开了一个深远的世界。

二、阿德勒及其个体心理学

奥地利精神病学家麦克斯·阿德勒（1870—1937）是弗洛伊德的学生。他是个体心理学的创始人，也是人本主义心理学的先驱人物，现代自我心理学之父；他还是一个自由思想的典型，是精神分析学派内部第一个反对弗洛伊德的心理学体系的人。他创立的由生物学定向的本我转向社会文化定向的自我心理学，对后来西方心理学尤其是人本主义心理学的发展具有特别重要的意义。

（一）阿德勒其人与学术贡献

阿德勒生于奥地利首都维也纳郊区。他的父亲是一名犹太商人，主要做农业生意，家境优渥，一家人都有艺术天分。阿德勒从小生活舒适安逸，但他却认为自己的童年是不幸的。那些著名的思想家，大都拥有一个很独特的童年。尼采是这样，祁克果是这样，这样的名单会非常的长，阿德勒也是这样。阿德勒从小身体不太好，比较自卑，但是他一次次通过自己的努力改变了自己的境况，后来提出关于自卑的理论，大概和这个有关系。阿德勒和弗洛伊德是中学校友。阿德勒 68 岁的时候，因过分劳累，导致心脏病突发，与世长辞。

阿德勒的主要著作有《论神经症性格》（1914 年、1974 年）、《器官缺陷及其心理补偿的研究》（1917 年）、《理解本性》（1918 年、1957 年）、《个体心理学的实践与理论》（1919 年、1971 年）、《生活的科学》（1927 年、1969 年）、《生活对你应有的意义》（1932 年，中译本名为《自卑与超越》，1960 年）、《神经症问题》（1932 年、1964 年）。他的这些著作，都可以归类于人本主义心理学派。

阿德勒与他的老师弗洛伊德一样，认为每个人在幼儿时期，就渐渐形成一种生活模式，可见他们对弗洛伊德的反对也不是绝对的。根据此生活模式而形成生活的主观目标，但每个人的生活模式不同，因此每一个人的主观目标不完全相同，研究心理过程应以每个人的特殊心理经验为对象，可见阿德勒的心理学很有西方文化中源远流长的个体主义味道，故阿德勒的心理学被称为“个体心理学”。阿德勒的学说以“自卑感”与“创造性自我”为中心，并强调“社会意识”。主要概念是创造性自我、生活风格、假想的目的论、追求优越、自卑感、补偿和社会兴趣。阿德勒对心理学的创造性贡献，表现在以下几个方面：（1）创造性自我。创造性自我是一种个人主观体系，它解释个人的种种经验使之有意义。它追求经验，甚至创造经验以帮助个人完成他独特的生活作风。创造性自我使人格有一贯性、稳定性和个性。它是人类生活中活的因素。（2）生活风格。生活风格是一个人在每一行动中所表现出来、极其独特并因人而异的各种动机、特性与价值的团集物。它决定一个人要学什么、怎样行动、怎样思维，有哪些经验要渗入他的人格之中。和生活风格无关的经验被抹煞，被抵制，被压抑。每个人有他自己的生活风格，没有两个人的生活风格是一样的。生活风格是由创造性自我发展、建立起来的，早在儿童时期四五岁时就形成了。（3）假想的目的论。与弗洛伊德不同，阿德勒相信，人的行动是受他对未来的各种愿望，而不是过去经验的激发。这些未来的愿望可能纯粹是假想的，即不可能实现的各种理想，然而这些假想的愿望却对一个人的行为有着深刻的影响，激发他去完成愈益重大的事业。正常人必要时能够摆脱这些假想的影响而面对现实，而神经症患者却做不到这一点。（4）追求优越。追求优越是为求得自身完美所做的一种努力，而并非一种要超过他人的欲望，虽然试图完全达到自己愿望的方式因人而异。阿德勒观察到患神经症的人只顾努力达到自己的目的，正常人则以对社会有益为自己的奋斗目标。（5）自卑感。人们常说的“自卑情结”是阿德勒最出名的概念之一。自卑感起因于一个人感觉生活中任何方面都不完善、有缺陷。（6）补偿。自卑感使人努力克服缺陷，阿德勒把这种努力叫作补偿。（7）社会兴趣。社会兴趣是人希望对社会做出贡献以使之更加完善的一种天赋的特性。个人试图在社会中完善单凭自己无法完善的东西。阿德勒说，社会兴趣是对个人的种种缺陷的最后补偿。社会兴趣可以唤起一个人的社会责任心，从而有利于个人与社会发展的协调。

（二）阿德勒与个体心理学

1．阿德勒创建个体心理学的过程

阿德勒在大学毕业后，也当了一名医生，他熟读了弗洛伊德所著的《梦的解析》一书，认为它对于了解人性有莫大的贡献，并在1902年加入了弗洛伊德的心理学小组。1907年，阿德勒发表了有关由缺陷引起的自卑感及其补偿的论文，从而名声大振。早先，弗洛伊德已经主张补偿作用是由于弥补性的发展失调所引起的缺憾。受了弗洛伊德的影响，阿德勒遂提出男性钦羡的概念，认为不论男性还是女性都有一种要求强壮有力的愿望，以补偿自己不够男性化之感。以后，阿德勒更体会到，不管有无器官上的缺陷，儿童的自卑感总是一种普遍存在的事实，因为他们身体弱小，必须信赖成人生活，而且一举一动都要受成人的控制。当儿童利用这种自卑感作为逃避他们能够做的事情的借口时，他们便会发展出神经病的倾向。如果这种自卑感在以后的生活中继续存在下去，便会构成“自卑情结”。因此，自卑感并不是变态的象征，而是个人在追求优越地位时一种正常的发展过程。然而，当阿德勒主张补偿作用是其中心思想时，两人便开始对立了。阿德勒率领他的一群跟随者退出心理分析学会，另组“自由心理分析研究学会”并创建“个体心理学”。但是我们也要看到阿德勒的个体主义心理学，深受他的老师弗洛伊德的影响。

2．从自卑到超越

阿德勒认为告诉病人他正蒙受着自卑情结之害，是没有什么用的，这样做只会加深他的自卑感，而不是让他知道怎样克服它们。例如，告诉一个患头痛的人：“我能说出你有什么毛病。你患着头痛病！”我们必须找出他在生活风格中表现的特殊气质，我们必须在他缺少勇气之时鼓励他。例如，如果我们看到一个傲慢自大的人，我们能猜测他的感觉是：“别人老是瞧不起我，我必须表现一下我是何等人物！”如果我们看到一个在说话时手势过多的人，就能猜出他的感觉：“如果我不加以强调的话，我说的东西就显得太没有分量了！”这就像是怕自己个子太矮的人，总要踮起脚尖走路，以使自己显得高一点一样。两个小孩子在比身高的时候，我们常常可以看到这种行为。如果我们问他“你是否觉得自己太矮小了？”就很难期望他会承认这个事实。

每个人都有不同程度的自卑感，因为我们都发现我们自己所处的地位是我们希望加以改进的。没有人能长期地忍受自卑之感，它一定会使他采取某种行动，来解除自己的紧张状态。如果一个人已经气馁了，如果他不再认为脚踏实地的努力能够改进他的情境，那么他所采用的方法已不能使他有所进步。他的目标仍然是“凌驾于困难之上”，可是他却不再设法克服障碍，反倒用一种优越感来自我陶醉或麻木自己。同时，他的自卑感会愈积愈多，因为造成自卑感的情境仍然一成不变，问题也依旧存在。在这种情况下，旧有情境所引起的旧有自卑感，我们便能称之为“自卑情结”。由于自卑感总是造成紧张，所以争取优越感的补偿动作必然会同时出现，但是其目的却不在于解决问题。

这种病症表现出一种信念："我不能走得太远。我必须留在熟悉的环境里。生活中充满了危险，我必须避免面对它们。"当这种态度被坚决地执行时，个人就会把自己关在房间里，或待在床上不肯下来。在面临困难时，最彻底的退缩表现就是自杀。这时，个人在所有的生活问题面前，都已经放弃寻求解决之道，而表现出他的信念。他认为，他对改善自己的情境，已经完全无能为力了。当我们知道自杀必定是一种责备或报复时，我们便能了解在自杀中对优越感的争取。在每个自杀案件中，我们总会发现死者一定会把他死亡的责任归诸于某一个人，仿佛自杀者在说："我是所有人中最温柔、最仁慈的，而你却这么残忍地对待我！"

眼泪和抱怨等，这些方法称为"水性的力量"，是破坏合作并将他人贬为奴仆地位的有效武器。这种人和过度害羞、忸怩作态及有犯罪史的人一样，我们可以在他的举止上看出自卑情结。他们隐藏起来不为人所见的，则是超越一切、好高骛远的目标和不惜任何代价以凌驾别人的决心。相反的，一个喜好夸口的孩子，在初见之下，就会表现出其优越情结，可是如果我们观察他的行为而不管他的话语，那么我们很快便能发现他所不承认的自卑情结。所谓"俄狄浦斯情结"事实上只是神经病患者"小小城堡"的一个特殊例子而已。俄迪浦斯情结的牺牲品多是被母亲宠坏的孩子，他所受过的教养使他相信，他的愿望是天生就有被实现的权利的。而他也从不知道，他能凭自己的努力，在家庭的范围之外，赢取温暖和爱情。由于他的不安全感，他从未把兴趣扩展到他最熟悉的少数几个人之外。他怕跟别人相处时，就不能再按照他习惯的方式来控制局势。

各种神经病症都能表现出受限制行为的现象。在口吃者的语言中，我们便能看到他犹疑的态度。他残余的社会感觉迫使他和同伴发生交往，但是他对自己的鄙视，他对这种尝试的害怕，却和他的社会感觉相互冲突，结果他在言词中便显得犹疑不决。在学校中总是屈居人后的儿童，在 30 多岁仍然找不到职业或一直把婚姻问题往后搁延的男人或女人，必须反复做出同样行为的强迫性神经病患者，对白天的工作感到十分厌烦的失眠症患者……这些人都显现出他们有自卑情结，它使他们在解决生活问题时，无法获得进展。如果我们问：“为什么这么怕行为不当呢？”我们就能看出他们的好高骛远的目标。对这问题的唯一答案是：“因为这些人把成功的目标定得太高了！”

可以看出自卑感本身并不是变态的。它们是人类之所以进步的原因。例如，科学的兴起就是因为人类感到他们的无知而努力奋斗的成果。事实上，在我看来，我们人类的全部文化都是以自卑感为基础的。如果我们想象一位兴味索然的观光客来访问我们人类的星球，他必定会有如下的观感：“这些人类呀，看他们各种的社会和机构，看他们为求取安全所做的各种努力，看他们用屋顶以防雨，穿衣服以保暖，修街道以使交通便利——很明显地，他们都觉得自己是地球上所有居民中最弱小的一群！”人类的婴孩是非常软弱的，需要许多年的照顾和保护。每一个人都曾经是人类中最弱小和最幼稚的婴儿，如果缺少了合作，便只有听凭环境的宰割。所以，我们不难了解，如果一个儿童未曾学会合作之道，必然会走向悲观之途，并发展出牢固的自卑情结。

个人的生活风格是一种最丰富和最复杂的作品，因此心理学家必须学习如何在其表现中推敲。优越感的目标也同样是在摸索和绘测中固定下来的，它是生活的奋斗，是动态的趋向。即使目标已经被具体化，抵达目标的途径也是千变万化的。例如，我们经常发现：医生在儿童时期大多很早便认识了死亡的真面目，而死亡又是给予他们最深刻印象的人类不安全的一面。他们以后学习的发展方向，便在于为他们自己或为别人找出更安全、更能抵抗死亡的方法。我们绝不可能对一个人说：“如果你做了这些或那些事情，你对优越感的追求便会满足了。”对优越感的追求是极具弹性的。事实上，一个人愈健康、愈接近正常，当他的努力在某一特殊方向受到阻挠时，他愈能另外找寻新的门路。只有神经病患者才会认为他的目标的具体表现是：“我必须如此，否则我就无路可走了。”

我们不打算轻率地刻画出任何对优越感的特殊追求，但是我们在所有的目标中，却发现了一种共同因素——想要成为神的努力。有时，我们会看到小孩子毫无顾忌地按这种方式表现自己，他们说："我希望变成上帝。"许多哲学家也有同样的理想，而有些教育家也希望把孩子们教育得如神一般。在古代宗教训练中，也可以看到同样的目标：教徒必须把自己修炼得近乎神圣。变成神圣的理想曾以较为温和的方式表现在"超人"的观念之中。据说，尼采在发疯之后，在写给施存堡的一封信中，曾经署名为"被钉于十字架上的人"。甚至是无神论者，也希望能征服神，能比神更高一筹。我们不难看出，这是一种特别强烈的优越感目标。

优越感的目标一旦被具体化后，对个人来说，在他的生活风格中，就不存在什么错误。个人的习惯和病症，对达到其具体目标而言，都是完全正确的，它们都无可非议。每一个问题儿童，每一个神经病患者，每一个酗酒者、罪犯或性变态者，都采取了适当的行动，以达到他们认为是优越的地位。他们不可能抨击自己的病症，因为他们有这样的目标，就应该有这样的病症。在某个学校里有个男孩子，他是班上最懒惰的学生。有一次，老师问他："你的功课为什么老是这么糟？"他回答道："如果我是班上最懒的学生，你就会一直关心我。你从不会注意好学生的，他们在班上又不捣乱，功课又做得好，你怎么会注意他们？"从他的目标看来，他不是懒惰，他是装傻。

直到现在，一般的治疗都是针对病症而进行的。不管是在医药上还是在教育上，个体心理学对这种态度都是完全反对的。如果我在教室里放一架梯子，爬上它，并坐在黑板顶端，看到我这样做的每个人很可能都会想："阿德勒博士发疯了。"他们不知道梯子有什么用，我为什么要爬上它，或者我为什么要坐在那么不雅观的位置上。但是，如果他们知道，我想要坐在黑板顶端是因为除非我身体的位置高过其他人，否则我会感到自卑，我只有在能够俯视我的学生时才感到安全，他们便不会以为我是疯得那么厉害了。我是用了一种非常明智的方法来实现我的具体目标。梯子看来是一种很合理的工具，我爬梯子的动作也是按计划而进行的。我疯狂的所在，只有一点，那就是我对优越地位的解释。如果有人说服我，让我相信我的具体目标实在选得太糟，那么我才会改变我的行为。但是，如果我的目标保留不变，而我的梯子又被拿走了，那么我会用椅子再接再厉地爬上去。如果椅子也被拿走，我会用跳或运用我的肌肉来攀爬。每个神经病患者都是这个样子，他们选用的方法都正确无误——它们都无可厚非。他们需要改进的，是他们的具体目标。目标一改变，心灵的习惯和态度也会随之而改变。阿德勒的个体主义心理学，对于个体生命的自我认知和反思，具有极大的启发性。

第六章

分析哲学与哲学分析

净化一个人的语言，就是净化一个人的思想。[1]

哲学的不确定性想必让不少初次接触的人感到苦恼，哲学自诞生以来就一直纠缠于一些基本问题：世界的本质是什么，人知道什么，人应该成为什么，等等。每个哲学家都会创造不同的观点和学说来试图解决这些问题，每一种答案似乎都有道理，可是各种答案之间又会彼此不一致，甚至互相矛盾，真是公说公有理，婆说婆有理。哲学问题到头来从未得到真正的解决，于是我们会问：如果哲学一直处于这种莫衷一是的局面，学哲学，做哲学，到底有什么用呢？针对这个问题，莱布尼茨提出了一个关于“通用文字”的构想。其基本思路是，用一种严格单义的符号串来表示思想，通过这些符号串的变换来表示推理和论证，这样，在遇到意见分歧的时候，只需采用这种通用文字来进行计算，就可以确定谁对谁错。如果这个设想能够实现，不仅哲学研究，任何一种科学研究都可以采取一种清晰严格的方式进行，并且整个过程就像数学演算一样是可以公共判定的。

德国哲学家弗雷格（Gottlob Frege，1848—1925）是首位实现莱布尼茨

[1] 贾可·辛提卡：《维特根斯坦》，方旭东译，中华书局，2003年版，第71页。

构想的艺术巨匠，他发明了现代数理逻辑，尤其是谓词逻辑，给我们提供了一种基本的哲学分析工具；他强调语言的结构对于哲学来说具有基础性的地位，从而使得语言哲学在整个哲学领域中占据了中心地位。

弗雷格的逻辑分析方法后来在罗素、摩尔、维特根斯坦的语言分析中被发扬光大，并在20世纪50年代在牛津大学的语言哲学学派中得到了最好的运用。总之，我们把弗雷格开创的这种哲学分析的传统称为分析哲学，分析哲学试图将现代逻辑分析方法和某些传统哲学问题（如真、意义、心身问题等）结合起来。自20世纪始，英美哲学的主流就是分析哲学，哈佛大学的怀特教授（M. White）干脆把20世纪称为“分析的时代”。分析哲学的传统在英美已经非常成熟而强大，它贯彻到英语国家哲学科系的建制体系、课程设置中，已经体现在从事哲学思考和讨论的方式和风格中，其旺盛的生命力已经远超欧洲大陆的现象学传统。

那么什么是分析哲学呢？简单地说，分析哲学有两个基本特征：（1）对语言的关注；（2）采取逻辑分析的方法。分析哲学的研究风格或者技艺是“哲学分析”（philosophical analysis），哲学分析就是对一个研究主题进行细致的探究，以求弄清该主题的各要素，以及这些要素间的关系。

应该说，哲学分析是所有哲学思考的基础性工作，是几乎所有哲学家都曾经做过的一件事。但是，与其他哲学家不同，分析哲学家为这种分析风格提供了理论上的支持，即语言哲学，就是关于语言以及语言如何与哲学的基本问题相关联的系统观点。这就使得哲学分析落到了实处，落到了通过语言分析把握思想和实在，从而也使得这种分析的方法渗透到英语世界的哲学血脉，成为学术积淀的一部分。

正因为哲学分析的风格，分析哲学具有内在的自我批判精神，它从来不是固定不变的，其实践者也总是向自己的预设和结论发出挑战。不过，我们还是可以为分析哲学确定一个中心时期，它大体包括第二次世界大战前夕的逻辑实证主义阶段和第二次世界大战之后的语言分析阶段。在这个中心时期，限定分析哲学的是一个研究纲领，即试图为诸如语言、知识、意义、真理和数学等哲学思考寻找基础。在这个时期，维特根斯坦的前后期哲学转变可以作为把握分析哲学风格、脉络和性质的典型案例。

一、传奇维特根斯坦——从工程师到哲学家

1951 年，G.E. 摩尔被乔治六世授予一等功。事后，他不无惊讶地告诉妻子："你能想象吗？国王居然没有听说过维特根斯坦！"到 20 世纪末，这种惊讶的程度甚至会更大。路德维希·维特根斯坦（1889—1951）是 20 世纪最广为人知的哲学家之一，大量的著作和论文都提到他。然而，他生前仅正式发表过两万余字的著作《逻辑哲学论》和一篇会议短文。是什么使得摩尔发出如此感慨，又是什么使得后人对他如此感兴趣呢？

首先，来看看维特根斯坦的家庭背景。维特根斯坦家族是维也纳的社会与文化标志，是当时维也纳最富有的家族。但这一家原本不姓维特根斯坦，而是路德维希的曾祖父摩西·迈尔取了这个姓。摩西是德国贵族"塞恩 – 维特根斯坦"的土地经理商，1808 年拿破仑颁布法令，规定犹太人要有姓氏，于是摩西用了自己雇主的姓。该家族善于经营，到路德维希的父亲卡尔·维特根斯坦掌管时，家族已经拥有帝国最大的钢铁工业集团。1898 年卡尔的一个决定又使得家族财产安然度过第一次世界大战后席卷奥地利的通货膨胀，这个决定就是退出生意，把投资转移到外国尤其是美国的证券业上。彼时，路德维希是家里 8 个孩子中最小的一个。

如果说，对于了解维特根斯坦的个性以及生活，其家族的犹太血统和富有并不能提供有意义的透视，那么家族的另一个特征则可以。这个特征就是维特根斯坦家族具有极高的音乐与艺术天赋。路德维希的一个哥哥叫保罗·维特根斯坦，是钢琴家。在第一次世界大战中他不幸失去了右手，他是如此有名，以至于拉威尔（Ravel）那首著名的《左手钢琴协奏曲》就是专门为他写的。路德维希的一个姐姐是画家，但最有天分的是汉斯·维特根斯坦，他是顶尖级的音乐天才，可惜以自杀结束了生命。路德维希也

有丰富的艺术才能，他精通音乐，在卓比尔的工作室他还做过一些雕塑。在1926年，他为姐姐家设计了一栋房子，这座房子至今依然是维也纳建筑的一座里程碑。

卡尔退出工业领域后，成为了视觉艺术的赞助人，而对于其子女，他要求必须获得高水准的成就与操行，这是凌驾于其他一切事情之上的。这些标准如此之高，导致了路德维希的3个哥哥自杀。这其中卡尔有些责任，他希望儿子们能继续他的商业冒险，儿子的自杀才使他认识到，他的儿子们具有不同类型的强烈抱负，但为时已晚。4个儿子只剩下年幼的路德维希一个了。即便如此，路德维希的内在压力依然非常大，八九岁时他思考的第一个哲学问题与这种内在压力相关：

"撒谎对自己有利的时候，为什么要说实话？"

年少时的他轻易接受了不诚实，他知道如何得到大家尤其是父亲的赞美和喜爱——正确无误的礼貌，对他人的感受力和乐于助人，对工程感兴趣。在家人的印象里他是个满意快乐的孩子，可日后他却强调自己的童年不快乐。这一反差无疑是他少年时反思诚实的症结所在。他考虑的不诚实并非琐碎的那种——比如偷了东西却否认——而是更微妙的一种，例如对人说某些话，因为那话是受期许的，而非因为那是真话。他之异于兄弟姐妹，部分就是他愿意屈从这种形式的不诚实。因此，问题不在于是否在所有情况下讲实话，而在于是否压倒一切地要求自己是真实的——是否应当不顾一切压力坚持做自己。[1]

少年时代的反思诚实，维特根斯坦没有找寻到满意的解答，这使得他的整个少年求学时期都是不快乐的。他先是上林茨的实科中学，希特勒也上了这个中学，不过比维特根斯坦低两届，后来希特勒因为成绩糟糕而被迫离校。没有证据表明他俩有任何交涉。中学毕业后，维特根斯坦又进入柏林夏洛腾堡的工业高等学校学习机械工程，然后于1908年春，来到曼彻斯特大学从事航空学研究。在这里，一个同学向维特根斯坦介绍了伯特兰·罗素的

[1] 瑞·蒙克：《维特根斯坦传：天才之为责任》，王宇光译，浙江大学出版社，2011年版，第14页。

《数学原则》[1]。

阅读罗素的著作是维特根斯坦生命中一个决定性的事件。虽然随后两年继续航空学的研究，但他越来越着迷于罗素讨论的问题，工程工作做得越来越无味。他已找到了一个能令他全神贯注的题目，并且他可以指望自己对这个题目做出伟大的贡献。

《数学原则》的中心论题是：能够从少量基本逻辑原则导出全部纯数学。换句话说，数学和逻辑是同一回事。罗素试图为此观点提供一个严格的数学证明，而论证要反驳的假想敌是康德。按照康德的理论，数学和逻辑很不一样，其基础是表象的结构（structure of appearance），是我们对空间和时间的基本"直觉"，也就是说康德认为数学根本上是人类心灵的主体建构。而罗素则要论证：数学是一套确定的、客观的知识。

直到《数学原则》付印后，罗素才注意到，在自己事业的主要方向上德国数学家戈特洛布·弗雷格已先行了一步。弗雷格在《算术基本法则》中试图完成的正是罗素为自己设定的任务。罗素迅速研习了弗雷格的书，他注意到弗雷格忽视了一个困难。这个困难引起的问题乍看起来不大，但其解决方案很快成了数学基础的首要问题。

为了提供数的逻辑定义，弗雷格使用了类的概念，他把类定义为概念的外延。于是，概念"男人"和男人的类对应，概念"桌子"和桌子的类对应，依此类推。他系统中的一条公理是，每一个有意义的概念都对应一个对象，即一个类，即此概念的外延。罗素发现该公理导致一个矛盾。因为给定上述前提，那么，某些类属于自身，某些则不是：所有类的类自身也是一个类，所以就属于自身；男人的类自身不是一个男人，所以不属于自身。由此就构造出了"所有不属于自身的类的类"。现在我们问：这个类是不是自身的一个成员？无论回答是或否，都导致矛盾。罗素讲了这个悖论的一个通俗版本——理发师悖论。假设克里特岛有个古怪的理发师，他给自己定了条规矩：

[1] 《数学原则》（*The Principles of Mathematics*）与更著名的*Phincipia Mathematicica*是两本书，均可译为《数学原理》，但一般已将后者译为《数学原理》，这里将前者译为《数学原则》。

只给不给自己理发的人理发。请问这个理发师给自己理发吗？无论回答是或否，都会导致矛盾。

显然，如果可以从弗雷格的公理中推出一个矛盾，那么他的逻辑系统作为构筑全部数学的基础，就是不合格的。罗素将这一发现写信到耶拿大学向弗雷格告知。当时弗雷格正准备《算术基本法则》的第二卷，看到罗素的信后，弗雷格明白罗素悖论表明他的整个系统在根本上有缺陷，这一打击无疑是巨大的，乃至于弗雷格没有再继续第二卷的工作。

罗素本人提出了“类型论”来避免这个悖论。类型论预设一个有层级的对象类型，对象聚集起来可合法地组合在一起而形成集合：于是，第一层类型是个体，第二层是个体的类，第三层是个体的类的类，依此类推。集合必须是同一类型的对象的集，于是就没有“是自身成员的类”这种东西了。

类型论确实避免了矛盾，但代价是有点特设味道。这显然不是罗素当初所设想的那种平凡自明的逻辑真理，罗素在《数学原则》的结尾写道：

此困难的完全解决会是什么，我尚未成功地发现；但因其损害了推理的最终基础，我诚挚地提请每一个逻辑学学生注意对之的研究。

这正是让维特根斯坦着迷的饵，照着罗素的建议，他热切地致力于解决这个悖论。三年后，也就是 1911 年，他前往耶拿大学拜访弗雷格，弗雷格对他给予充分的鼓励，并建议他到剑桥跟随罗素学习。这个建议改变了维特根斯坦的一生，也对罗素产生了巨大的影响，同时也是 20 世纪哲学的转折点之一。

罗素在 1911 年对维特根斯坦的“发现”可以比之于两年后罗素的朋友数学家哈代（G.H.Hardy）对数学天才拉马努金（Ramanujan）的“发现”。哈代不得不向这个出乎意外地给他寄来一堆充满令人震惊结论手稿的陌生印度人提问：“拉马努金是谁？是天才还是骗子？”以同样的方式，罗素不得不问这个不请自来跟随他学习的热情的“德国人”（罗素一开始以为维特根斯坦是德国人）：“维特根斯坦是谁？天才还是傻瓜？”数学上的天才要比哲学上的天才容易辨认。哈代只需要几个小时（加上他的同事小伍德的合作）

就确认拉马努金是天才。罗素一开始被这个狂热的、严肃而热情的外国人逗乐了，然后感到迷惑，再后是被激起兴趣，最后被激怒了。他花了几个月，而不是像哈代那样只用了一个晚上，才认识到他的“德国”访客确实是一个素质极高的哲学家[1]。我们可以从罗素写给朋友的信中了解这个有趣的过程：

“（罗素正和C.K.奥格登一起喝茶，这时）一个陌生的德国人出现了，他只能讲一些简单的英语，但拒绝讲德语。后来我才知道他曾在夏洛腾堡学工程，但在那期间自己对数学哲学产生了热情，现在来剑桥，目的是听我的课。（1911年10月18日）[2]

“我的德国朋友有成为负担的危险，他在课后跟着我回去，争论到晚饭时间——顽固，执拗，但我觉得不蠢。（1911年10月19日）

“我的德国工程师很爱争辩，很烦人。他不肯承认，这屋子里确确实实没有一头犀牛……（他）又回来了，我换衣服时他一直在争辩。（1911年11月1日）

“我的德国工程师，我觉得，是个笨蛋。他认为经验的东西都可认识——我要他承认这屋子里没有一头犀牛，但他不肯。（1911年11月2日）

“我的课进展顺利。我的德国前工程师照例主张他的论点，说除了断言命题世界上没有任何东西，但我最后告诉他这个论点太大了。（1911年11月13日）

“我的野蛮的德国人来了，他在课后跟我争论。他对任何理性的批驳都置若罔闻。跟他讨论真的只是浪费时间。（1911年11月16日）”

很明显，屋子里有没有犀牛，这个问题对维特根斯坦来说是形而上学的而非经验的，关系到的是何种东西组成了世界，而非是否有只犀牛在屋子

[1] 贾可·辛提卡：《维特根斯坦》，方旭东译，中华书局，2003年版，第4页。

[2] 恰尔德：《维特根斯坦》，陈常燊译，华夏出版社，2012年版，第5页。

里。事实上，他在这里如此固执地提出的观点，正是《逻辑哲学论》的第一句话所表达的东西："世界是事实的总和，而非物的总和。"

从上文摘录可看出，罗素对维特根斯坦的哲学才能尚无把握，可是学期快结束时，维特根斯坦去找罗素征询意见，其答案将决定他对职业的抉择，也将平息他为之挣扎了多年的诚实问题的侵扰：

"我的德国人正在哲学和航空学之间犹豫；他今天问我是否认为他在哲学上毫无前途，我告诉他我不知道，但我觉得不是。我要他给我一点成文的东西帮助我判断。他富有，对哲学有强烈的兴趣，但他认为，除非他还不错，否则不应当献身。我颇感觉到自己担负的责任，我真的不知道他的才能如何。（1911年11月27日）"

然而，当假期结束，1912年1月维特根斯坦带着自己假期写的手稿回到剑桥，罗素读过手稿立刻改变了态度：

"我爱他，觉得他将解决我因为太老而解决不了的问题——我的工作提出的、有待新鲜的头脑和年轻的活力去解决的所有种类的问题。他正是你会期待的那种年轻人。"

1912年2月1日，维特根斯坦被接纳为三一学院的成员，罗素当他的导师。他完成了5个学期的课程，与罗素进行密切的理智合作，直到1913年夏。在这段时期，他同时也与哲学家摩尔和经济学家凯恩斯等人建立了持久的友情。

在这段合作期，罗素日益认同维特根斯坦，日益在他身上看见一个同道心灵：

"我对他有着最完全的智性上的同情——同样的激情和热切，同样

感到人必须要么理解要么死，以及打断思考的极度紧张状态的突然蹦出的玩笑。（1912 年 3 月 17 日）

“（他）也许是我所知道的传统观念里的天才的最完美范例，激情、深刻、强烈和强势。只要他上手了，我就不觉得我放弃那题目是怠慢，……我认为今天他要撞碎我房间里的所有家具，他太兴奋了。（1912 年 4 月 23 日）”

到第二学期，两人的关系又发生转变。虽然形式上仍然是维特根斯坦的导师，但罗素越来越渴望得到他的赞许。罗素写完论文都会征求维特根斯坦的意见，可是维特根斯坦常常评价不高，罗素诚恳地接受他的意见，也因此不发表他不认同的论文。

对于诚实的反思此时已不再困扰成年的维特根斯坦，因为他有了解答，那就是：不留情面的诚实。这也成为他的哲学目标，即真之寻求。维特根斯坦不留情面的诚实既令人钦佩又令人敬畏，这使得他一生朋友较少，但这些较少的朋友却个个是有涵养且极富才能的人，如罗素、摩尔、凯恩斯、拉姆塞等。这些人，在之后维特根斯坦的《逻辑哲学论》出版，战后重返剑桥，以及后期维特根斯坦思想的启发等方面起着重要的作用。

第一次世界大战终止了罗素和维特根斯坦的那种亲密关系。维特根斯坦在奥地利军队中服役，而罗素在英国捍卫反战思想。到战争及其后短暂的动荡结束之时，维特根斯坦完成了《逻辑哲学论》。罗素为此书写了一个前言，并全力帮助它翻译与出版。然而，此时，维特根斯坦发现罗素不再能理解他想说什么。不但合作不可能，而且两人在私人关系上再也没有彼此亲近。与此同时，维特根斯坦认为他在《逻辑哲学论》中已经解决了哲学的根本问题，哲学没什么可做的了，于是他决定过一种托尔斯泰所推崇的简朴生活。他将从父亲那里继承的一大笔财富全部赠予他人（但不是穷人，他认为清贫是一种福气，穷人会被这些金钱所败坏），去山区当了一名小学老师。这个实验并没有成功，尽管维特根斯坦非常努力地去实践，但他的性情，尤其是他极度的不耐烦，使他不是很适合这份工作。他又回到了维也纳，为他姐姐的乡间别墅设计房子，后来因为 1926 年穆尼茨 · 石里克（Moritz Schlick，1882—1936）的登门求教，渐渐地接触著名的维也纳小组（Vienna Circle）。那是一个由哲学家、科学家以及数学家组成的松散组织，它的非正式领导正是石里克[1]。

1927 年维也纳小组讨论英国剑桥学者拉姆塞（Frank Plumpton Ramsey，1903—1930）的一篇数学哲学论文，这篇论文再次激发维特根斯坦对哲学的兴趣。1928 年 3 月听完数学直觉主义创始人布劳威尔题为“数学、科学和语言”的讲座后，维特根斯坦和维也纳小组的两名成员——魏斯曼和费格尔——在咖啡馆里坐了几小时，费格尔记录：

> “……目睹那晚降临在维特根斯坦身上的变化，是令人陶醉的……他变得极健谈，开始勾勒一些想法，而那些想法是他后期写作的肇始……那一晚标志着维特根斯坦恢复了强烈的哲学兴趣和行动。”[2]

布劳威尔的直觉主义和罗素的逻辑主义均是关于数学基础的讨论，罗素的逻辑主义认为，数学能够或者需要奠基在逻辑之上，并且一致性证明对数学是至关紧要的，因为这是保证数学之客观性的必要条件。布劳威尔反对罗素的主张，认为没有独立于心的、等数学家去发现的数学现实，数学家不是发现者而是创造者，因为数学不是一组事实，而是一种人心的构造。布劳威尔使得维特根斯坦了解到处理数学之逻辑进路的不同视角，这使得他相信《逻辑哲学论》不是关于这一主题的最后陈词，要说的还很多。

于是，维特根斯坦与凯恩斯通信表达重返剑桥的意愿。1929 年 1 月 18 日，凯恩斯写道：“唔，上帝到了。我在 5 点 15 分的火车上接到了他。”他口中的“上帝”正是维特根斯坦。1929 年 6 月 18 日，剑桥大学举行了一场

---

[1] 贾可·辛提卡：《维特根斯坦》，方旭东译，中华书局，2003年版，第5页。

[2] 瑞·蒙克：《维特根斯坦传：天才之为责任》，王宇光译，浙江大学出版社，2011年版，第251页。

奇怪的博士答辩。主考人是罗素和摩尔，答辩者是维特根斯坦，答辩论文就是《逻辑哲学论》。答辩以老朋友的聊天开场，随后是一场简短的讨论，最后，维特根斯坦这样结束了答辩——他拍拍他的两位主考人的肩膀，安慰说："别在意，我知道你们永远不会懂的。"[1]

1930年，维特根斯坦开始在剑桥大学教书，他和罗素、摩尔被称为哲学界的"剑桥三剑客"。1939年他成为教授，1947年辞职，但坚持思考和写作。1951年，死于癌症。两年后，维特根斯坦的遗著《哲学研究》出版，该书是对《逻辑哲学论》的彻底清算，但语言批判的思想依然未变。这两本书曾被分别作为分析哲学两大分析进路——日常语言学派和理想语言学派（或人工语言学派）的代表。它们对当代西方哲学影响巨大而深远。

故事讲到这里，你一定好奇维特根斯坦的哲学究竟讲了什么？他的前后期两部著作所代表的分析哲学两大进路究竟是什么？好吧，让我们来到《逻辑哲学论》和《哲学研究》中找寻答案吧！

二、维特根斯坦讲语言批判

不管维特根斯坦的哲学前期和后期，他都始终坚持一个根本的哲学研究纲领，那就是语言批判。他在《逻辑哲学论》中就断然写下这样的宣言："全部哲学就是'语言批判'。罗素的功绩在于他揭示了语句表面的逻辑形式未必是其真实的逻辑形式。"为什么语言批判是解决哲学问题的根本途径呢？这源于其语言本体观。他认为：我们只能凭借语言来遭遇世界和认识世界。按他前期的说法，"我语言的界限意味着我的世界的界限"。按他后期的说法，"想象一种语言意味着想象一种生活形式"。语言本身是健康的，哲学之所以莫衷一是，是因为对语言的误用。故而，澄清这种语言上的混淆是哲学的根本任务。如何澄清呢？维特根斯坦前期恪守本质主义，将语言批判置于语义学和语形学基石之上，前者是语言的图画理论，后者是真值函项论；

[1] 瑞·蒙克：《维特根斯坦传：天才之为责任》，王宇光译，浙江大学出版社，2011年版，第274页。

后期抽掉本质主义的毒汁，将语言批判置于语用学基石之上，提出了语言游戏论。两个时期方法不同，但纲领一致，即以不同的方式从事语言批判。下面我们分别详细介绍维特根斯坦前后期思想的不同脉络。

1. 分析哲学开创者：弗雷格和罗素

维特根斯坦前期思想汇聚在《逻辑哲学论》中，其语言批判宗旨是：解除语言误用对思想的遮蔽，揭示语言真实的逻辑形式，划定言说和显示的界限。这些宗旨与带领他进入哲学之路的弗雷格和罗素（尤其是罗素）密切相关。

弗雷格和罗素是理想语言学派的创始人。二者指出，为了哲学目的而对语言性质进行研究的正确方法是把自然语言的日常用法和形式逻辑的理想语言明确地区分开来。因为，自然语言及其日常用法常带有各种缺陷。只有借助形式逻辑的理想语言所建立和展示的标准，这些缺陷才能被辨认出来并加以消除。只有用形式逻辑的工具对自然语言的日常用法进行批评和详细检查，哲学才会具有明确性。这里讲到的形式逻辑并非传统形式逻辑，而是由上述二人开创的基于谓词逻辑的新形式逻辑。依据这套逻辑系统，莱布尼茨的"通用文字"得到了某种程度的实现，现代逻辑的发展也恰恰是对于这套逻辑系统的发展。不过，二人在搭建理想语言学派大厦工作中扮演着不同的角色，而维特根斯坦的《逻辑哲学论》则是对这两位老师的继承和批判。

下面，让我们追溯吸引维特根斯坦的哲学之源吧！

首先看弗雷格（1848—1925），他是耶拿大学的数学教授。作为一个数学家，他的工作实际上只限于一个问题：为数学提供坚实的逻辑基础。[1] 在制定数学的逻辑基础过程中，他发现对一些哲学问题提出他自己的观点是必要的和重要的，这可能有助于澄清和支持他作为一个数学家所做的工作，因此，他将近一半的著作是研究这些哲学问题的。在这些著作中，弗雷格提出了一些具有逻辑–语言性质的开创性思想。这些哲学思想的开创性和丰富的生命力已成为分析传统中其他人工作的主要动力。这些著作主要有《概念符

[1] M. K. 穆尼茨：《当代分析哲学》，张汝伦等译，复旦大学出版社，1986年版，第82页。

号系统》《算术的基础》《算术的基本法则》，还有一系列经典论文《概念和客体》《函数与概念》《含义和指称》。

再来看罗素（1872—1970），他与弗雷格风格迥异，弗雷格基本过着与世隔绝的学院生活，追求高度的清晰性和精确性，很少改变自己的观点，也很少做出缺乏严格依据的结论；而罗素则是一个思路非常开阔的哲学家，或者说，是一个现实感很强的思想家，他知道人们常常必须在拿不准的情况下做出决定，因而，罗素经常改变自己的观点。他的著作并不仅仅限于逻辑和数理哲学，而是几乎囊括人类经验和传统哲学兴趣的全部范围。除了哲学，他还讨论教育的理论和实践、宗教的本质、历史和国际问题，还有文学作品，甚至获得了诺贝尔文学奖。可以说，他的思想和理智活动，他的哲学主要是一个副产品，正如他自己所说："一种哲学要有价值，应该建筑在一个宽大坚实的知识基础之上，这个知识基础不单是关乎哲学的"。[1] 哲学仅仅是他曲折复杂生活中的一个方面，他在许多国家旅行、为儿童建立实验学校、为倡导和平和消灭核武器从事各种政治活动、写作通俗作品等，还有个人的感情危机和私人问题（几次结婚和多次浪漫恋爱）。

但如果认为罗素没有弗雷格那么专注，就看轻罗素思想的深刻性，那就错了。罗素所有工作的背后有一个基本的目的，那就是以一种类乎宗教的热忱来寻求真理，寻求一种超乎于人的变动不居的经验的真理。[2] 这其中，两种真理是罗素最为关心的：一是宗教真理，"我急于要发现，对于任何可以称为宗教信仰的东西，哲学是否可以提供辩护，不管是多么笼统" [3]；另一个是数学真理，即如何用逻辑分析来获得确切的知识。

很明显，弗雷格和罗素有一个共同的兴趣点，那就是追求一套客观的符号逻辑体系来获得确切的知识。知识是什么？传统认为，知识至少是真信念。于是"真"自然成为知识论的核心，实际上从古希腊时代以来，"真"

[1] 伯兰特·罗素：《我的哲学的发展》，温锡增译，商务印书馆，2009年版，第265页。

[2] 伯兰特·罗素：《我的哲学的发展》，温锡增译，商务印书馆，2009年版，第262页。

[3] 伯兰特·罗素：《我的哲学的发展》，温锡增译，商务印书馆，2009年版，第3页。

就是哲学的核心问题。分析哲学对于真之讨论有什么新东西呢？答曰：其最大的特色就是把语言作为讨论知识以及真的基础。在弗雷格和罗素看来，知识是客观的而不是任意的，故对于知识来说具有基础性地位的语言结构并不是任意语言的结构，他们把这种特殊的语言结构称为“逻辑结构”。

按照这一看法，无论地球上有多少个民族，有多少种语言，哲学分析所感兴趣的，仅仅是唯一的那种结构，这种结构独立于任何既存的语言。逻辑结构不仅独立于任何既存语言，而且可以独立于这些语言表现出来，也就是可以通过数理逻辑的符号语言而表现出来。换言之，如果确实有逻辑知识，那么这就是最为可靠的知识。逻辑知识无条件的真，在逻辑知识基础上建立其他知识，以此获得的知识体系就是最可靠的。当然，有些知识必定依赖于世界的状况，对于这些知识来说我们显然不能建立像逻辑知识那样完全由永真的命题构成的体系。但至少，逻辑可以为获得这些知识提供可靠的基础，即可以建立不容置疑的概念基础，从而为做出正确的预测提供保障。[1] 这个知识论框架可以用语义三角来图示：

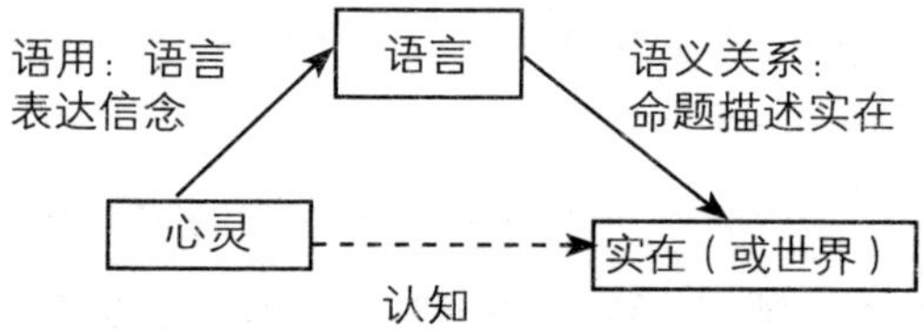

语义三角是由语言、心灵（mind）和实在（reality）这三个顶点构成的三角关系。在大多数哲学家那里，实在就是世界（world）。这个图示用三个箭头来表示三个顶点间的关系。从心灵到实在的箭头所表示的是认知关系；从语言到实在的箭头则表示语义关系，即命题描述实在；而从心灵到语言的关系则可以表示人对语言的使用，这种使用的结果通常被理解为语言表达信念，而有时又可以理解为人使用语言来完成某件事，等等。

[1] 黄敏：《分析哲学导论》，中山大学出版社，2009年版，第36页。

语义三角表明，传统上专注于心灵与实在间的关系的知识论研究，在分析哲学中由于语言的引入而获得了一条从心灵到语言再到实在的新路径。传统哲学的基础性的问题，主体何以能够认识实在，在分析哲学里被分解为两个问题：第一，信念何以通过语言得到表达；第二，语言何以能描述实在。这一分解使得语言承担了联结心灵与实在的中介作用，从而使心灵与实在的关系问题转变成了语言的本质问题。这一转变使得语言哲学成为20世纪上半叶分析哲学的基础，也构成了把握整个分析哲学研究的基本框架。弗雷格为此奠定了思想基础。在他看来，句子是分析的基本单位，但不是所有句子都描述知识，只有当句子为真时它才可能描述知识，而句子有意义才可能句子为真或为假，因此，句子的意义是真值载体。费雷格把句子的意义称为“思想”（thought）或“命题”（proposition）。命题虽然是指句子的意义，但并不依赖于句子而独立存在。简单论证如下：

如果命题依赖于句子，那么在句子不存在的时候，相应的命题将不存在；但是，对任何命题，在表达该命题的特定句子之外，总是存在其他句子，这些句子表达了这个命题；因此，命题独立于句子。

弗雷格的上述论证将语言插入了从心灵到世界的通道，关于知识的研究就成了关于命题的研究。仅通过独立存在的命题才能够获得知识，因此，心灵必须通过命题才能达到世界。

事实上，上述关于逻辑知识的说明我们可以得出另外一个推论：逻辑划定了知识的界限。既然逻辑知识是所有其他知识的必要条件，并且不存在不可表述的知识，那么不满足逻辑结构所确定的条件，就不是知识。因此，理想语言学派承认许多传统问题是我们的知识手段所不能解决的，从而应把这些问题排除在知识的领域之外。罗素的摹状词理论正是剔除这些假问题的“奥卡姆剃刀”。

综上，弗雷格和罗素是分析哲学的开创者，其基本动机是追求一套客观的符号逻辑体系来获得确切的知识。在分析哲学看来，语言之于知识具有基础性的地位，关于知识的研究就成了关于语言的研究，其中语言的意义是关键，而意义在分析语言的逻辑结构中得以澄清。

至此，可能读者会发现分析哲学的几个关键词：语言、逻辑、命题、意义、真，也可能发现理想语言学派的“奥卡姆剃刀”很可能排除一大堆传统形而上学问题，而只留下基于逻辑知识可以讨论的知识领域。这样的进路有没有局限？回答这个问题就该维特根斯坦出场了。

2. 言说与显示：能说的说清楚，不能说的保持沉默

在《逻辑哲学论》的序言中维特根斯坦说：“我只想提及弗雷格的巨著和我的朋友罗素先生的著作，它们在颇大程度上激励了我的思想。”所谓“激励”，包含多重意思，但至少它明示维特根斯坦绝不是其中任何一个的信徒。其实，在该书完成时，维特根斯坦就告诉我们，弗雷格完全不理解它，罗素也基本上误解了它。简单来说，维特根斯坦接受了他们许多术语和概念上的区别，同他们有一些共同关心的问题，但维特根斯坦思想发展的线索是由更为根本的问题所决定的。弗雷格和罗素强调逻辑分析的重要性，但是他们所看重的是如何运用逻辑分析来获得确切的知识，而没有深究逻辑分析本身。维特根斯坦恰恰关注了后面这一更为基本的哲学问题。那么维特根斯坦得出了什么不一样的逻辑语言观和世界观呢？

首先，语言遮蔽思想。日常语言复杂而多有歧义，人们不可能直接从日常语言得知语言的逻辑，就好比不能从衣服的外部形式推知它所遮蔽的身体形式，因为衣服的外部形式不是为了认识身体的形式而设计的，衣服是为了完全不同的目的而设计的。但人们常常把衣服的形式当成了真实的身体形式，把语言表面逻辑形式当成了真实的逻辑形式。因此，在这一点上维特根斯坦同意罗素，由此也知解蔽和揭秘必是语言批判的任务，即解除语言表面逻辑形式造成的语言误用及对思想的遮蔽，揭示语言真实的逻辑形式之奥秘。

然而，衣服本身没问题，有问题的是人们的误用，错把衣服当身体。因此，解蔽和揭秘的工作不是脱掉衣服换新装，而是把这种混淆揭示出来，当误用被澄清，衣服和身体的界限就划清了，于是真实的身体形式也就显示出来。罗素恰恰违反了这一规则，他竭力主张用数理逻辑重新设计“逻辑语

言”这套新装来取代日常语言，对此维特根斯坦提出了明确的批判。

维特根斯坦要做的正是划清衣服和身体的界限，即能够划清用语言来言述的东西和不能用语句来表达而只能显示的东西的界限。必须强调，所谓“界限”是一种隐喻，它不是隔离空间领域的围墙。我们不能采取这样的方法来划界：首先选择两个区域，然后确定它们的分界线，就像在两国之间确定边界一样。这里的界限不能逻辑地思考和言述，而只能从言述的逻辑空间内部来显示：言述是一种楼梯，借此可以登上高楼，望尽言述领地的奇妙风光。然而，我们切莫迷恋这梯子，而要学会登楼弃梯，得意忘言，唯此方有可能洞观显示之堂的奥秘。这正是《逻辑哲学论》结尾部分给我们的忠告。

也就是说，在维特根斯坦看来，人类生活中所有真正要紧的恰恰是我们应当对之沉默的东西。逻辑 – 语言分析的作用就好比借以登上高楼的梯子，我们切不可把这个梯子当成了哲学的全部。许多哲学问题的产生恰恰是可说的没说清楚，不可说的偏偏想要说。“凡是可以说的东西都可以说得清楚；对于不能谈论的东西必须保持沉默。”这正是《逻辑哲学论》试图要传达的理念。

既然哲学的首要任务便是语言批判，从语言逻辑上可能的使用之“内”阐明世界和语言的界限。那么就会问，语言为何能够言述世界？维特根斯坦的回答简单得出奇：语言是世界的构象。这种构象关系类似于射影几何学中原型与模型之间的投射关系。举例来说，如有张三比李四年轻（ZRL）是一个事实，那么命题“张三比李四年轻”（Z’RL’）和“李四比张三年轻”（L’RZ’）都是该事实的构象，只是前者的值为真，后者的值为假。这里有一个体现同构的基本不变量 R，它使 ZRL、Z’RL’和 L’RZ’具有同构关系。

严格说来，只有基本命题才是事实的构象，而复杂命题只能间接地看作事实的构象，其间接性表现在任何复合命题都可以还原为若干相互联系的基本命题。基本命题不包含“非”（ ~ ）、“和”（ ∧ ）、“或”（ ∨ ）、“如果……那么”（ → ）、“当且仅当”等逻辑联结词的命题，而复合命题就是包含这些逻辑联结词的命题。基本命题之为基本，在于它的意义和真实性不取决于它与其他命题的关系，而取决于它与世界的关系。维特根斯坦哲学的基本公理就是：如果任何命题要有确定的意义而不仅仅是彼此处于内在的逻辑关系之中，就必定有这种简单的，不能分析的命题。逻辑经验主义正是受此观点影响而得出他们的意义标准：任何概念或命题要有意义，必须有一些东西来自关于世界的经验。使句子可能表示基本命题的在于句子是可能事态的构象，即一些事物的可能的排列，如果存在这种排列，这些事物就构成事实。作为名称排列的命题描画了作为事物排列的事态的构象。如果命题说到的事物是这么排列的，那么命题为真。命题和命题所描画的事态必须有共同的逻辑形式，但这形式本身不能在命题中得到描述，它只能显示出来。

可是，这么一来，怎么能说复合命题也可言述世界呢？维特根斯坦基于真值函项论，认为复合命题能够间接地言述世界。简而言之，复合命题全都是基本命题的真值函项，借助于否定和合取的运算从基本命题当中产生出来，从而其意义和真值全在于它们的基本组成部分的意义和真值。由于逻辑联结词没有指称，故而断定复合命题不过是把基本命题的集合结合起来肯定或否定。维特根斯坦这种对复合命题的还原性分析，确立了整个分析运动的纲领。从事命题分析的哲学活动就成了一种把各种句子翻译为基本命题的明晰的真值函项的研究活动。

然而，时刻不要忘记维特根斯坦的忠告，人类生活要紧的不是言述而是显示，命题分析不过是言述，言述不过是梯子，只有甩掉言述之梯，显示之门才会敞开。问题是：言述是怎样打开显示这扇大门的呢？

一个命题作为一个逻辑图式，总是对外界事实的一种模写，它有确定的含义，要么真，要么假。故命题的真值表涵盖了该命题的全部可能性，当然这是一种逻辑上的可能性。但在实际情况中，在某一个具体的地点与时间，成为现实的只能是其中的一种可能性。因此，由所有命题的真值函数表所包含的可能性的总和就是“逻辑空间”，现实存在的世界只是逻辑空间的一个世界而已。也就是说，逻辑空间已限定了世界的界限，人类所能认识的世界也就是逻辑空间限定好的世界。毫无疑问，逻辑空间是由作为命题整体的语言所规定的可能性的空间，因此，语言的界限也就是世界的界限。

穷尽可能性，便呈必然性。如果列尽所有名称及其可能的配置，那么一个必然的逻辑空间便会彰显出来。于是，哲学不是传统的形而上学，它并不生产“形而上学命题”，但它通过把形而上学从言述的虚幻宝座上移到真实的显示基石上，从而使形而上学获得了新生。那种把维特根斯坦看成逻辑实证主义的同道者，认为他也用自然科学拒斥形而上学的看法可以休矣。

值得注意的是，要论某事物是什么及如何，必先预设该事物存在。只有世界这样存在着，它的情况和界限才能得到言述和显示。对世界这样存在的显示方式是一种本体洞悟，维特根斯坦称之为“神秘的”（mystische/mystical），其意是指这种显示竟然不求助于任何语言或符号，而类似于把世界当作一个有限整体来把握的那种“神秘的感觉或体验”，这种本体洞悟是不可以借助于语言或符号来显示的。另外，与人类生活密切相关的形而上学、伦理学、美学、宗教、人生价值等的显示也属于维特根斯坦所说的神秘的显示，同样是不可以通过言述来显示的。故而，《逻辑哲学论》最后一句话谆谆告诫：“对不可言述者，必须保持沉默。”

如果再问“哲学何为”，那么《逻辑哲学论》的语言批判给我们的启示是：哲学是解蔽、揭秘和划界的语言批判活动。解蔽的必要性不在于语言的痼疾，而在于人们（特别是传统哲学家）对语言的误用。这种误用突出地表现在两个方面，一是把语言表面的语法形式混同于真实的逻辑形式，二是费力不讨好地企图言述那些不能言述而只能显示的东西。于是，揭示语言真实的逻辑形式（揭秘），划清言述与显示的界限（划界）就成了哲学神圣的使命。[1]

3. 语言游戏与生活形式

《逻辑哲学论》完成后，维特根斯坦曾一度认为自己已经彻底解决了哲学问题。但事后他发现并非如此。《哲学研究》很好地体现了他重返剑桥后关于语言本质的新思想。他在该书的序言中说，“只有同我旧的思想方式的背景相比较和对照，才能正确地理解它”。正是根据这一点，人们才说他创

[1] 张志林、陈少明：《反本质主义与知识问题》，广东人民出版社，1995年版，第17页。

立了两种完全不同的、有独创性和巨大影响的哲学。而后一种哲学常被视为日常语言学派的奠基之作。

下面，我们循着他在序言中的建议来探究他的后期思想吧。

维特根斯坦前期的语言批判表现为语言构象论和真值函项论，而他后期的语言批判表现为语言游戏论。语言构象论之所以可能成立，理由在于认定语言和世界同构，它们共享逻辑形式，这就是它们的本质。真值函项论之所以可能成立，理由也在于认定语言具有共同的本质，那就是命题的一般逻辑形式。与上述两者不同，语言游戏得以成立的依据在于否认语言及世界具有普遍的本质，而认定语言和世界中存在着一系列交叉重叠的家族相似性；语言不依附于抽象的逻辑形式，而体现为具体的语言游戏。如果说《逻辑哲学论》构造的是攀逻辑的楼梯而可通达的水晶宫的话，《哲学研究》则是忙于拆梯毁楼，“你傲慢的大厦必须拆毁”，“对于哲学家来说，下到愚蠢的山谷比登上荒芜的聪明高峰能有更多成长着的青草”。[1]

从哲学观上看，维特根斯坦从前期到后期的转变是一种根本性的范式转换：语言批判的合理性不再立足于普遍的本质之上，而是立足于特定的生活形式之上。简言之，前期是本质主义，后期是反本质主义。可以把维特根斯坦所批判的本质主义分为三种典型的表现形式：绝对主义、基础主义（原子主义）和科学主义。

本体论上的绝对主义主张每一类事物都有唯一不变的普遍本质，柏拉图的理念论就是典型代表，方法论上的绝对主义认为只有一类方法具有揭示事物普遍本质的奇效，逻辑经验主义对科学方法的迷信就是一种方法论绝对主义。寻找共同一致的本质是精神上的“一种巨大诱惑”，是产生哲学混乱的根本原因。

比如，有足球游戏、象棋游戏、纸牌游戏等各种各样的游戏，但哲学家并不满足于此，他非要问游戏的本质是什么，仿佛游戏是在这些具体游戏之外的一件物事，他会振振有词：“游戏总得有一个普遍共同的东西吧，不然

---

[1] 彭越、陈立胜：《西方哲学初步》，广东人民出版社，1999年版，第397页。

你怎么会把它们都叫游戏？”这好比一个小孩吃了苹果、梨、芒果等各种各样的水果后还嚷嚷“我要吃一下水果的味道”。

哲学家们在本没有本质的地方总要想出一个本质来，就像一个掉进了捕蝇瓶中的苍蝇东撞一头西撞一头。实际上存在的只是一种“家族类似”的东西，比如一个家族，父子眉毛相似，女儿则和父亲长着模样相似的鹰钩鼻，另外一些成员则在走路的姿态上相似，除了这种种类似之外，并没有一个本质相同的东西在后面。

“不要想，但要看！”维特根斯坦提醒那些迷路的苍蝇。“不要想”并不是不要人们思想，而是不要人们总是把丰富多彩的语言现象想象成只有一种普遍形式、只有一种普遍的功能。“但要看”也不是东看西看，而是要认真观察在现实人类生活中语言使用的多样性、复杂性。言述功能固然是语言的一大功能，但却不是唯一的功能。钱可以用来买东西，但也可以用来旅游，甚至也可以用来折一只纸飞机，认为语言只有言述功能，就如同认为钱只能用来买一种东西一样。再如“滚开！”“救命！”“不！”“你真坏！”在不同的语境下有不同的含义，执行不同的功能，而不仅仅只有言述功能。理想语言学派使用的语言似乎已经被过紧的鞋子挤变形了，他该脱下这只逻辑形式的紧脚鞋，踏上“生活形式”的粗糙地面上来了。

语言的意义就在于它的用法。“什么是象棋中的象？”通过测量它的体积、形状、重量能确定它吗？不能。怎样才算知道它呢？维特根斯坦答曰：“会玩象棋也就知道了象棋中的象。”怎样算会玩象棋呢？就是遵守象棋规则地玩。遵守规则是一种活动而不是描述，因而“象”的意义只有在具有一定公共规则的象棋游戏语境中才得以显示。类似地，离开了语境，语言就失去了意义。我们来比较如下三个句子：

（A）你是我的妈妈。

（B）你是我的妈妈？

（C）你是我的妈妈！

按维特根斯坦前期观点，三句具有同样的逻辑形式和言述功能。但是，它们的区别其实是显而易见的：语句（A）陈述一个事实，语句（B）提出一个疑问，语句（C）表达一种情绪，它们通过句号、问号和感叹号分别表示不同的语气。这些不同的语气展示了看似相同的语句“你是我的妈妈”的不同使用情况。“你是我的妈妈”仅仅是三个语句的句根，它“还不是我们语言游戏中的一步走法”。句法犹如象棋中的一枚棋子（如象），我们可以采取多种多样的方法去移动（使用）它，离开这多种多样的走法，句根或棋子就显示不出它们的意义。

“意义即用法”同样也对基础主义（或原子主义）提出批判。理想语言学派以及维特根斯坦前期坚信能清楚说可说者的根据就是基础主义，其基本思想是：语言和世界都可以分析还原为最终的成分，基于真值函项论可以把全部命题还原为基本命题。维特根斯坦后期对此做了无情的批判。且让我们举一个例子加以说明。我们可以按真值函项论把命题“那把扫帚在墙角”（S）还原为三个命题的合取，即 S1：“那个扫帚把跟那把扫帚刷连在一起”；S2：“那个扫帚把在墙角”；S3：“那把扫帚刷在墙角”。同样，还可以把 S3 分成三个语句的合取，只要把扫帚刷分解为更简单的刷头和刷毛。如果能把刷头或刷毛分解成更加简单的组成，那么这种分析还原可以继续下去。由此，我们看到，“复合”与“简单”没有绝对不变的界限，它们也没有绝对不变的意义。我们实际上可以无数不同的方式使用它们。欲问什么是简单的或复合的，正确的回答是：那要看你怎么使用“简单的”或“复合的”。

但是，这里的批判并不构成对真值函项论和语言构象论的反驳和否定。原因在于，只要你把一个命题看作复合命题，那么它就可以按真值函项论分析成若干更简单命题的合取，而这个合取式的真值与那复合命题的真值相同。同样，只要你认为一个语句是基本命题，而且其中的名称与其所指客体有同样的配置形式，那么它就是一个事态的构象。

与此相关联，维特根斯坦所批判的科学主义，是指那种不顾语言的实际用法，认为一切题材都可为“科学方法”所处理的观点。简言之，他批判的是哲学家们对“科学方法”的迷恋。对此，他有具体申明：“我指的科学方法是把对自然现象的解释简化为数目尽可能少的基本自然律；在数学中是用概括化使各种不同论题的处理统一起来。哲学家总是两眼盯着科学方法，不可遏止地想要采取科学处理方式提出和解答问题。这一倾向是形而上学的真实源泉，使哲学家陷入漆黑一团。”

其实，绝对主义、基础主义和科学主义都是一种哲学病：偏食病。哲学家在能够达到健全的人类理解观念之前，先得治好他自己的偏食病，清除掉因偏食而制造出来的问题。因而，哲学的任务应该是“治疗”，它使人们摆脱偏食，从而摆脱精神束缚的痛苦。

三、维特根斯坦之后

本章开头已经说过，分析哲学的中心时期大体包括逻辑实证主义阶段和第二次世界大战之后的语言分析阶段。这两个阶段均受到了维特根斯坦的启迪，维也纳学派开创的逻辑实证主义很大程度上受到其前期思想的启迪，而“二战”后的日常语言学派则更多地是对其后期思想的发挥。逻辑实证主义用可证实性作为意义标准去研究科学语言的逻辑结构，这打开了另外一片哲学领域，即科学哲学。关于这方面的讨论，第四章已进行了介绍。下面主要介绍日常语言学派。一般认为，像摩尔、后期的维特根斯坦、奥斯汀（J. Austin）、斯特劳森（P. F. Strawson）、赖尔（G. Ryle）、塞尔（J. Searle）这样的哲学家属于日常语言学派。

相对于弗雷格和罗素为代表的理想语言学派，日常语言学派同样认为语言的结构对于哲学来说具有基础性地位。但是否认存在独立有效的逻辑结构，承载真值的东西不是命题，而是使用命题的行为，即陈述（statement）。作为语言的使用者，我们首先称一个陈述事实的行为是真的或者假的，而所陈述的句子，则在此基础上以一种派生的方式被称为真的或假的。简言之，日常语言学派关注语言实际上是如何使用的，都重视日常语言的分析。

维特根斯坦去世后，分析哲学的中心从剑桥转移到了牛津大学。以赖尔、奥斯汀、斯特劳森为代表的牛津学派进一步发挥了维特根斯坦《哲学研究》中的语言游戏观，并在此基础上对一些传统的哲学问题做了一些有价值的探讨。

受维特根斯坦“意义即用法”的语用观启发，奥斯汀提出了“说话即做事”。他把“言语”和“行为”结合成为一个专有名词“言语行为”（speech act），创造这个词的意图是表明言语是一种有意识的行动。比如，“我愿意娶你为妻”这句话并不是描述一桩婚姻，而是做出一个承诺，它是一种行为。这样的言语行为并无对错之分，但完成这些行为必须在适当场合下进行，比如“我愿意娶你为妻”得在婚礼仪式上对未婚妻说，倘若如唐僧那样在女儿国国王的威逼下不情不愿地说出这句话，那么这样的言语行为是失效的。

奥斯汀言语行为理论的一大功绩在于，它使得后来的哲学家能够把语言哲学视为行为哲学的一个分支。由于言语行为是和其他行为同样的行为，对语言的哲学分析便成为关于人类行为的一般性分析的一部分。而且，由于有意识的人类行为乃是精神现象的表达，根据这个观点，语言哲学不是“第一哲学”，而是精神哲学的一个分支。奥斯汀生前未能完成他最初的发现中内含的研究纲领，但后来日常语言学派的工作，包括格赖斯（P. Grice）、塞尔等人的工作已经将这一研究往前推进了一步。这一工作也成为了目前语言学学科一个兴旺的分支，分析哲学的结果易于为其他学科所接受，这正是哲学进步的标志之一。

赖尔则从身心问题上进一步发挥了维特根斯坦后期的哲学心理学。在该领域，维特根斯坦对私人语言的批判也许最能引起人们的争议。私人语言是这样一种语言：其语词只能被讲话者自己理解，他人不可能理解这种语言，因为它们指的是讲话者个人的内在感觉，而没有任何外部界定。维特根斯坦论证根本不存在私人语言，这实际上在攻击笛卡尔主义，因为按照笛卡尔的理论，我们的经验世界包含两类完全不同的实体：外在的占据空间的物理事物，以及内在的私人心灵世界，每一个私人心灵世界只对一个特定的心灵开放，而且它们之间是互不相通的。笛卡尔主义的身心二元论是近代以来哲学讨论的一个核心，针对该问题，维特根斯坦从语言哲学的角度所进行的私人语言论证引起了当代哲学家持续的关注和争议。赖尔进一步发挥维特根斯坦的私人语言论证，赖尔认为笛卡尔主义是一种范畴错误，心并不是与身并列的范畴，现实存在的只有身和其他物体，实际发生的事件也只是物理事件，所有关于心的命题不是描述身的行为的直言判断的命题，就是在想象可能会发生的身体行为的假言判断的命题。说“x 是愤怒的”是归给他一种想要叫喊、打破东西、想打人的倾向，这并不是报道他意识之流中的私有事件。同样，说某个人是“聪明的”或“愚蠢的”也并不是指他的内在的智力活动中存在这一类实体，而是指他能否做以及如何做某种事情。按照赖尔的看法，我认识到自己的心理状态，跟我认识到别人的心理状态差不多。由此推论出，一个人的心理状态并非只是为它自己的心灵所专有的。我对于自己的知识和我对于别人的知识之间的差别只是程度的差别。当然，这样的论证也不乏批判者，事实上，关于维特根斯坦“私人语言论”的争论仍在持续。

牛津日常语言学派的另一员大将斯特劳森把攻击的矛头指向了罗素的摹状词理论。罗素的失误在于没有区分语句、语句的使用和语句的表达，也没有相应地区分语词、语词的使用和语词的表达。说出一个陈述句就是在做出一个陈述行为，一个陈述预设了其所谈论的东西存在。什么是预设呢？我们设想这样一个对话情境，警察问嫌疑人：“你是用床单还是绳子让她永远闭嘴的？”心情紧张的嫌疑人回答说：“床单。”在这之前，嫌疑人并没有供认自己是凶手，而只是承认自己与被害人发生了口角。但是，当他回答床单时，实际上就承认了自己是凶手。因为，警察的问题预设了是嫌疑人杀了被害者，当然，绳子和床单都足以使人毙命，这也属于建立预设关系的背景。如果背景有所不同，那么预设就不一定成立。由这一点可以判断，预设并不是一种逻辑上的关系，它远比罗素所设想的逻辑蕴含关系松散得多。这样，不存在独立于陈述行为的逻辑分析，通过摹状词分析所获得的逻辑结构并不是原来陈述的逻辑等价物，而仅仅是原来陈述的预设。同样，语词本身也谈不上指称什么东西，“指称”（referring）并不是语词本身所做的事情，而是人们能够用语词去做的事情；提到某个东西或指称某个东西，是语词的使用特征。在陈述行为中所要求的仅仅是，特定语境下说话者能够通过一个指称行为，使得听话者能够识别出他所指称的对象。我们可以这样表述这个要求[1]：

> "在语境C中，说话者S使用指称词项R指称对象O，当且仅当，存在一种对于能够为听话者L在C中所使用的手段，这种手段与R相联系，并能够使L在C中识别出O。"

这就是说，S之所以使用R能够来指称O，是因为R提示了一种能够使L识别出O的手段。这个条件是识别性的，而不是定义性的。即使这种手段不能在任何情况下确定唯一的对象O，只要能够在说话的语境中使L识别出O，指称行为就达到了目的。S使用R来指称，部分地是因为它具有某种约束性的内涵，这种内涵也为L所把握。对这种约定内涵的要求可以随着说话语境的不同发生变化。在最为一般的情况下，例如在科学语言中，这种需要的内涵可以是非常一般的，例如字面意义，以确保在L具有最基本的背景知识的情况下也能确定指称。如果S对L的知识背景足够了解，那么对指称手段的要求可以降低，只要能够使听话者识别出说话人所谈论的那个对象，R可以不负载在C中唯一地确定O的意义。

从这种对话模式出发，在理论上可以有两条发展的方向。一个是语言哲学上的，另外一个则是形而上学的。从语言哲学的方向看，这个模式中出现了两种意义的区分，即字面意义和说话人意义。所谓说话人意义，就是指说话人使用具有字面意义的语句所要传达的意义。例如"你踩到我的脚了"这句话，它有确定的字面意义，但我说这句话，是想要陈述你踩到了我的脚这个事实，同时还提示你把脚挪开。如果认为交流是语言的本质，那么说话人意义就是字面意义的基础，因此，研究字面意义如何从说话人意义中建立起

---

[1] 黄敏：《分析哲学导论》，中山大学出版社，2009年版，第340~341页。

来，就是一件饶有趣味的工作。格赖斯就发展了这个想法。另一个方向，即形而上学的发展方向，就是斯特劳森的描述的形而上学。所谓描述的形而上学，就是探究我们实际上是如何思考世界的。由于世界中的东西是通过指称引入陈述的，我们实际上是如何思考世界的，就变为我们实际上是如何确定指称的。这就与修正的形而上学相区别。修正的形而上学旨在提供比我们实际上有的更好的思考世界的方式。在斯特劳森心目中，笛卡尔、莱布尼茨和贝克莱是修正的形而上学家，而亚里士多德和康德则是描述的形而上学家。应当说，修正的形而上学旨在提供一个关于世界本身是怎样的图景，这幅图景构成了他们所提倡的观点的基础；而描述的形而上学则谦逊得多，他们从我们实际上是如何思考世界的，整理出一幅关于世界是怎样的图景，这幅图景不是独断的，而是局部的和临时的；也许会有更多关于我们实际的思考方式的事实被发现，而这使得世界图景做出相应的修改。

另外值得一提的是，理想语言学派的后继者在回应和分析后期维特根斯坦的批判中也发展着分析哲学，如克里普克（S. Kripke）使得诠释维特根斯坦关于遵循规则的分析成为一个哲学主题。维特根斯坦属于一个悠久的传统：反自然主义。反自然主义强调自然科学的解释方式和人文社会科学的解释方式是根本不同的，自然科学在于说明和预测，人文社会科学在于描述和理解。他这一主张主要体现在其遵循规则的分析中。人类行动是受遵循规则这种现象影响或决定的。人遵循一种规则是什么意思呢？按照维特根斯坦的理论，遵循规则是一种实践，想象遵循规则并不等于遵循规则，学游泳的人下水前可以想象他能熟练地遵循和运用游泳规则，但是一跳下水只会往下沉，说明他实际上并没有遵循游泳规则。只有学会了游泳才说遵循了规则，故而遵循规则是一种技巧训练，而不是一种理论解释。因此，规则指导人类行动的方式与自然因果律对自然现象的支配方式是不同的，遵守规则是实践，自然科学解释是理论解释。其次，人具有自由意志，对于规则可以遵守也可以不遵守，理解一个人行动的意义就要知道在相应的文化背景下如何遵循规则地行动。这就意味着，遵循规则是相对于一定的文化背景而言的，规则也并不决定其本身的应用，即“规则不能确定任何行动方式，因为我们可以使任何一种行动方式和这条规则相符合”。如果取其极端的话，必会产生悖论，克里普克称之为“规则悖论”：不存在产生怀疑的条件，人们的确不需要任何理由来为自己是否遵从了规则而辩护，因为规则是由语言共同体的成员一致赞同决定的。

为解决规则悖论，克里普克认为维特根斯坦的路径是指出，当我们完全接受了我们所在团体的文化习俗时，这种诠释就会终止。诠释一旦终止，我们就只按照规则行事。根据规则行事是一种习俗，是我们从小就养成的在我们的文化中遵从的习俗。而似乎自然主义可以为此提供一种解决办法：我们就是一种遵从由文化和生物学规定了习俗的生物。那么，克里普克对维特根斯坦的这种诠释是否存在误读呢？更为重要的是，如何避免规则悖论暗含的文化相对主义呢？这至今仍然是当代自然主义和反自然主义的一个争论核心，也是社会哲学讨论的核心。

至此，我们以维特根斯坦为阿基米德点概览了分析哲学的发展脉络，虽然早期分析哲学家（如弗雷格、罗素和前期维特根斯坦）提出的诸多理论（如真值函项论、摹状词理论）和观点（拒斥形而上学、反心理主义）遭到了批判和颠覆，但语言批判作为不变的纲领贯彻始终，至今已成为哲学分析的一种主流；在学术内容上，维特根斯坦之后呈现出将其特有的哲学分析方式用于其他哲学领域（心灵哲学、行动哲学、社会哲学、伦理学、认知科学等），甚至其他学科领域（语言学、心理学、社会学等）的富有生机的拓展局面。因此，分析哲学是了解和把握当代西方哲学必不可少的一把钥匙。

第七章
后现代主义

第一节　后现代主义释义

在我们这个时代，后现代主义是个比较时髦的词语，在很多场合下我们都可以见到。但当我们仔细思量这个词语的时候，会发现它的内涵似乎并不是那么的明晰，其实这也并不奇怪，因为一般而言后现代主义的基本特征就在于强调差异性和异质性，反对统一性和总体性，因而，并不存在一个统一的后现代理论，也就很正常了。但是，既然是一个社会思潮，后现代主义总归有它共同的东西，为了能粗略地感受后现代主义的整体图景，首先我们从几个概念的澄明开始。

一、“现代”

从字面来看，“后现代”显然是针对“现代”而言的，因此要了解后现代的内涵，“现代”无论如何是无法越过的。当然，“现代”这个词我想大家也是既熟悉，又模糊的。在这里，我们简单地做个界定，一般而言，“现代”可以从三个方面加以界定：社会经济的、文化的和艺术的。它们分别对应于三个概念：狭义的现代、现代性和现代主义。狭义的现代，或是经济的现代，是一个历史断代的术语，从历史时期上讲从文艺复兴开始，经启蒙运动到20世纪50年代，实际就是指西方资本主义从产生、发展而走向现代化的过程。现代性则是文化精神维度上的现代意识，它主要体现为以数学和物理学为基础的现代科学理论，以及由启蒙主义引发的哲学维度存在着的理性精神和历史意识，简单地说就是指理性和启蒙精神，它相信社会历史的进步和发展，人性和道德的不断改良和完善，人类将从压迫走向解放。[1]至于现代主义，则是指现代时期的一种审美形态和艺术形态，虽然它所体现的同样是一种精神维度上的现代意识，但与存在于科学和哲学中的现代意识不同的是，艺术的现代主义是以对抗前者的形式出现的，它与前者的关系是一种紧张的张力关系，所以它所推崇的恰恰是感觉的个体化和形式的破碎。

二、“后”

“后”字实际上体现的是“后现代”和“现代”的关系，对“后”的不同理解实际上反映了对两者关系的不同态度。一般存在两种主要的态度：一种态度认为“后现代”是指非现代，是对现代的一种反叛和决裂；另一种态度则认为“后现代”可以理解为“高度现代”，它依赖于“现代”，是对“现代”的继续和强化。持第一种态度的后现代主义学者，把后现代看作是西方历史上的一个戏剧性的断裂或决裂，是一种旧的东西的终结和新的东西的来临，因此，对现代性持批判和否定的态度。他们认为，资本主义的“现代化”给人民带来了无数的苦难，工业化造成了对农民、无产阶级和工匠的压迫，妇

[1] 这个地方容易产生一些误解，因为，如果我们将现代性界定为理性精神和历史意识，那么克尔凯郭尔和尼采以来的反理性主义哲学又该放到哪里？这里需要说明的是，我们在这里只是从一般意义上概括“现代性”的内涵，其实现代性的全面界定需要放到“后现代性”的视域中，那样我们才能更清楚地把握“现代性”的内涵，也才不会对这些哲学家的归属产生疑惑。

女被排斥在公共范围之外，帝国主义的殖民统治采取了种族灭绝和大屠杀的政策。现代社会也产生了一套惩罚的制度和实践，以及使它的统治方式和控制方式合法化的话语。现代性使得理性走向了它的反面，使自由走向了压迫和统治。所以后现代主义者们要求用新的价值和政治学去克服现代话语和实践的缺陷，呼吁新的范畴、思维方式和写作方式。现代学者对于现代性的理解则与之相反，比如德国著名的哲学家哈贝马斯，他将对现代性持否定观点的称作是“保守主义”，在他看来，现代性尽管出现了许多问题，但并非走到了末路，现代性是一项未竟的事业（project），它仍然有许多潜能还没有发挥出来，仍需要我们继续和完成，因此，在他看来，在现代性未完成时，后现代本身是不具有合法性的。持第二种态度的后现代主义学者，比如后现代主义马克思主义者杰姆逊，认为从现代到后现代的所谓断裂，并不意味着内容的完全改变，而是现成大量因素的重构，在早先时期或在系统中处于从属地位的一些特征现在变成了占统治地位的特征，原先占统治地位的因素现在退居第二位。这一分析既承认了现代主义文化形式向后现代文化形式转变的间断性和非连续性，同时也承认了现代主义文化对于先前的文化因素的继承性和连续性，把后现代主义的发展放到了更大的文化框架中来讨论。

三、“后现代主义”

和“现代”一词一样，“后现代”同样也可从三个方面界定：社会经济的、文化的和艺术的。在社会经济方面，是指20世纪60年代后，随着科学技术的革命和资本主义的高度发展，西方社会进入一种后工业社会，这是一个以信息、传媒等为主导的新时代。文化方面，“后现代”指的是一种反理性主义、反中心、反主体性的哲学思潮，与尼采、胡塞尔、海德格尔、萨特等现代哲学的反理性主义不同的是，后现代主义从根基上拆除了一切带有总体性倾向的终极希望，用他们自己的话，就是“向总体性开战”，因此，在他们看来，尼采的“超人”、胡塞尔的纯粹意思、海德格尔的此在和诗性语言、萨特的自由主体等都还带有理性主义的总体性踪迹，所以仍然属于现代哲学之列，虽然后现代哲学的有些观点也曾从他们那里获得过启示。艺术上的后现代主义的主要特征是：反对现代主义的贵族意识和拯救情结，强调艺术的平民化和生活化，反对创作的正典化或经典化，追求艺术语言的异质性或矛盾性并存，如此等等。

这里，我们讨论的后现代主义显然是第二个层面上的，也就是我们上面提到的兴起于20世纪60年代以后的一股哲学思潮。如上我们提到的，“现代”和“后现代”的界定，需要放到彼此的视域中才能更全面，下面我们就在同现代哲学的对照中去把握后现代主义的特征。归纳起来，后现代主义主要有以下几个突出的特征：

（一）主张差异，反对总体化

上面我们说过后现代主义的基本特征就是反对总体性，主张差异，这在后现代主义的哲学那里有不同的表现。在福柯那里，起源于古希腊的传统哲学是根源于理性的总体性哲学，社会和历史被看作是由中心、本质和目的支配的统一整体，18世纪以来，这一特质的理性达到了顶峰，人类的一切行为受制于现代话语的“帝国主义”和权力/知识统治。其实，用我们从马克思主义哲学的学习中所接触到的关于哲学的粗略知识来理解福柯的思想，并不难，因为哲学就是形而上学，就是追求现象背后永恒不变的“本质”的学说，这一“本质”，这一“总体”在福柯那里就是控制一切的权力话语，是被神话了的理性，在这个统一的“本质”控制之下，模糊了多元性、个体性，也就是差异性，因此，从福柯的后现代主义立场，就要高扬不可通约性、差异性、特殊性等，用知识形式的多样性和微观分析去超越总体性。在德勒兹那里，传统形而上学的思维遵从的就是“同一性”原则，把一切变化都看作是同一的，把每种存在都看作是再现，这里没有差异，只有同一性的循环。德勒兹著名的“树喻”理论和“根状茎”理论就是这一思想的形象表达。德勒兹认为，传统的形而上学的知识结构和关系，如同树与枝叶的结构和关系，就像树的枝叶最后都归总到树根一样，知识的分支根植于坚实的基础，这个基础就是我们前述所言的“本质”，整个大树构成了一个完整的概念体系，一切都在这个体系，同一于这个体系中。而“根状茎”在植物学上与树的主根的须根的结构不同，它是一种延长在地下的块茎，通常水平生长，上面再长出枝条，下面产生根系。树－根结构限制和控制了它的各方面的联系，而根状茎则是非等级化、非地域化的，它在一种随意的、无规则的关系中和其他根系发生联系。“根状茎”的比喻形象地反映出，后现代要拔除传统哲学之树和它们的第一原则，消解二元对立的逻辑，使根枝多元化，广为散布，产生差异和多样性，建立起新的联系。此外，德里达著名的“延异”概念，列维纳斯的“他者”理论等，这些理论尽管各不相同，但是他们的旨趣都存在主张差异，对抗总体性的倾向，共同形成了后现代主义共同的精神气质。

（二）注重个体性，反对主体性

西方近代哲学的一个最大的特点就是高扬人的主体性，笛卡尔的“我思故我在”确立了一个自主、自由的理性实体，从这个阿基米德点出发，认识世界，把握世界，到了康德在其“人为自然立法”的追求中，人的主体性达到了顶峰，人成为世界的主人。发端于文艺复兴的主体性哲学，对于人从封建神学的压迫中解放出来有着积极的历史作用，但是，主体性哲学将主体变成了共相、普遍者，具有普遍的规范性。所谓主体性就是使个体服从定义、真理和科学的普遍价值，服从普遍的行为规范。在这一过程中，个体性受到了限制，失去了自由，在主体性的禁锢下，个体性消灭了，失去了个体的世界，用福柯的话就是“人死了”的世界。人在认识中是不起作用的，思想是无作者的，知识、历史都成了无主体的。近代所高扬的主体性恰恰窒息了人，走向了“人道主义”的反面，违背了近代哲学高扬人的地位的初衷。因此，福柯认为我们应该把目光投向古希腊，古希腊的伦理学不关心普遍规范的问题，不是给每个人强加上一般模式，而是注重自我关切、自我修养。自我关切、自我修养绝不是建立一个抽象的主体性，它是一种个人伦理学而不是主体伦理学，主张的是个体性，反对的是主体性。

（三）追求小型叙事，反对宏大叙事

知识和科学的合法性问题，也是现代主义和后现代主义之间分歧之所在，按利奥塔的理解，现代主义在知识问题上的特点就在于：求助于宏大叙事来使知识合法化，这类宏大叙事有两种，一种是思辨的宏大叙事，如德国唯心主义的精神辩证法；一种是启蒙叙事，如人类解放理论和历史哲学。而与此对应，利奥塔认为“后现代”就是对宏大叙事的怀疑，因为在当代社会与文化——后工业社会和后现代文化——中，知识的合法性问题是以不同的方式形成的。宏大叙事已经失去了它的可靠性，无论它采用什么样的统一方式，也无论它是思辨的叙事还是解放的叙事。不过利奥塔虽然反对现代哲学的宏大叙事以整体性、统一性为特征的合法化的模式，但是他并不是完全否定叙事的作用。“我们不再求助于宏大叙事，即我们既不求助于精神的辩证法，甚至也不求助于人类的解放，来使后现代科学的话语合法化。但是正如我们所见到的那样，小型叙事仍然是富有想象力的发明的精华，在科学中尤其如此。”[1]与现代主义的知识合法模式相对立，后现代主义强调知识的不可通约性、不确定性、突变性、差异性等，知识的获得再不是接受普遍真理或同意共识，而是不断地怀疑现存的范式，发明新的范式。

后现代主义的理论旨趣决定了他们特征的多样性，因此，在这里我们也就是简单给大家总结了几个有代表性的特征，而且这三个特征本身也是内在相关的，反主体性离不开反总体性，反宏大叙事又是交织着反总体性，可以说上面三个特征构成了后现代主义最基本的特征：主张差异性、异质性、多样性，追求一种“不确定性”，不再追求永恒，不再追求一种终极关怀。后现代主义的这种精神气质更趋向于玩世不恭，有种虚无主义的倾向，一切都似乎可以，但一切又都没有意义。

---

[1] 利奥塔：《后现代状况》，明尼苏达大学出版社，1984年版，第60页。

第二节　后现代主义的代表——福柯、德里达、利奥塔

一、福柯的“人之死”

福柯是法国20世纪下半叶最重要的思想家和哲学家，他对于整个法国和当代西方思想界的影响是如此的巨大，以至于当代各种思想流派和人文社会科学界各门学科，几乎没有一个领域可以避开他的思想光芒的照射。尽管他自己不愿意将自己的思想归属于任何一个流派，但是他的思想深刻地影响了整个后现代主义的思想模式及其方法论，甚至影响了后现代主义的许多重要观点。所以，不管他愿不愿意人们仍然将他列为后现代主义的代表人物。福柯一生的哲学生涯所考虑的主题包括三大领域：对物的控制关系的领域，对他人的行为的领域，对自身关系的领域，这三个领域共同构成了“对我们是什么的批判”。（这其实就构成了他思想的三个组成部分：知识考古学以及道德和权力系谱学。）而这个问题，实际上是从古希腊的“认识你自己”到康德的“人是什么”的哲学永恒命题的延续。不过就与康德相比而言，两者在探寻问题的思路上迥然相异，康德在实践哲学方面是为了构造某种道德形而上学，也就是要提供一个先验的、超历史的人的观念，而福柯恰恰是在摒除近现代哲学有关人的这种预设，而是通过对疯癫、监禁、性等历史事件的考古学调查与系谱学研究，来揭示现代社会的规训性质，以及人为权力所造就的现实，从而给出一个真实的现代社会与真实的“主体”。下面我们通过对福柯著名的“人之死”命题分析，从中感触这位大师的思想。

福柯的“人之死”是第二次世界大战后西方哲学在反思传统形而上学主体哲学，结合社会现实以及当代哲学的语言学转向的背景下提出的。从主题上来说，福柯的这一命题继承了从尼采开始的对于传统形而上学主体哲学的反思和

批判。从尼采到海德格尔关于这个主题的批判思想成为福柯思想的主要来源。在福柯眼里，尼采是第一个批判人类学主体主义的人，尼采在他第一部著作《悲剧的诞生》中，批判了西方理性之父苏格拉底以理性对抗本能，就是埋葬生命，因此主张重估一切价值，一切价值的判断都应从人本身出发，因为人本身才是评判一切价值的标准，不能压抑生命的本能，恰是在这个基础上，尼采高呼“上帝死了”。正是基于尼采的“上帝死了”，福柯高呼“人死了”。因为一直以来，西方人的一切价值都以上帝为依存，上帝死了，人就无法活在上帝的庇护之下，只能对自己的有限性负责，正是在这种有限性中，人的死亡也就逼近了。[1]所以，福柯认为，尼采的“上帝死了，超人将至”是对“人之死”的预示。

为了理解福柯的“人之死”的内涵，我们首先要看看福柯意义上的“人”是如何诞生的，因为逻辑上首先有人才会有“人之死”。福柯关于“人之死”的论述，主要见于《词与物》一书（英文版改名为《事物的秩序》）。福柯的“人”不是生理意义上的“人”，是个概念上的“人”，它的诞生和消失要从词与物的关系的角度入手，也就是人在词与物的组合中曾经占据和即将占据什么位置。而要理解词与物的关系，我们要从福柯的“知识型”谈起，知识型就是词与物被组合起来的那个空间，知识型决定了某个时期的“话语构成”，或者说知识型是构成特定时期知识体系共同的无意识基础。福柯将文艺复兴以来西方知识型分为三种类型：文艺复兴时期知识型，古典时期知识型，现代知识型。

在《词与物》一书的开头，福柯就以对委拉支贵兹的油画《宫娥》（1656年）的分析，让我们明白，在古典时期，作为知识主体的“人”并不存在，按照福柯的分析，这幅画的主题是表象，没有一个作为主体的人将一切统一起来并赋予意义。这意味着，在古典时期，人不是理性的源泉、知识的保证、道德自律的尺度。只有到了18世纪末，现代知识型取代了古典知

[1] 这里需要注意的是，尼采的“人”和福柯的“人”是不一样的，尼采的人是具有道德的人，而福柯的人是一个概念的人，虽有区别，但是结果一样都证明了人的死亡，因为尼采是通过道德和伦理的人的死亡来实现概念的人的不存在，而福柯则将其颠倒过来，认为概念的人一旦死去，与人相关的各种人文学科和人文主义也将不复存在，那么道德的人也就不存在了。

识型，“语言、生命和需求”代替了“表象”，世界不再是由符号系统去表征，而是置于纵向的深度挖掘，知识成为一种有厚度、有深度、有自主性和历史学的知识。语言不再表象事物，在语言和事物之间出现了人，人成为世界的秩序之源。与此同时，现代经验科学领域的“生物学”、“语言学”和“政治经济学”开始关注人的生命、语言和劳动，开始发现人的有限性，这三个学科第一次既将人作为知识的客体，又将人作为认知的主体，“人”诞生了。因此，福柯认为人不过是现代知识型的构造。

从上面“人”的诞生不难发现，“人之死”中的“人”不是具体历史的人，而是一种理论建构，或者说一种知识，人不是生理概念（human being），而是哲学人类学概念（man）。因此，人作为一种生物早已存在，但是福柯眼中的“人”只是到了18世纪末19世纪初才诞生。因此，福柯所言的“人之死”并不是具体存在的人的死亡，也不是指人性的死亡，而是指那种抽象出来的、无条件的、纯粹概念的人的死，在人文学科中作为知识对象和知识客体的人的死亡。

那么福柯的“人”为什么会死去？又是怎么死去的呢？福柯的知识考古学从理论层面上论证了“人之死”的必然性，主要体现在其著作《词与物》中；他的系谱学从实践的层面上说明了“人之死”的确实性，体现在《规训和惩罚》《性意识史》等作品中。

福柯的知识考古学，包括体现这一思想的《词与物》，我们在上面分析人的诞生的时候其实已经涉及到了。福柯的知识考古学就是从话语的角度对知识建构进行研究分类，它不同于传统的认识论和方法论，取消了对于真理问题和起源问题的探寻，而这两个问题恰是马克思主义哲学的认识论关心的核心问题。因此，福柯研究既不是本体论研究，也不是认识论研究，而是知识研究。认识起源什么？真理是什么？福柯并不关心，他感兴趣的是，从考古学的层面来看，一件事物是怎样进人，沉积为知识的，这一知识的存在条件，构成机制是什么。比如疯癫作为一种现象早已存在，为什么只有到了18世纪末，疯癫才被称为“精神疾病”加以排斥？我们不妨以福柯的提问方式进入福柯的问题：人作为一种事实早已存在，为什么只有到18世纪末19世纪初哲学人类学意义上的“人”才出现呢？“人”是怎么被构成为知识主体和客体的？今天它为什么面临消失的命运？

上面我们在分析“人”的诞生的时候其实已经清楚了看到了人是怎么在知识型的演进中产生的，这里的“人”就是“知识之基本排列发生变化的结果”，但是有生就有死。“由于当语言注定散布时，人就被构建起来了，所以，当语言重新聚合时，人难道不会不被驱散吗？”[1] 现代知识型需要超出表象的知识中心，于是主体（人）被建构起来，“人”在语言的断片中建构了自己，当然也会随着语言、知识型的变化而走向消亡，被新的知识型所取代。这就解释了为什么“人”是“新近的创造物”，以及为什么“人”从诞生到“死亡”只经历了两百年的历史。既然“人”是主体观念的历史建构，那么，“人”的终结意味着现代主体哲学的终结。因而，在福柯眼中，主体作为话语建构的产物，可以“像画在沙地上的面孔一样被随意地抹去”。[2] 从这个意义上，知识考古学显然是一种反主体的认识论。

20世纪70年代，福柯逐渐由考古学转向系谱学研究，这是因为他慢慢地认识到话语的不自由不仅仅取决于话语内部的规律，而是更多地归因于话语外部的原因，即权力的制约。在《话语的秩序》一文中，福柯注意到，表面上话语在我们的文化中似乎很受尊敬，但实际上这种表面的尊敬掩盖着深层的恐惧，表现为人们在开口之前，总是忐忑不安，担心祸从口出。福柯认为这种语言恐惧表现了文明社会对话语的态度，体现了主体的极度不自由。通过一系列系谱学考察，福柯认为现代社会仍是一个以管制和控制为唯一目标的“规训”的社会，规训本意兼有纪律、训练、惩罚等诸种含义，福柯用以特指一类技术方法或手段，它们是使肉体运作的微妙控制成为可能的，使肉体的种种力量永久服从的，并施于这些力量一种温顺而有用关系的方法。规训的结果是产生服从社会规范而又熟练的肉体、驯服的肉体。现代社会如

[1] 米歇尔·福柯：《词与物——人文科学考古学》，莫伟民译，上海三联书店，2001年版，第504页。

[2] 米歇尔·福柯：《词与物——人文科学考古学》，莫伟民译，上海三联书店，2001年版，第506页。

何变成规训的社会？对于这一点我们可以从福柯对监狱、性、知识话语的分析中看出，不过福柯在这些方面的研究是通过展现“权力”[1]在其中所起的普遍作用，即通过揭示“权力无所不在”的现象来论证的。与权力的分析紧密地关联在一起的，也是福柯权力分析的独创之处，在于他又把权力和知识密切联系起来，提出了著名的“权力—知识”的命题。无论分析的视角如何，这些研究的目的就是为了说明是“权力造就了主体”，这表明福柯力图摆脱西方近现代主体哲学模式，意欲揭示另一种关于主体的学说，不是把主体视为笛卡尔意义上的独立自主、自我决定的主体，而是看作由权力所造成、生成的结果。这样当福柯系谱学得出人并非天然生成，而是权力造就的，处于无处不在的权力之网之中的结论，这从实践的层面确证了福柯“人之死”的境遇。

不过置之死地而后生。上帝死了，一种终极价值不再有效，人只能相信人，哲学人类学意义上的“人”死了，个体不再能相信“人”而只能相信自己，再没有一统的意识形态，再没有需要服从的“绝对命令”，除了自我，再没有其他的依托了，自我没有固定的本质，不过是自我创造的产物。这里，福柯强调“身体”的直接体验，体验作为当下的、一己的东西，能摆脱种种规范的指令，做出自己的判断。终极意义上，福柯关心的是将生活变为艺术，或者说，基于美学和自由的关系，他把主体确立的唯一可能寄托于美学。

二、德里达的“解构”和“延异”

德里达是法国著名的哲学家，后结构主义的重要代表人物。他自称是一位永远流浪的“无家可归”的哲学家，他这种自嘲式的自我分析，恰恰也是他思想的真实写照，其人与其思想是同一的。他一生以身作则无止境地对传

[1] 福柯所谓的权力，并不是一般政治学上的一个国家里保证公民服从的一系列机构与机器，即政权，也不是指由某一分子或团体对另一分子或团体实行的一般统治体系。他的权力概念特指众多力的关系，这些关系存在于它们发生作用的那个领域，福柯把权力视为一张广泛存在、普遍地发挥作用的关系之网，作为这样一张关系之网，权力是无处不在的。

统文化进行批判，到处流浪和永远流动，就是为了寻求不受任何限制的思想自由。德里达通过其所提出的“解构”理论和策略，完成了这一为人为学的追求。德里达解构主义的基本精神是反对逻各斯中心主义和言语中心主义，否定终极意义，消解二元对立，颠覆“在场”的形而上学，主张阐释的多样性和不可终结性，那即是一种不受限定的自由之思。

德里达的解构哲学首要在于对统治西方哲学达千年之久的逻各斯中心主义的解构。在德里达看来，自柏拉图以来的西方理性主义传统有一个根本的错误，即都在寻找一个超验所指，并相信这个超验所指能够提供终极意义，这个最终意义就是“逻各斯”，整个西方哲学传统都可以用逻各斯中心主义来说明。所谓“逻各斯中心主义”，在德里达那里，指的是一种以“在场”为中心的本体论，这种本体论将某种外在的绝对参照物作为基础、本原、中心和出发点，追求现象背后的逻各斯（实体、理性、本质、终极意义、第一因、真理、实在、结构），就成为哲学的终极关怀。德里达将任何依赖于绝对牢靠的基础、高于一切的原则和等级森严的思想体系统称为“在场的形而上学”。他对逻各斯中心主义的解构实质上是对“在场的形而上学”即对传统哲学的解构。因为逻各斯中心主义本身就假定了逻各斯的中心地位。

德里达对逻各斯中心主义的解构主要是通过批评索绪尔语言学结构主义来进行的。索绪尔语言学的一个重要意义就在于区分了语言的能指者和所指者，言语和文字作为一类符号或能指者，与所表征的对象或所指者不同，与符号本身所欲表达的意义也不等同。举个例子，比如人们日常生活中经常使用的“狐狸精”或“王八蛋”之类的词语，两者作为能指者的指谓对象，前者是指传说中已经成精的狐狸，后者就是指龟鳖之卵，是一种“在场”之物，两者是风马牛不相及的东西，然而在意义上，却异曲同工，在许多场合下，都指谓的是“坏人”或“不正经者”，是一种诅咒性的语言。以这个区分为基础，索绪尔语言学中的一个重要原则，即符号的意义存在于与其他符号的差异之中，这就是说，任何一个概念如果不和其他概念放在一起就没有什么确定的意义，没有一个能指有任何固定的确切含义，它只起到与其他能指相区别的作用。因而，差异必然会涉及整个差异系统，只有这种差异系统才构成了语言，而语言则是“撒播”在一连串能指词的转换过程中，这一过程是不会完结的。

德里达认为，索绪尔坚持将任意性原则和差异性原则运用于能指，却没将这些原则运用于包括所指在内的整体，因而认为在能指与所指之间存在着一一对应的纵向关系，因为在这一纵向关系中，能指被认为是反映或控制了意义，也即“再现”了所指。但是根据索绪尔的差异原则，语义是“撒播”在一连串能指的转换过程中的。“树”之所以被叫作“树”，因为它不是“花”，所指词“树”是两个能指词的差异的产物，可是我们为什么不可以说它是与“草”“竹”“麦”等相区分的产物呢？以此类推，这一过程永无终点，其结果便是，每一个符号都没有一个固定的位置，都是由无限延续的符号的差异构成的。差异性不仅适用于能指，而且也适用于所指。因此能指不再涉及超越它自身以外的实体、事物或思想观念（也即所指），它只涉及其他的能指。于是，能指和所指之间的明确的界线就消失了，所谓固定的所指仅仅成为一种幻想，因为这样一来，意义便不能在任何固定的符号中被完整地发现，它“撒播”在一连串的能指之中。

这里，德里达实际上推进了索绪尔的区分，将能指者与所指者和意义区分开来，这样区分的哲学意义就是降低了所指者的实在地位。原先所指者就是指客观对象或现实事物，所指者和意义相同一。但是，在德里达这里，所指者的性质发生了变化，在许多场合下与前后关系中，它再次成为单纯的符号，其意义完全由使用的具体场景语气，乃至声音的大小、轻重缓急所决定。比如“坏蛋”一词，作为所指者就是指谓坏了的鸡蛋、鸭蛋等卵类物，而其意义，则要完全视使用者的使用场景而确定。若一个人在一种对立或敌对的情绪中使用它，往往指谓坏人；然而在一种友好的或亲昵的场景中，则可能是种爱称，就像许多母亲对顽皮儿子，经常使用“小坏蛋”一类的称谓一样。

当然，德里达并没有彻底的否定言语的指谓对象的实在性，只是认为，应该对传统所谓“单义的物质是存在的，绝对的此在是存在的，意义也是存在的，因而我们可以直接面对事物”的观点，在语言方面做点手脚。而这个手脚就是其著名的“延异”概念的提出。“延异”（différance）又译作“分延”。这是德里达自撰的概念，与差异读音完全相同。所谓“延异”中的延，即在语言活动的时间链条中无限期地起到延缓或推迟词语含义在时间流逝中自我实现的效果；所谓异，就是说，随着语义不能在时间的流逝中被逐一实现，便在效果上在无数的瞬间不间断地制造出对事物的区分效果。也就是说，本来语言是一种只存在于时间过程中的‘历时性’活动，但在实际效果上，语言却是一种区分的活动，也就是空间的活动，它是以词语或句子的位置关系等形式化的因素展示出来的。[1] 因此，“延异”是空间的隔离与时间的推延的结合，它使静止的区分流动起来。这两个词合在一起，代表着意义的不断消解。传统哲学的逻各斯中心主义假设一种固定意义的存在，主张思维与语言的合一性。而“延异”则表示一个词的意义不仅取决于它与其他词的区别（索绪尔的差异原则），而且存在于它在时间中的流动，在流动中与其他词语交迭、贯串，从而推延了它的意义的出现。

德里达在“延异”的基础上，进一步提出了“踪迹”（trace），指出“延异”在语言中的表现形式就是“踪迹”。“踪迹”表明语言的指谓对象和意义永远是过去已经发生的事情，哪怕是一刻以前发生的事情。也正是基于言语即“踪迹”的观点，德里达才认为一切语言的基本结构，即使是文字之前的口说语言结构，本质上都是书写语言的结构，也就是“原书写笔迹”。既然语言本质上只是一种“书写笔迹”，一种书写体系，一种具有外在性质的文本，那么就必然在它与其指谓对象和意义之间存在一道鸿沟。这条鸿沟也意味着文本可以没有确定的意义，在其阐释或解读文本的过程中，可以把一个个的指谓对象带出来，但却无法获得其“终极意义”，即那个可以成为绝对此在或自身完全一致的意义。因此，文本或语言符号的结构本身只具有比喻的性质，它只是一种在永无止境的复归中从一个层次的所指走向另一个层

[1] 尚杰：《语言的“延异”与解构的价值》，《哲学研究》，2008年第9期，第85页。

次，接着再向下一个层次推移的无穷运动。这种无限制的运动说明：形而上学的“此在”的基础已经被“踪迹”这个概念动摇，语言的基本特征——延异，从一开始就具有彻底的历史性。

其实通过上面的分析，德里达要摧毁的就是传统的“意义理论”，语词实际上并不像传统的“意义理论”所理解的那样，他们没有一个最终的超验的中心或意义，符号的本质是差异，语言的意义是由符号在差异系统中的位置所构成的，而这个位置又是不确定的，是基于差异的游移而变动的，因此它的意义是不确定的，总是处于不断地变动中的。这样，德里达就摧毁了西方所有的形而上学存在的基础。因为，德里达对超越能指的解构表明，能指不再涉及超越它们自身之外的实体或事物，能指只涉及其他能指，意义是一种特性，而不是实体，它永远无法与“唤起”它的能指相分离。语言是一种自我参照系统，不能指向超越它自身以外的事物，我们绝不能直接通向“外在那儿”的世界。在德里达看来，没有任何东西是直接呈现在我们面前的，也就是说没有任何东西是完全在场或不在场的，因为我们只有通过符号系统才能达到它，理解和认识都是严格地由符号来传递的，而符号只能在其所指的出场遭到“推迟”或拖延，如果这些符号之间的关系变化了，对象就不再被看作在场的了，其结果是在场被不在场所规定和说明，在场被不在场所替代。在场与不在场的对立非并像传统哲学家认为的那样是确定的，非此即彼的，而是不确定的，亦此亦彼的。在场与不在场是相互延异、相互替补和互为踪迹的，也就是说，“在场并不是原始的、本源的，而是被建构的”，“在场不是绝对的”，不存在形而上学所追求的纯粹的在场。同时，德里达认为，言语中心主义的错误就在于不理解这种在场的延异关系，误以为言语和文字都是指称“在场”的，言语直接指称在场，所以具有优先性，文字间接指称在场，所以属于次要地位。其实，不论言语或文字都是符号，都不指称任何固定不变的在场，因为在场和不在场是互相牵连而变动的。总之，在“解构”和“延异”这些概念中，传统哲学的逻各斯中心主义和语言中心主义被彻底地摧毁了。

三、利奥塔：现代性元叙事的解构

利奥塔，当代法国著名的哲学家，利奥塔的思想主要侧重于对后现代的知识和科学状况的考察，试图建立起一种与现代认识论有根本区别的新的后现代主义认识论，围绕着知识和科学的合法性问题，利奥塔分析了现代性和后现代性之间的分歧。

对于利奥塔来说，“现代性”并不是一个时间的概念，而是一种状态（mood），那么是一种什么样的状态呢？利奥塔给出了一个很著名的解释，利奥塔的在其《后现代状况：关于知识的报告》一书中把“元叙事”视为现代性的标志，而把后现代定义为“不相信元叙事”。[1] 所谓元叙事，利奥塔又称“宏大叙事”，它“确切地是指具有合法化功能的叙事”。[2] 元叙事就是一种为权力、制度、统治方式乃至生活机会辩护的形而上学话语形式，旨在用一种普遍原则综合不同的领域，形成某种普遍的思想意识与价值规范，从而为制度的认同与权力的运作提供合法性的基础。这种叙事在利奥塔看来就是一种黑格尔式的概念本质主义，一种超验的形而上学理念构成了其本质，规定着其行为指向，为现代性提供着合法性基础。具体而言，在利奥塔那里现代就表现为这么一些目的性的追求：追求真理和自由的进一步解放；在资本主义的背景下通过技术科学的进步来实现整个人类的富有；并且如果把基督教也包括在现代性之中的话，还有通过让灵魂皈依爱，以使人民得救的基督教叙事，等等。在利奥塔看来，这类现代叙事理念的典型代表就是黑格尔的思辨哲学，它把这些所有的叙事一体化了，整个现代性融入到其思辨的哲学体系中，成为一种宏大叙事的典型，人类的过去、现在、将来都在其中得以发现。总之，元叙事以目的理念构成社会存在与发展的理由和根据，从而也

[1] 利奥塔：《后现代状况：关于知识的报告》，车槿山译，三联书店，1997年版，引言第2页。

[2] 利奥塔：《后现代性与公正游戏——利奥塔访谈、书信录》，谈瀛洲译，上海人民出版社，1997年版，第169页。

扮演着赋予合法性功能的角色。我们其实可以换一种话语来解释利奥塔有关元叙事的说法，就它所扮演的角色来说，它实际上就是一种意识形态，其作用就是为政治统治提供一种有效秩序的基础。

现代性是由元叙事引导，并赋予其合法性的，因此随着这种宏大叙事本身发生了信任危机并走向衰落，现代性也产生了合法性丧失的问题，甚至导致整个现代性事业的毁灭，这即是利奥塔对于现代性批判的核心所在。利奥塔结合社会现实指出，现代性的合法性丧失集中地表现在两个方面：一是从科学和技术的发展看，就现实状态而言，他并未给人带来更大的自由、更多的公共教育或者更多的公平分配的财富，相反，它加重了人们对技术科学的发展能够为人类社会带来什么后果，能否使人类社会保持稳定的忧虑，这种忧虑既包括物质上的，同时也包括思想和精神上的，因此，这实际上是在瓦解现代性的理念，破坏着现代性；二是从欧洲所经历的政治现实看，利奥塔从 1972 年之后欧洲现代历史里的“合法性的源头”反思起，认定这是“民族”理念在起作用，在这段历史中，不同民族的人们不仅用争论，而且用战争来确立他们各自的民族理念，这方面他作为典型的例子经常提到的是德国法西斯屠杀犹太人的罪行，他强烈谴责这是“从生理上”来毁灭这个民族的罪行，并以“奥斯维辛集中营”作为这个罪行的代名词，在利奥塔看来，“奥斯维辛”就代表了现代性的合法性的丧失，甚至代表着现代性本身的“毁灭”与“清算”。

那么现代性为什么会产生危机呢？探本溯源，利奥塔认为是在于知识的“非合法化”根源。因此，利奥塔通过研究当代知识类型分析，进而论述合法性问题的现状及产生的根源。在利奥塔看来，当代有两种主要知识类型，一种是叙事知识（narrative knowledge），一种是科学知识（scientific knowledge）。利奥塔认为知识不能归结为科学，因而有很大部分知识属于叙事知识，叙事知识不仅拥有收集、整理、传递故事的功能，而且还有规定、评价和表达感情的内在功能，最突出的是它臧否事件与历史、论说评判社会的功能，以及自立正当性、自我合法化的功能，叙事知道的合法性，不需要任何特殊的程序来批准自己的叙事，它的合法性来自于社群共同体内的文化继承，来自这一文化所默许的语言游戏及其语用学规则本身。而科学知识则不同，它是论辩性的，需要证据为基础，命题的真值是决定它的可接受性的标准，所述的命题被假定为须与它所指的对象相符合。这两类知识各有自己的评判标准，两者具有一种平行的关系。

在利奥塔看来，知识所借助的元叙事有两种，即政治叙事（自由的叙事）和哲学叙事（思辨的叙事）。自由的叙事属于政治性的，它将人类看作解放的英雄，知识的合法性在于使道德变成现实，知识不是主体，实践的主体即人类是主体，知识只是服务于主体的工具。思辨叙事的合法化模式属于哲学性的，它把合法性看作是来自哲学义理层面，而不是国家与政治层面，知识的主体不是人民，而是“思辨的精神”，这种精神不存在于国家中，而是在一定的思想和精神系统中。

以上利奥塔关于叙事知识和科学知识的特征以及他们合法性问题的论述，目的在于指出传统的知识合法性原则目前所处的危机状况，以及解决这一危机的方式。在利奥塔看来，不论知识采取的是何种叙事，在现代工业社会与后现代文化中都处于一种“非合法化”的过程，知识的合法化的说法，都已经失去了说服力，不再为人们所相信。他认为，这一“非合法化”过程是由合法化本身的需求所推动的，危机来自知识合法性原则的内在侵蚀。首先，在“思辨叙事”方面，合法化规定采取了一种形而上学的方式，它预先设定知识的普遍性原则，也就是说定了一个科学的陈述仅当能够在普遍的生成变化过程中获得成立时，才算得上是知识，反之，关于经验对象的指称性话语，比如关于某种生命机体、某种化学性质、某种物理现象等，则被认为实际上够不上知识的资格。但是，从 19 世纪末开始，科学知识开始展露出种种“危机”，侵蚀了知识合法性原则，因为科学知识的发展冲破了原先知识百科全书式的巨网，使得每门学科摆脱了思辨模式的束缚，原有的叙事模式不再具有合法性的功能。其次，在“自由叙事”方面，知识合法性原则的“内在侵蚀”也存在，只不过触及的内容不同而已，“自由叙事”在合法化问题上的特殊之处在于它把科学与真理的合法化建立在伦理、社会和政治实践中的对话者自律基础上，这种合法化的谬误之处就更为明显了。用休谟的话语表述这个谬误大家也许更好明白，这个谬误实际上就是休谟所言的从事物"是"什么中推不出它"应当"是什么或"应当"做什么，"是"是属于认识、事实的领域，"应当"则属于道德、规范的领域。利奥塔用康德的实践理性和理论理性作为例证，科学的语言游戏仅仅具有它自己的特定规则，并不具有监督道德实践的天职。这样一来，科学游戏就被置于与其他游戏相同的地位。由此，他指出后现代性的一条重要规则也就得到了阐明：科学只能玩它自己的游戏，它并不能为其他游戏提供合法性。并且，更为重要的是，科学甚至无法像思辨的叙事所假定的那样为自身提供合法性，同样，人文哲学也被迫放弃了它的合法性天职，因为一旦它想实施这样的功能，便立即陷于危机之中。

那么现代知识的合法性丧失后，知识的合法性来自于什么呢？他指出这种合法性只能来自人们自己的"语言实践与交流活动"。[1] 这也就是利奥塔意义上的"语言游戏"理论。利奥塔的语言游戏说是以维特根斯坦的"语言游戏"说为基础的，他概括了维特根斯坦语言游戏说的三个基本规定：语言游戏的合法性只能是游戏者之间的契约的产物，语言游戏的规则本身并不能使自己合法化；没有规则就没有游戏；每一种言说的方式都应当看作游戏中的一种"走法"（move）。从这三个基本规定出发，利奥塔又引申出两条原则，第一条原则是，言语行为在游戏的意义上是属于竞争性的，利奥塔之所以如此处理，因为在他看来社会关系的"决定性"问题就是"竞争"，这样，他由语言游戏的本质上升到了对社会关于本质的认识，使它们两者在性质上一致起来，都遵循相同的哲学原则。第二条原则是，可见的社会关系是由语言游戏的"走法"所构成。因为刚才我们已经说过，语言游戏的第三个规定就是每个演说的方式都应当看作是游戏中的一种"走法"，这意味着每个人不论作为说者、听者或是被谈论的对象，总是语言游戏的参与者，利奥塔形

[1] 利奥塔：《后现代状况：关于知识的报告》，车槿山译，三联书店，1997年版，第86页。

象地把人所处的这种交往关系比喻为“自我并不是一座孤岛”。[1] 他在社会结合、规范与语言游戏之间建立起一种类比的关系，认为可以观察到的社会结合如同语言游戏一样，都是类似于遵循规则来运作的棋局，它们就像下棋一样，都应该按照一定的规则来运行。这里需要说明的是，把社会的结合的本质解释为类似某种语言游戏，这除了主张它的约定性、规则性外，对于利奥塔来说，还有更重要的两个意味：一是断言不同“游戏”之间的异质性、平等性；二是断言游戏判定的“无标准性”。

基于上面的分析，我们不难发现利奥塔哲学的批判直指现代的总体性哲学以及其表现形态“元叙事”，并以之作为现代性的典型标志而加以“清算”，提倡一种异质性的哲学，为一种多元的、平等的社会提供新的哲学基础。他思想的积极意义在于适应了多元社会的哲学需要，为各种不同的群体、差异的个人拥有自己的话语权的必然性与合法性提供了哲学论证。当然作为后现代主义的代表，强调差异的倾向有着致命的不足，我们在随后的部分中会论述这个问题。

第三节　超越还是被超越——后现代主义哲学地位

历史是最大的幽默家，它在成就一切的同时，又让一切归于无意义，或者说，它成就一切的目的就是为了毁灭一切，就是为了给后人提供颠覆的资源。西方哲学经历了古希腊哲学、中世纪宗教神学、近代哲学、现代哲学到我们现在所言的后现代主义。开启于古希腊的“形而上学”[2] 本是哲学的追

[1]　利奥塔：《后现代状况：关于知识的报告》，车槿山译，三联书店，1997年版，第32页。

[2]　这里是指传统意义上的，是本体论上的，是指一种超经验的实体主义或是实在论观点，而不是指那种与辩证法相对立的僵化方法。

求所在，追寻现象背后永恒的“理念”世界，成为直到近代哲学依然追随的柏拉图使命，这也正如美国著名的哲学家怀特海所言的，西方哲学2000年的历史都是在为柏拉图作注。但是当这种形而上学在康德和黑格尔那里达到顶峰后，超越形而上学就成为现代哲学强烈的呼声，在这一点上，现代哲学和后现代哲学有共同的地方，关于这一点我们在前两节中已经有所论述。后现代要超越的不仅仅包括近代的形而上学，同时也包括尼采之后的现代哲学，因为在后现代主义学者眼里，尼采、海德格尔等哲学家的思想仍然带有理性主义的总体性踪迹，也就是传统形而上学的遗迹，他们仍然是要超越的对象。这里，从另一个角度来看，后现代主义在某种意义上就是现代哲学背景下的“怀疑主义”，怀疑主义在哲学史上，可以看作是哲学向前发展的一个重要否定环节，一个不可或缺的环节。比如哲学史上，正是在古希腊的智者派的“怀疑”中，将西方哲学引入到了第一个高峰——柏拉图和亚里士多德哲学，又是近代休谟对于知识的怀疑才有了康德哲学的大发展。后现代主义是否扮演了同样的角色呢？在质疑和颠覆近现代哲学的同时，将哲学带入一个更高的阶段的否定性环节呢？我们下面就从两个方面分析下后现代主义在哲学上的地位，其实也是对我们这里的两个疑问的回答。

从肯定的方面看，首先，后现代主义是时代发展的理论回应。它们的批判和“怀疑”不是无病呻吟，我们处在这个时代，是能感受到社会存在不同危机的。从文艺复兴以来，西方社会进入到资本主义社会，近代理性精神在反对封建神学、解放思想方面起到了巨大作用，推进了时代的大发展。但是，在现代化的进程中，由于高扬主体性和人类中心主义，把人与自然理解为统治与被统治、改造与被改造、利用与被利用的关系，人类无限制地向自然索取，使得自然环境与生态平衡遭到了极大的破坏，人类为之付出了惨重的代价，正如电影《阿凡达》中所反映的那样。同时，在科学至上的工具理性理念之下，又导致了人的异化和人的自由的丧失，导致了对精神文明和道德信仰的忽视，人类进入到了一个全面危机的时代。在另一方面，随着人类生产力发展，尤其是第二次世界大战以后，伴随着新科技革命的影响，人类进入了全球化的时代，社会的生产方式、生活方式、艺术形式、价值观念都发生了巨大改变。人类该何去何从，这促使哲学家们从更高的理论层面上来反思资本主义发展的命运，后现代主义正是这一反思的结果，尽管更多的是在否定意义上的回应。

其次，后现代主义是以批判现代哲学为已任的，虽是以否定的姿态出现，但确是哲学发展的一个转向，也许这个转向并不成功，但可以肯定的是为哲学的向前发展引入了众多新的因素，必将成为未来更高类型哲学的不可或缺的一环。后现代主义哲学思潮的出现在一定程度上适应了对现代西方哲学的发展进行新的反思和变更的需要，从揭露西方传统和现代哲学的缺陷和矛盾看，他们的工作是很有价值。我们可以从上两节对后现代主义粗略的描述中发现，后现代主义理论追求集中的表现在反主体性、同一性，肯定多元性、差异性和不确定性，这些其实确实是以往哲学所缺乏或重视不够的，后现代主义哲学对这些问题的批判正击中了现代主义哲学的要害。因此，他们提出的反体系哲学和绝对的一元论、反二元分立、反人类中心主义都反映了现代哲学发展的一种趋势，可以说秉承了现代哲学前行的道路。可见，无论后现代主义的命运如何，这些后现代主义思想家的批判都是对西方哲学一次深刻的理论反省，将来的哲学形态势必要对后现代主义的思想给予更多的关注，在更高的平台上，建构起符合时代和社会未来发展的哲学形态。

不过从否定的意义上看，后现代主义尽管试图超越近现代哲学，但是他们的哲学并未完成这一超越，甚至他们本身是要被超越的。从理论的角度看，首先，后现代主义本身很难真正的超越现代性，这既是由后现代本身的特性决定的，也是由现代性的特性决定的。举个例子，尽管后现代主义反对总体化的思维方式，反对宏大叙事，但是他们把“后现代”与“现代性”区别开来，对现代性进行批判和反省，力图对现代主义的思维方式进行一种根本的转换，这本身就是以一种整体化思维框架和宏大叙事方式为前提的。可见，“后现代”一词本身就与它反对的思维方式划不清界限，这也说明了“现代主义”思维方式是不能完全被超越的。至于后现代反对的理性主义和启蒙精神，要完全抛弃，也显得是多么幼稚。其次，后现代主义本身存在的一些不足，注定他们也是要被超越的。比如后现代主义一个根本的问题就是过于的偏激，对于现代主义采取完全否定的态度，把自己和现代主义看作是完全对立的两极，显然是错误的。无论是从理论逻辑还是从理论发展的进程看都是无法实现的。加上后现代主义的思想中本身就存在大量的消极因素，比如，它主张非理性主义、相对主义、无政府主义、反对辩证法和历史唯物主义，片面强调不确定性，过分渲染现代性的弊端和恶果，这些无疑都是注定要被抛弃的。最后，我们摘引一份报告[1]中的几句话：“‘我们继续批判现代性，但我们要超越某些后现代主义支派所主张的那种任意性。我们怀疑一切确定的基础，但并不意味着什么都不值得一提。’这是在芝加哥举行的 APM 会议上 93 位与会者……的座右铭。”“诚然，所有的词都带有不可避免的‘形而上学’。问题显然不可能，也不应当‘解决’。然而，我们能否比……以非中心化、不可确定性、断裂……做得更多一些呢？”“我们不再需要仅仅用否定的方式说话。”这次会议和这份报告的主题是超越后现代主义，为哲学发展寻求新道路。我们在这里引用的几句话是这个主题最好的表达，这些话其实也说明了哲学本身的使命，对于终极性问题的思索和言说，对于普遍价值的渴望，都是我们必须承载的，否则哲学还是哲学吗？哪怕这条路充满了悲情主义，而后现代主义显然不能承载起哲学这一超越维度。那么后现代主义被新的哲学超越就是一种必然了。

从实践的角度看，全球化的时代背景也要求超越后现代主义。我们这个时代是经济全球化的时代，伴随着经济的全球化，文化也融入了这个进程，特别是以“文化工业”形式出现的那部分文化，比如我们日常享受的好莱坞电影、日本的卡拉 OK 和动画片，等等。文化和经济的融合，更加速推动着全球从经济到文化的一体化、普遍化的进程。当然，这一过程并不是没有受到抵制，它受到后发国家及其文化的顽强抵抗，后现代主义高扬差异、区别

[1]　1997年11月14~16日，在美国芝加哥大学举行了有93位哲学家参加的关于后现代主义之后（After Post-Modernism）的学术研讨会，会后于第二年发布了关于芝加哥APM会议的报告。

和多元主义，从某种意义上，反映了这种抵制的现状。但是，显然这种多元主义是与全球化带来的“一体化”潮流是相逆的。更为重要的是，这种深藏在一体化背后的不同意识形态、宗教信仰等文化层面的分歧和对立，恰恰成为国际冲突的根源所在。如何应对这些时代的冲突，这是一个复杂的问题，也许我们并不能很好地回答这个问题。但是，可以肯定的是，在这个全球化背景下的世界是一个在文化深层上仍然分歧乃至对抗的世界，它所期待的哲学不可能是后现代主义，因为它仅仅只反映了全球化中的同一性和差异性的矛盾，但并没有提供一种建构性的哲学，并不能有助于产生一种多元世界应有的哲学精神，后现代主义一定是要被超越的。

后　记

1998年，我刚毕业就在广东财经大学开设了一门选修课《当代西方哲学思潮》，一上就是17年，反应还不错，算是这所学校第一门西方哲学课程。2013年，我申报了学校的教材编写规划，决定编写一本西方哲学教科书。但是这本书一开始的规划就是编著性质的，甚至可以说更侧重于“著”，而不是“编”。大约是讲这个课这么多年了，有了自己的一些独特的感悟，所以基本上没参考别的版本，这既是这部书的缺点，也是这本书的优点。

本书的前言部分由贾未舟写作，第一章和第二章由广东财经大学黄惠博士写作，第四章由吉林大学哲学社会发展学院王明华博士后写作，第五章由广东外语艺术职业学院江琴副教授写作，第三章和第七章由广东财经大学马金杰博士写作，第六章由广东财经大学袁继红教授写作。每个人都会有自己的一些不同的理解，也会有一些不同的写作特点，所以我们追求有差别的统一。当然，每个人也应该为自己所写作部分承担文责。

很显然，本书各章并不能囊括现代哲学的全部，而且坦率地讲只是现代西方哲学的一小部分，但是又可以说是现代西方哲学最有影响的部分。篇幅有限，只能择其大端，撮其大要，虽是挂一漏万，但也希冀能够抛砖引玉。

此书为广东财经大学“教学质量工程通识教育课程”资助项目。水平有限，还望读者批评指正。

贾未舟

2017年6月15日于广州